世界技能大赛汽车技术项目指导书系列

汽车电气系统检修技术

（原书第 7 版）

[美] 杰克·厄贾维克（Jack Erjavec）
[美] 罗布·汤普森（Rob Thompson） 著

李 臻　李亚林　韩 蕾　罗 山
郭 静　吴艾蔓　任 东　杨文浩　编译

王凯明　审校

机械工业出版社

《汽车电气系统检修技术（原书第7版）》的英文原版书由美国圣智学习出版公司出版，在整体上贯彻了理论够用为好和增强实用性的主旨，在理论知识上没有占用过大篇幅，而是紧扣汽车维修技术人员应具备的专业知识和技能，从实用性的角度讲述各系统的基本结构、常见应用、常见问题、相关诊断和维修流程；着重讲述了检查、测量、有效厘清问题、逻辑性地进行故障诊断和最终找到问题并解决问题的基本思路和流程。

本书由世界技能大赛汽车技术项目中国技术指导专家组组织全国知名汽车维修专家、职业院校骨干教师共同编译。为了使中文版更加适合我国读者学习，编译团队对英文原版书完全不适合我国实际情况的内容进行了删除，对与我国实际情况有些出入的内容进行了改写；对原版章节重新进行了组织编排，将英文原版分为四册，分别是《汽车维修技术基础（原书第7版）》《汽车发动机检修技术（原书第7版）》《汽车底盘检修技术（原书第7版）》《汽车电气系统检修技术（原书第7版）》。

本书可作为汽车职业院校的教学参考书、国家开放大学汽车相关专业的辅助教程、交通运输部评价中心主管的相关等级和技术职称评价的学习参考教程，以及有志于从事汽车维修技术工作的人员和在职汽车维修技术人员的参考学习用书，还可作为世界技能大赛参赛选手的有益读物。

Maintenance Technology for Automotive Electrical Systems（7th Edition of Original Book）
Jack Erjavec, Rob Thompson

Copyright © 2020, 2015 by Cengage Learning, Inc. a part of Cengage Learning.
Original edition published by Cengage Learning. All Rights reserved. 本书原版由圣智学习出版公司出版。版权所有，盗印必究。

China Machine Press is authorized by Cengage Learning to publish and distribute exclusively this Adaptation edition. This edition is authorized for sale in the Chinese mainland (excluding Hong Kong SAR, Macao SAR and Taiwan). Unauthorized export of this edition is a violation of the Copyright Act. No part of this publication may be reproduced or distributed by any means, or stored in a database or retrieval system, without the prior written permission of the publisher.

本书改编版由圣智学习出版公司授权机械工业出版社有限公司独家出版发行。此版本仅限在中国大陆地区（不包括香港、澳门特别行政区及台湾地区）销售。未经授权的本书出口将被视为违反版权法的行为。未经出版者预先书面许可，不得以任何方式复制或发行本书的任何部分。

978-7-111-76736-7
Cengage Learning Asia Pte. Ltd.
30A Kallang Place #12-06 Singapore 339213

本书封底贴有Cengage Learning防伪标签，无标签者不得销售。

北京市版权局著作权合同登记　图字：01-2022-5758号。

图书在版编目（CIP）数据

汽车电气系统检修技术：原书第7版／（美）杰克·厄贾维克（Jack Erjavec），（美）罗布·汤普森（Rob Thompson）著；李臻等编译. -- 北京：机械工业出版社，2024. 9. --（世界技能大赛汽车技术项目指导书系列）. -- ISBN 978-7-111-76736-7

I. U472.41
中国国家版本馆CIP数据核字第2024R4K060号

机械工业出版社（北京市百万庄大街22号　邮政编码100037）
策划编辑：母云红　　　责任编辑：母云红　巩高铄
责任校对：张爱妮　李小宝　封面设计：马精明
责任印制：邓　博
北京盛通数码印刷有限公司印刷
2025年1月第1版第1次印刷
210mm×285mm・14印张・400千字
标准书号：ISBN 978-7-111-76736-7
定价：99.00元

电话服务	网络服务
客服电话：010-88361066	机　工　官　网：www.cmpbook.com
010-88379833	机　工　官　博：weibo.com/cmp1952
010-68326294	金　　书　　网：www.golden-book.com
封底无防伪标均为盗版	机工教育服务网：www.cmpedu.com

编译委员会

主任委员　　重庆长安汽车股份有限公司长安学习中心　郭七一
　　　　　　　全国汽车职业教育教学指导委员会　徐念峰

副主任委员　重庆长安汽车股份有限公司　谭本红
　　　　　　　重庆工业职业技术学院　郭天平
　　　　　　　重庆五一职业技术学院　孙玉伟
　　　　　　　深圳职业技术大学　董铸荣
　　　　　　　四川交通职业技术学院　陈斌
　　　　　　　上海交通职业技术学院　季强
　　　　　　　新疆交通职业技术学院　何朴
　　　　　　　山东工程技师学院　王凤雷
　　　　　　　贵阳交通技师学院　刘文均
　　　　　　　广州市交通技师学院　任惠霞
　　　　　　　北京意中意教育装备有限公司　王怀国
　　　　　　　深圳风向标教育资源股份有限公司　王玉彪
　　　　　　　广东合赢教育科技股份有限公司　冯津
　　　　　　　夸夫曼（上海）智能科技发展有限公司　曾国祥

委　　员　　耿　溢　金　明　唐　芳　王兆海　周　旭
　　　　　　　李丕毅　苟春梅　王光林　刘　卯　王东光

序

全球汽车制造商在过去几年取得了巨大的进步。现在几乎所有的车辆系统都由电子元器件和计算机精细控制，以提供更好的车辆性能和驾驶体验，包括操控性、舒适性，以及最重要的安全性。这些技术进步给汽车维修技师带来了巨大的责任，他们需要学习和不断升级。本套书涵盖了现代汽车不同系统的基本检测与维修操作，同时也介绍了最新的技术。

作为这套书加拿大版的作者（加拿大版是一整本书），我发现本书的英文第 7 版是图书市场上最全面的版本。

作为一名教师，多年来我一直使用该系列图书。我发现它对学生、汽车维修技师和使用这本书的教师都非常有益。

自 2009 年以来，我一直是加拿大世界技能大赛汽车技术项目的专家。自 2017 年我担任世界技能大赛的首席专家至今。我一直在我们的培训项目中使用这本（套）书，具备汽车各系统扎实的基础知识是高质量汽车故障诊断、熟练维修和服务的基础，这本（套）书正好能够满足这样的需求。

无论是为客户的车辆而工作，还是为与世界上许多顶尖技师的激烈竞争做准备，这本（套）书都将提供所需的宝贵信息和知识，以帮助应对当今和未来与汽车相关的工作。

Martin Restoule
世界技能大赛首席专家汽车技术项目

Foreword

前　言

2023年，我国汽车产销量连续15年位居全球第一，机动车保有量已达4.35亿辆，其中汽车保有量达到3.36亿辆，也已位居全球第一。因此，在我国从事汽车售后技术服务工作具有广阔的发展前景。为了培养更多汽车售后技术服务需要的高素质、高技能人才，国家大力发展汽车职业教育，同时也在大力开展在职工作人员的培训与职业技能评价。目前，我国汽车职业教育与职业技能培训及其评价工作正处在前所未有的良好发展环境中。

十几年来，我国已形成了以赛促教、以赛促训，职业教育和职业技能竞赛发展相互促进的良好氛围，特别是在我国加入世界技能大赛组织后，已连续四届参加世界技能大赛汽车技术项目并取得优异成绩。推广世界技能大赛的技术成果，将世界技能大赛的技术标准、训练方法应用到职业教育与职业技能培训中去，也是迫切需要落实的工作任务。

为此，世界技能大赛汽车技术项目中国技术指导专家组（以下简称专家组）协同全国汽车职业教育教学指导委员会，在组织编写职业院校汽车专业教材的同时，系统地研究了国际同类系列教材教程。为了深入对标国际先进水平，在专家组的推荐下，机械工业出版社引进了目前北美地区汽车职业教育学生和在职人员参加美国汽车维修优秀技师学会（ASE）认证考核广泛使用的教程 AUTOMOTIVE TECHNOLOGY，即本书的英文原版，并由专家组组织翻译。为了更好地适应我国读者的实际需要，我们对英文原版的内容做了一定的删减、改写和重新组织。AUTOMOTIVE TECHNOLOGY 第7版全书共计两千多页，为了方便阅读，也为了便于读者有针对性地学习，我们参考世界技能大赛汽车技术项目的模块划分，将英文原版一本拆分成四本，并对章节进行了调整（见《汽车维修技术基础（原书第7版）》附录A）。这四本分别是《汽车维修技术基础（原书第7版）》《汽车发动机检修技术（原书第7版）》《汽车底盘检修技术（原书第7版）》《汽车电气系统检修技术（原书第7版）》。为了帮助读者了解英文原版的编写思路、特色和主要内容等，我们将其前言完整地翻译出来，供读者参考学习，请查阅《汽车维修技术基础（原书第7版）》的"原版书前言"。

值得一提的是，正是世界技能大赛汽车技术项目首席专家 Martin Restoule 向专家组推荐了这本教程。AUTOMOTIVE TECHNOLOGY 第7版教程编写的目标是在北美地区乃至全球成为当代汽车服务和维修领域全面的技术指南和职业教育的领先教程。该教程仅是北美地区汽车维修技术职业教育体系的内容之一，其完整的体系还包括数字终端（例如光盘）和网上教学资源。该教程的基本特点如下：①知识涉及范围广，基本涵盖了一辆整车的所有基本系统；②每一章都按照学习目标、场景描述（客户问题）、主要系统或结构、常见问题（故障）、通用的检查规范（步骤）、流程图解和说明、作业安全、总结及复习题的顺序编写，思路、脉络清晰；③该教程主要用于北美地区职业教育学生和在职人员参加 ASE 认证考核，因此，在整体上贯彻了理论够用为好和实用性强的主旨，紧紧扣住一名维修技师应具备的知识和技能，从实用化的角度讲述了各系统的基本结构、常见应用、常见问题、相关的诊断和维修流程；④该教程与具体车型的维修手册不同，不局限在具体车型的某一项技术上，讲解的基本上都是具有共性的知识和技能，这可帮助学习者从整体上掌握所需的基本知识和技能，为后续职业发展奠定了坚实基础。

与我国同类教材教程相比，本书还有以下不同：

1）基础理论方面的内容和深度以够用为准。

2）由于原版教程至今已修订至第 7 版，伴随汽车技术和汽车维修技术的发展而不断丰富，有一定篇幅介绍了一些较老的系统和结构；由于国内外汽车行业发展状况不同，本书在新能源汽车、智能网联汽车等方面的内容相对较少。

本书可作为汽车职业院校的教学参考书、国家开放大学汽车相关专业的辅助教程、交通运输部评价中心主管的相关等级和技术职称评价的学习参考教程，以及有志于从事汽车维修技术工作的人员和在职汽车维修技术人员的参考学习用书。另外，本书与世界技能大赛汽车技术项目的基本比赛内容要求和宗旨非常吻合，因此也可作为世界技能大赛参赛选手的有益读物。

由于编译者水平有限，书中难免有疏漏之处，恳请读者朋友批评指正。

世界技能大赛汽车技术项目中国技术指导专家组组长

郭七一

目　录

序
前　言

第 1 章　蓄电池

- 1.1 蓄电池的基本原理　002
- 1.2 蓄电池装备　004
- 1.3 蓄电池额定值　005
- 1.4 蓄电池的类型和基本结构　006
- 1.5 蓄电池的维护和测试　010
- 1.6 跨接起动　020
- 1.7 总结　021
- 1.8 复习题　022

第 2 章　充电系统

- 2.1 交流充电系统　026
- 2.2 交流发电机的工作原理　030
- 2.3 电压调节　032
- 2.4 当前趋势　034
- 2.5 初步检查　037
- 2.6 常规测试步骤　040
- 2.7 交流发电机的维修　044
- 2.8 总结　044
- 2.9 复习题　045

第 3 章　约束系统

- 3.1 安全带　049
- 3.2 气囊　052
- 3.3 气囊电气系统部件　055
- 3.4 诊断和维修气囊系统　058
- 3.5 其他保护系统　062
- 3.6 总结　063
- 3.7 复习题　064

第 4 章　仪表和信息显示装置

- 4.1 显示器　067
- 4.2 机械仪表　069
- 4.3 电子组合仪表　072
- 4.4 基本信息仪表诊断　073
- 4.5 指示和警示装置　077
- 4.6 驾驶员信息中心　081
- 4.7 总结　082
- 4.8 复习题　083

第 5 章　灯光系统

- 5.1 汽车灯具　086
- 5.2 前照灯　088
- 5.3 前照灯开关　093
- 5.4 自动灯光系统　094
- 5.5 前照灯维修　097
- 5.6 前照灯更换　099
- 5.7 灯泡更换　102
- 5.8 后外部灯光　104
- 5.9 车内灯光总成　111
- 5.10 总结　114
- 5.11 复习题　114

第 6 章　车身电气其他系统

- 6.1 巡航（速度）控制系统　118
- 6.2 前后风窗玻璃刮水器/洗涤器系统　121
- 6.3 电动门锁　127
- 6.4 电动车窗/天窗　128
- 6.5 电动座椅　131

6.6 电动后视镜系统	135	7.4 制冷剂	164
6.7 风窗玻璃除霜器和加热式后视镜系统	136	7.5 冷冻油	168
6.8 喇叭、时钟、点烟器系统	138	7.6 空调系统基本工作原理	169
6.9 音响系统	139	7.7 汽车空调主要部件及检修	171
6.10 导航系统	144	7.8 空调系统与控制	186
6.11 安保和防盗装置	145	7.9 温度控制系统	188
6.12 其他电子设备及辅助驾驶	148	7.10 空调系统的诊断与维修	191
6.13 总结	153	7.11 总结	208
6.14 复习题	153	7.12 复习题	210

第 7 章 供暖、通风和空调系统

附 录

7.1 通风系统	157	附录 A 缩略语表	214
7.2 汽车供暖系统及检修	157	附录 B 常用英制单位换算	215
7.3 汽车空调基础知识	163		

第 1 章
蓄电池

学习目标

- 能描述蓄电池的工作原理。
- 能列举对蓄电池进行作业或在其周围作业时必须遵守的注意事项。
- 能描述电化学单体电池的基本结构。
- 能说明如何连接电化学单体电池来增加电池的电压和电流。
- 能说明给蓄电池充电的不同方法。
- 能列举并描述评定蓄电池的各种方式。
- 能根据汽车蓄电池的化学成分,列举并描述蓄电池的各种类型。
- 能描述铅酸蓄电池的结构和工作原理。
- 能描述目前可供使用的各种类型的铅酸蓄电池。
- 能描述铅酸蓄电池维护和测试的基本步骤。

3C：问题（Concern）、原因（Cause）、纠正（Correction）

维修工单					
年份：2013	制造商：凯迪拉克	型号：XTS	里程：88951mile⊖		RO：16078
问题：	客户陈述车辆停放一夜后，必须跨接蓄电池，否则无法起动。				
根据该客户的问题，使用本章中所学的内容来确定此问题的可能原因、诊断该问题的方法以及纠正该问题所需的步骤。					

蓄电池在所有汽车上都是最基本的电力来源（图1-1）。近年来，蓄电池发生了许多变化。然而铅酸蓄电池曾是而且仍将是传统车辆最常用的电源。混合动力汽车和燃料电池汽车的出现，彻底改变了汽车蓄电池的基本设计。为了满足混合动力或燃料电池汽车的需求，有许多不同类型蓄电池可供选择或在开发中。本章将讨论这些不同类型的蓄电池。

图1-1 典型的12V蓄电池

1.1 蓄电池的基本原理

电流是电子从某些物质的负极向某些物质的正极运动而产生的。电子（带负电）对质子（带正电）的吸引力强度决定了当前的电压高低。当电子流经的路径不存在时，电压仍然存在，但没有电流。当路径存在时，电子移动，从而有了电流。这就是蓄电池的基本工作原理。

1. 基本结构

蓄电池将化学能转化为电能。产生电子的化学反应称为**电化学反应**。蓄电池存储直流电压并当其连接到一个闭合电路时会释放。蓄电池内部有两个被电解质包围的电极或极板。这三个要素构成了一个电化学的单体电池（图1-2）。蓄电池由多个这样的电化学单体电池连接在一起组成。

其中一个极板带有大量电子（负极板，或叫阳极），而另一个极板缺少电子（正极板，或叫阴极）。电子想要向正极板移动，并且当一个电路连接了两个极板时就会出现这种移动。蓄电池有两个端子，分别是连接到正极板的正极和连接到负极板的负极。

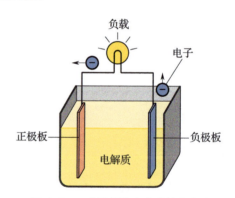

图1-2 一个简易的电化学单体电池

电解液是化学溶液，它与构成极板的金属发生反应。这些化学反应造成正极上缺少电子和负极上有多余的电子。该反应持续为电流的流动提供电子，直到其电路被断开或蓄电池内的化学物质活性变弱。当蓄电池用尽了所有电子（该蓄电池电量已耗尽）时，正负极的电子数相等，或者所有的质子都与一个电子配对。重新充电仅仅是将移动到正电极的电子移回到负电极（图1-3）。

2. 蓄电池充电

给蓄电池充电是为了恢复单体电池的化学性质，为此，会发生一个化学反应，以使电流在单

⊖ 1mile=1609.344m。

体电池内部流动。而放电是电流在单体电池外部的流动。为了解充电过程，要记住电流是从较高电势（电压）流向较低电势的。如果由外部电源施加给蓄电池的电压高于蓄电池电压，电流将流入蓄电池。这意味着，充电电压必须高于蓄电池的电压才能对其充电。

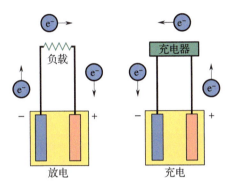

图 1-3 电子在蓄电池充放电时的流动

车间提示

每个蓄电池的设计都有其充电要求。重要的是要采用适用于被充电蓄电池的正确程序和充电器。在充电过程中防止蓄电池过热也很重要。

3. 单体电池的连接

由蓄电池每个单体电池产生的电压会因用于该单体电池结构的化学物质和材料不同而不同。大多数单体电池产生 1.2~4V 的电压。可从单独的单体电池获得的可用电流也同样是有限的。为了提供更高的蓄电池电压并增加可用电流，通常将单体电池连接在一起。单体电池可以用串联、并联或混联的方式来连接。

（1）串联连接　单体电池按串联方式连接以提供更高的电压。蓄电池总电压是每个单体电池电压的总和。例如，通常用于汽车起动的蓄电池的单体铅酸蓄电池产生大约 2.1V 的电压，通过六个单体电池的串联，该蓄电池就有了 12.6V 的电压。串联方式的连接是将一个单体电池的正极连接到另一个单体电池的负极，依此类推（图 1-4）。独立的蓄电池也可用串联方式连接。42V 的系统使用了一个 36V 的蓄电池组（实际电压为 37.8V），它可由 3 个 12V 蓄电池组（图 1-5）或 18 个 2V 的单体电池串联而成，42V 电压由充电系统提供。

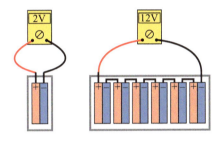

图 1-4 单体电池串联时的总电压等于各单体电池电压的总和，而并联将增加总电流

（2）并联连接　单体电池按并联方式连接以提高蓄电池组的电流。在这种连接方式中，所有正极端子连接在一起，所有负极端子连接在一起，总电流是每个单体电池电流的总和，其电压等于单个单体电池的电压。

（3）混联连接　为了提高电压和电流，先将单体电池并联连接成组，然后再将这些蓄电池组串联（图 1-6）。只要保证所串联的每个已并联的蓄电池组都具有相同的输出，就可以将任意数量

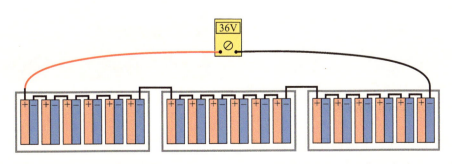

图 1-5　36V 的蓄电池组可用 3 个 12V 蓄电池组或 18 个 2V 单体电池串联而成

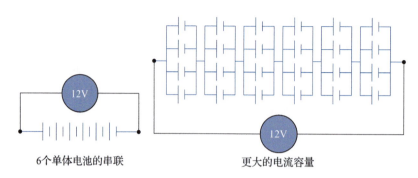

6个单体电池的串联　　　　　　更大的电流容量

图1-6　按照混联方式布置的12V蓄电池组，以串联来达到12V电压，以并联来提高电流容量

的单体电池并联在一起。

1.2　蓄电池装备

蓄电池或蓄电池组的有效工作对许多不同的部件和系统都是必不可少的。

1. 蓄电池电缆

蓄电池电缆将蓄电池连接至车辆的电气系统中。由于它们必须能够承载起动机运转所需的电流，所以采用大直径的导线。通常12V导线的尺寸是2号（直径约6.544mm）或4号（直径约5.189mm）。正极电缆一般是红色的，而负极电缆是黑色的。其他较细的导线则连接到蓄电池、远距离接线盒或起动系统。各种形状的线夹和端子用来确保该电缆每端良好的电气连接（图1-7），连接处必须是清洁和牢固的，以防止产生电弧和腐蚀。

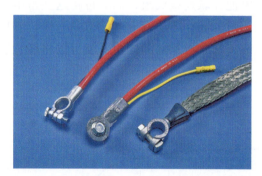

图1-7　蓄电池电缆的设计应在承载起动发动机所需的大电流的同时为车辆电气系统供电

几乎所有混合动力汽车上的高压电缆外包装都为橙色并且在其上面附有标记。这类电缆有时包裹在橙色护线管中。值得注意的是，混合动力汽车的一些附件是高压供电的，这些供电电缆就像高压蓄电池的电缆一样也是橙色的（图1-8）。

图1-8　高压电缆为橙色或被包裹在橙色的护线管中

2. 蓄电池压紧装置

为了防止蓄电池损坏和端子与车身短路，所有的蓄电池都必须安全地固定在车辆中。蓄电池的压紧装置由金属或塑料制成（图1-9）。

图1-9　典型的蓄电池压紧装置

3. 冷却系统

蓄电池的性能和耐用性，特别是高压蓄电池包，在很大程度上取决于其是否能维持在一个特

定的温度。每种蓄电池都有自己最优的温度范围。有些蓄电池只有在其温度适宜时才有最好的工作状态。为了提供这种适宜的温度，尤其是在极端寒冷的天气中，会使用给蓄电池增加包裹层或加热器来使蓄电池保持温度。

有些蓄电池在充电时会逐步产生大量热量，因此需要不断冷却。这类蓄电池有一个用塑料或其他材料制成的隔热罩以保护蓄电池免受发动机舱盖下的高温。某些类型的蓄电池则被装在带有冷却风扇的箱子或容器中，该箱子不仅可以固定住蓄电池，还可充当来自风扇的冷却空气的通道（图1-10）。还有一种蓄电池箱被设计成可使冷却液流过的形式以冷却其中所有的单体电池。

图1-10 该总成由冷却风扇和空气通道构成以冷却箱内的高压蓄电池

4. 回收利用蓄电池

⚠ **注意** 切不可焚烧蓄电池，否则会导致爆炸。

用来制造蓄电池的材料可以被循环再利用。因为蓄电池含有对环境有害的金属和化学物质，所以蓄电池不应与普通垃圾一起丢弃。

1994年，在北美洲成立了可充电电池回收公司（Rechargeable Battery Recycling Corporation, RBRC）以促进蓄电池的回收再利用。RBRC是一个非营利组织，它从消费者和企业手中收集蓄电池并将其送到回收公司。收集来的蓄电池按其化学成分分类，然后进行解体，并按其基本要素进行分类存放；之后化学物质或材料被进一步分离和收集。

大多数使用过的铅酸蓄电池都会被回收利用。在回收过程中，铅、塑料和酸液被分离。电解液（硫酸）可重复利用，或者中和后被废弃。蓄电池的塑料外壳被切成小块，经洗涤和熔化来制造新的蓄电池外壳和其他部件。铅也被熔化并灌入铸坯中用于制造新的蓄电池。

1.3 蓄电池额定值

蓄电池的额定电压可以表示为**开路电压**或工作电压。**开路电压**是当蓄电池没有负载时在蓄电池正负极间测得的电压。工作电压是当蓄电池有负载时在蓄电池两端测得的电压。

蓄电池的可用电流用蓄电池在特定时间和温度下能够提供特定电流的能力来表示。从根本上来讲，额定容量表示蓄电池可以存储多少电能。蓄电池的额定值可在蓄电池上粘贴的标签中找到。某些蓄电池上的贴签有可能未列出所有的额定值。但是，大多数都会提供国际电池协会（Battery Council International，BCI）组号、冷起动电流（Cold Cranking Amps，CCA）和起动电流（Cranking Amps，CA），如图1-11所示。

图1-11 蓄电池上的贴签给出了它的CCA和CA额定值

1. BCI组号

BCI组号定义了蓄电池的物理特征，例如极柱位置和蓄电池的长、宽、高。这是一个标准化的系统，它确保了无论谁制造的或在何处购买的蓄电池，只要在规定的组号内，都具有类似的物理特征。图1-12是BCI组号的一个示例。

图 1-12 带有 BCI 组号和附加信息的蓄电池贴签

2. 冷起动电流

CCA 额定值是评价起动型蓄电池的常用参数，它表示在 0℉（约 -17.8℃）下，一个蓄电池在其电压降不低于预定水平的情况下可持续 30s 提供的电流量。对 12V 蓄电池而言，该预定的电压水平是 7.2V。汽车蓄电池通常的 CCA 额定值为 300~600A；有些蓄电池的 CCA 额定值可高达 1100A。

3. 起动电流

CA 额定值类似于 CCA 额定值，但表示的是 32℉（0℃）时蓄电池在其电压保持在预定水平的情况下可持续 30s 提供的电流量。蓄电池的 CCA 额定值通常比其 CA 额定值低约 20%。

4. 存储容量

存储容量（Reserve Capacity，RC）额定值表示一个充满电的蓄电池在其电压低于 10.5V 前以 25A 电流放电所能持续的分钟数。一个存储容量为 120 的蓄电池在其电压降到低于 10.5V 前能够持续 120min 提供 25A 的电流。

5. 安·时

过去，安·时（A·h）额定值是铅酸蓄电池的常用评价方法。**A·h 额定值**表示在 80℉（约 26.7℃）下，一个完全充满电的蓄电池当其电压不低于预定水平前能持续 20h 提供的稳定电流量。例如，如果 12V 蓄电池在其电压降到 10.5V 之前能以 4A 的放电率持续放电 20h，则其 A·h 额定值为 80A·h（4A × 20h = 80A·h）。

6. 瓦·时

有些蓄电池制造商以瓦·时（W·h）为单位来评定蓄电池。瓦·时额定值是在 0℉（约 -17.8℃）下确定的，因为蓄电池的容量会随温度而改变。W·h 额定值是用蓄电池的 A·h 额定值乘以其电压来计算的。蓄电池的 W·h 额定值可以以 kW 为单位给出。大多数混合动力汽车和电动汽车的电池标注的是千瓦（kW）或千瓦·时（kW·h）额定值。kW 额定值表示蓄电池在任意给定的时刻能够流入或流出多少电力。kW·h 代表蓄电池在一段时间内可以送出或吸收的电力。1kW·h 等于每小时消耗或产生 1kW 的电力。例如，如果让 10 个 100W 的灯泡点亮 1h，它们将消耗 1kW·h 的电力。一个 A·h 额定值为 100A·h（20A × 5h）的 12V 蓄电池的 W·h 额定值为 1.2kW·h。

1.4 蓄电池的类型和基本结构

1. 常见的蓄电池类型

市面上有许多不同类型和设计的蓄电池可供选择。蓄电池的尺寸各不相同，从小的单个单体电池到由许多单体电池组成的大蓄电池包。它们也有不同的额定值（并不总是取决于尺寸）和使用寿命。蓄电池之间的主要区别在于单体电池使用的化学物质。以下是目前正在使用或要在未来用于汽车的蓄电池类型：铅酸蓄电池、镍镉（Ni-Cd）蓄电池、镍金属氢化物（Ni-MH）蓄电池、锂离子（Li-ion）蓄电池、锂聚合物（Li-Poly）蓄电池。

图 1-13 展示了各类蓄电池的简单对比。其中有些类型将在后续章节中详细讨论。

2. 铅酸蓄电池的基本结构

汽车中最常用的蓄电池类型是铅酸蓄电池。铅酸蓄电池有湿式、凝胶式、吸收式玻璃纤维（AGM）以及阀控式等各种类型。

铅酸蓄电池由格栅、正极板、负极板、隔板、活性物质、电解液、外壳、单体电池盖、通气塞和单体电池壳体等组成（图 1-14，部分组成未画出）。**格栅**是支撑每块极板上活性物质的铅合金框架。极板通常是扁平的矩形部件，它们根据所采用的活性材料不同，分为正极板和负极板。

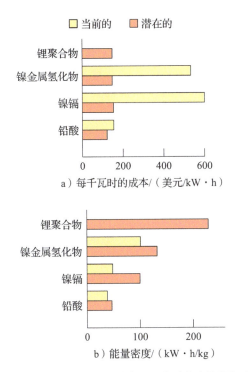

图 1-13 不同类型的蓄电池中用于电动汽车的锂聚合物蓄电池正被重点研究的主要原因

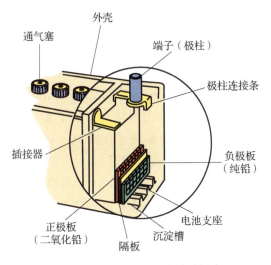

图 1-14 典型铅酸蓄电池的组成

的极板焊接到铅合金极柱或极板连接金属条上。这些极板组以正负极板交替的方式放置在蓄电池内。通常有额外的一副负极板来平衡电荷。为了防止不同的极板组相互接触，在它们之间插入隔板。**隔板**是多孔塑料板，它们允许离子在极板之间移动。当将这些基本单元放入蓄电池壳体内并浸入电解液中时，就构成了一个单体电池。

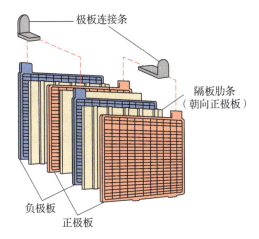

图 1-15 典型蓄电池的基本单元

电解液是硫酸（H_2SO_4）和水的溶液。硫酸提供硫酸根，它与正极板和负极板发生化学反应以释放电能。为产生所需的化学反应，电解液必须是含有正确比例水和硫酸的混合液。在电压为12.6V 时，期望的混合液比例是 65% 的水和 35% 的硫酸。可得到的电压随电解液中硫酸的减少而降低。

（1）外壳设计 蓄电池的箱体或外壳壳体通常是整体式的，由聚丙烯、硬橡胶或塑料模压成型。外壳中有许多单独的单体电池隔间。单体电池的连接条用于串联蓄电池的所有单体电池。

蓄电池的顶部用单体电池盖盖住。几乎所有新型蓄电池的电池盖都是整体式的，老式蓄电池的单体电池采用可拆卸的独立电池盖或者可封闭多个单体电池上孔的电池盖（图 1-16）。这些电池盖必须有通气孔以便使充放电过程中产生的氢气和氧气逸出。蓄电池通气孔可以是永久固定在电池盖上的，也可以是可拆卸的。某些蓄电池上使用通气塞或电池盖来封闭单体电池盖上的开孔，并允许为单体电池加注电解液或水。

正极板具有用活性物质二氧化铅填满的格栅。二氧化铅（PbO_2）是深棕色的晶体材料。而涂在负极板格栅上的物质是海绵状的纯铅（Pb）。这两种极板都是多孔可渗透的，因此允许电解液自由穿透。

如图 1-15 所示，每个蓄电池都含有若干基本单元。每个基本单元都是由一些正极板和一些负极板组成的一个极板组。极板构成了极板组，极板组具有一定数量的相同极性的极板。极性相同

图1-16 带有可拆卸式电池盖的蓄电池

有些蓄电池壳体内的底部是沉淀槽,用于收集从极板上脱落的物质。如果沉积物没有落到极板的下面,它们可能造成极板之间短路。有些蓄电池没有沉淀槽,而是用信封式的隔板来收集所有沉积物,从而避免它们在正负极板间形成接触。

> **⚠ 小心** 当提起电池时,如果侧壁上有过大的压力,可能导致酸性溶液从通风口喷出,造成人身伤害。用电池安装托架或将双手放在电池对角上提起蓄电池。

(2)端子 蓄电池有两个外部端子:正极(+)和负极(-)。这些端子可以是两个在壳体顶面的锥形极柱端子,也可以是带有螺纹的L形端子,还可以是在壳体侧面的两个内螺纹端子(图1-17)。根据它们代表串联的是什么极性,在极柱上有正极或负极标识。

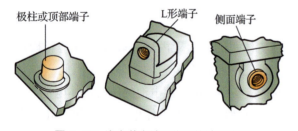

图1-17 汽车蓄电池最常见的端子类型

锥形极柱端子的尺寸由BCI和美国汽车工程师学会(SAE)规定。这意味着所有正极和负极电缆连接夹子都能适合任一个对应的蓄电池极柱,而不必考虑蓄电池制造商。正极极柱稍大些,其顶部的直径通常约为0.6875in⊖,而负极极柱直径通常为0.625in。这最大限度地减少了蓄电池电缆接反极性的风险,但无法保证完全避免。

侧面端子位于蓄电池壳体顶部附近,这类端子是用螺纹连接的,并且需要一个特殊的螺栓来连接电缆。有一些蓄电池同时配备了顶部和侧面的接线端子,以使它们可用在许多不同的车辆上。

3. 铅酸蓄电池放电和充电

当蓄电池放电时(图1-18),正极板二氧化铅中的铅(Pb)与硫酸根(SO_4)结合形成硫酸铅($PbSO_4$)。负极板也发生类似的化学反应,负极板上的铅(Pb)与硫酸根(SO_4)结合也形成了硫酸铅($PbSO_4$),它是一种中性的非活性物质。因此,当蓄电池放电时,正负极板上都形成了硫酸铅。

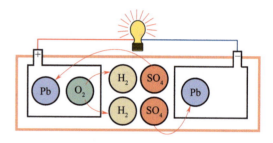

图1-18 蓄电池内部在放电循环中的化学反应

在这个化学反应中,来自二氧化铅的额外的氧与来自硫酸的额外的氢结合形成了水(H_2O)。随着放电的进行,电解液浓度降低,且正极板和负极板上的成分变得彼此相近。

重新充电的过程(图1-19)与放电过程相反。来自发电机或蓄电池充电器等类似外部电源的电流被强迫流入蓄电池。正负极板上的硫酸铅($PbSO_4$)分解成铅(Pb)和硫酸根(SO_4),当硫酸根(SO_4)离开正负极板时,它与电解液中的氢结合形成硫酸(H_2SO_4),同时,电解液中的氧(O_2)与正极板上的铅(Pb)结合形成二氧化铅(PbO_2),作为结果,负极板恢复成原来的铅(Pb),而正极板还原成二氧化铅(PbO_2)。

非密封式的蓄电池由于水转化为氢和氧而逐渐失去水;这些气体通过通气孔从蓄电池中逸出。如果不补充丢失的水,电解液的液面会低于极板

⊖ 1in(英寸)=0.0254m。

的顶部，这导致电解液中的硫酸浓度增高，并使未被电解液浸没的极板材料变得干燥和硬化。这种情况缩短了蓄电池的使用寿命，因此必须经常检查电解液的液面高度。

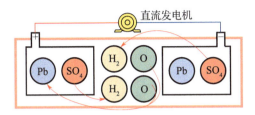

图 1-19 蓄电池内部在充电循环中的化学反应

4. 铅酸蓄电池的设计

铅酸蓄电池可设计为起动型蓄电池或深度循环型蓄电池。深度循环型蓄电池设计成可以经历多次充电和放电循环。与起动型蓄电池相比，其极板更厚且更少。铅酸蓄电池确切的化学成分还取决于蓄电池的设计用途。无论做何用途，所有的铅酸蓄电池都是基于铅和酸类物质化学反应的。

（1）免维护和较少维护式蓄电池　当今汽车上安装的大多数蓄电池都属于较少维护或免维护类型。较少维护式蓄电池是普通铅酸蓄电池的耐用型版本，许多部件更厚，并由更耐用的材料制成。较少维护式蓄电池带有用于给单体电池添加水的通气孔和盖。但这类蓄电池需要添加的水通常少于传统蓄电池。

（2）免维护蓄电池　免维护蓄电池在结构上与普通蓄电池相似，但由不同的极板材料制成。这种类型的蓄电池在充放电循环过程中极少析出气体，所以免维护蓄电池没有添加水和与外部通气的大通气孔和盖（图 1-20）。它们配备有小的通气孔来防止壳体内气体压力的形成。免维护蓄电池完全不需要补充水。

（3）复合蓄电池　复合或重组蓄电池（通常称为凝胶蓄电池）是一种完全密封的免维护蓄电池，它使用凝胶类的电解液。在凝胶单体电池中，出气被最少化，因此不需要通气孔。在充电过程中，负极板从不会达到全充状态，因此只释放很少的氢气或不释放氢气。正极板释放氧气，但它会通过隔板而与负极板重新结合。在正常使用过程中，蓄电池内的氢和氧被捕获并在电解液中重新结合生成水。这使得蓄电池中不再需要添加水。

吸收式玻璃纤维（AGM）蓄电池是一种常见的复合蓄电池。AGM 蓄电池中的电解液保存在湿的玻璃纤维膜中。该玻璃纤维膜夹在蓄电池极板之间，它在这里还充当了振动阻尼器。

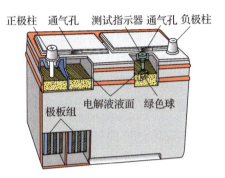

图 1-20 带有小通气孔的免维护蓄电池的结构

高纯度铅板卷被紧密地压缩成六个单体电池（图 1-21）。这些铅板被充满酸的玻璃状隔离物分开。玻璃状隔离物以纸巾吸水的方式吸收酸。每个单体电池都封闭在蓄电池壳体内各自的圆柱体中，形成一个密封系统，就像六瓶套装的苏打水。

图 1-21 AGM 蓄电池的结构

另一种复合蓄电池是**阀控式铅酸（VRLA）蓄电池**，其正极板上产生的氧气被负极板吸收。这反过来减少了负极板上产生的氢气量。氢和氧的结合生成水，返回到电解液中。

阀控式铅酸蓄电池中的一个极板用铅锡钙合金与多孔式二氧化铅制成；另一个极板也是由铅锡钙合金制成的，但以海绵状的铅充当活性物质。该类型电池的电解液是硫酸，它被吸收到由玻璃纤维织物制成的极板隔板中。这种蓄电池配备了一个阀门，该阀门打开时可以释放蓄电池中逐渐建立的过高压力，而在其他所有时间里，该阀门是关闭的，因而这类蓄电池是完全密封的。

更新型的增强型浸没式蓄电池（EFB）正用在带自动起停系统的车辆上。EFB 在较低充电状态下能够提供比标准铅酸蓄电池更多的电力，并且可以在其使用寿命期间支持发动机更多的起动总次数。单体电池的格栅设计和材料使得 EFB 优于标准的铅酸蓄电池。

5. 影响蓄电池寿命的因素

所有储能型蓄电池的使用寿命都是有限的，铅酸蓄电池的寿命通常是 3~7 年，但以下情况会缩短这个时间。

（1）电解液液面高度不正确　单体电池带有通气孔的蓄电池需要定期检查。电解液中的水会因为在炎热天气下的蒸发和充电过程中的析气而损失。保持电解液液面高度是延长这类蓄电池寿命的基本要求。

（2）温度　铅酸蓄电池在低温时不能很好地工作。在 0℉（约 -17.8℃）时，蓄电池只有其额定容量 40% 的工作能力。在蓄电池温度非常低且其电量低时，还有结冰的可能。当蓄电池获得过多热量时，电解液中的水会蒸发。在炎热天气中使用的蓄电池更需要经常检查其电解液的液面高度。

（3）腐蚀　蓄电池腐蚀通常是由溢出的电解液或析出气体凝结的电解液造成的。在任何一种情况下，硫酸不仅会腐蚀和损坏插接器和端子，还会损坏压紧装置束带和蓄电池托盘。

已被腐蚀的连接部分电阻增加，从而降低了提供给其他电气系统的电压。蓄电池盖上的腐蚀物也会建立电流路径，从而使蓄电池慢慢放电。

（4）过度充电　蓄电池可能会被充电系统或蓄电池充电器过度充电。在任何一种情况下，过度充电都会导致蓄电池内发生剧烈的化学反应，从而造成单体电池中水分流失。这会永久性地降低蓄电池的容量。过度充电还会导致蓄电池过热，这会氧化正极板的格栅材料，甚至使极板变形，导致单体电池容量降低和蓄电池的早期失效。

（5）充电不足/硫化　充电系统可能由于系统的故障而无法重新充满蓄电池，这导致蓄电池在部分放电状态下工作。在这种情况下的蓄电池将被硫酸盐化，因为通常在极板上形成的硫酸盐会变得密实、坚硬且在化学上是不可逆的。这是硫酸盐长时间滞留在极板上的结果，这一过程被称为极板的硫化。

（6）安装不当　蓄电池压紧装置束带松动或丢失会使蓄电池在车辆行驶中受到振动或跳动，这会抖落极板上的活性物质并严重缩短蓄电池寿命，还会使极板与极板连接金属条的连接或电缆插接器松动，甚至使蓄电池壳体破裂。

（7）循环　不正常的反复循环会导致正极板活性物质从其格栅上脱落，并落入其壳体底部的沉积槽中。这个问题会降低蓄电池的容量，并可能导致极板之间的短路。幸运的是，应用在许多蓄电池中的新型信封式隔板设计减少了这个问题。

1.5 蓄电池的维护和测试

> ⚠ **小心**　在对蓄电池进行作业时，始终要佩戴安全眼镜或护目镜。蓄电池充电或放电时，会释放出高爆炸性的氢气。一些氢气会一直存留在蓄电池中。任何火焰或火花都可能点燃这种气体，从而导致蓄电池剧烈爆炸，通气孔盖被高速推出，并大面积地喷洒硫酸。硫酸会造成严重的皮肤烧伤。如果电解液接触到皮肤，应用水冲洗几分钟。当接触到眼睛时，用力睁开眼皮，用洗眼液冲洗眼睛。不要揉擦眼睛或皮肤，并立即拨打急救电话。

如果铅酸蓄电池中的电解液液面低，可以添加蒸馏水使其恢复到正常高度。如果液面非常低，即使添加水，蓄电池仍可能无法通过测试。低的电解液液面还会缩短蓄电池的使用寿命，因为极板上部暴露在空气中，会使极板变干和变脆。如果电解液的液面过低，应确定其原因。可能的原因包括外壳泄漏、过度充电和单体电池有故障。

测试蓄电池是电气系统维护的一个重要步骤。在对蓄电池进行任何测试之前，需确保蓄电池已充满电。可在发动机关闭后打开前照灯来去除蓄电池的浮电，至少持续打开前照灯 3min。较差和不准确的测试可能会带来高成本且不必要的维修。根据蓄电池的设计，可以用多种方式确定其充电状态和容量：特定的比重测试、内置比重计式蓄电池的目视检查、开路电压检测和容量测试。

1. 检查蓄电池

铅酸蓄电池的测试应从全面检查蓄电池及其极柱开始，应检查以下项目（图 1-22）。

1）通过查看蓄电池上的日期代码来检查蓄电池已使用的时间。

2）检查壳体状况。壳体损坏的蓄电池应更换。

3）如果蓄电池是属于非密封型的，应检查所有单体电池的电解液液面，必要时进行调整。如果添加了水，则应在进行任何测试之前为蓄电池充电。

4）检查蓄电池极柱和电缆的状况。清除电缆端部和极柱上的任何腐蚀物，确保电缆端部已可靠地紧固在极柱上。

5）确保蓄电池的压紧装置将蓄电池固定在位。

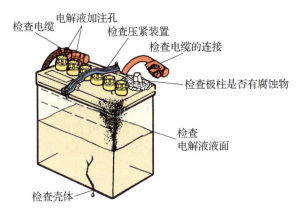

图 1-22 仔细检查蓄电池是否有损伤、脏污和腐蚀

> 参见

有关铅酸蓄电池阀检查、维护和清洁的步骤参见《汽车维修技术基础（原书第 7 版）》第 9 章。

2. 蓄电池泄漏测试

为了进行蓄电池泄漏检测，将电压表设置为低范围的直流（DC）电压档。将负表笔连接到蓄电池负极柱，然后移动电压表的正表笔划过蓄电池壳体的上面和侧面（图 1-23）。如果读到电压值，则表明蓄电池正处于漏电状态。应清洁蓄电池，然后重新检查。如果再次测量到电压，则说明外壳有渗漏或裂纹，应更换该蓄电池。

图 1-23 进行蓄电池的泄漏测试

3. 清洁蓄电池及极柱

在拆卸蓄电池极柱连接端子或蓄电池之前，始终应先中和端子和其他金属部件上任何积存的腐蚀物。涂抹一些碳酸氢钠（小苏打）和水或氨和水的溶液，不要使溶液或腐蚀物飞溅到车辆的油漆、金属或橡胶部件上，也不要使其飞溅到手和脸上。确保该溶液不会进入蓄电池的单体电池中。硬毛刷非常适合去除大量堆积物（图 1-24）。污垢和堆积的油脂可以用去污剂溶液去除。清洁后，用清水冲洗蓄电池和极柱端子，用干净的抹布擦干或低压的压缩空气干燥所有部件。

图 1-24 用硬毛刷散开清洗液并除去大量堆积物

为了清洁蓄电池电缆端子的内表面，需拆下电缆。首先从接地电缆的拆卸开始。对依靠螺母和螺栓的插接器，使用套筒扳手和/或电缆夹钳松开螺母（图 1-25）。如果使用普通钳子或开口扳手可能导致一些问题。这类工具可能会在用较大的

力时滑脱，甚至损坏单体电池的盖或损坏蓄电池壳体。

将电缆插接器定位在极柱上并拧紧它。不要过度拧紧任何螺栓或螺母，否则会损坏极柱或电缆连接端子。

图 1-25　用套筒扳手和/或电缆夹钳松开蓄电池螺母

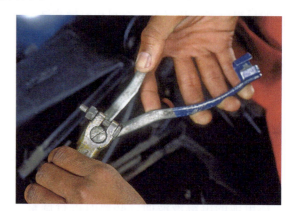

图 1-27　在将电缆插接器重新安装在蓄电池上前，使用插接器扩张工具以确保该插接器可轻松装入蓄电池极柱

弹性的电缆插接器可用宽口钳、夹钳、鲤鱼钳或蓄电池钳挤压插接器靠在一起的末端分叉处来拆卸。这些工具能扩张该插接器，使其能从端子极柱上拔下。

当松开电缆插接器的螺母时，务必紧握住电缆。这样减小了损坏极柱的可能或从蓄电池上固定点松开的压力。如果在松开时不容易从极柱上取下插接器，可使用夹具拉拔器。用螺丝刀或撬棒撬动会扭伤端子极柱和连接在其上的极板，这可能会破坏单体电池的盖或使极板与极柱松脱。

一旦取下插接器，用插接器扩张工具打开该插接器。将其浸入小苏打溶液或氨水中以中和任何残留的腐蚀物。接下来用外侧和内侧带有刷毛的金属丝刷清洁插接器的内侧和极柱（图 1-26）。

4．测试蓄电池比重

带有可拆卸通气孔盖的蓄电池应检查电解液的比重。充满电的蓄电池的电解液中通常有大约 64% 的水和 36% 的硫酸，它对应的比重是 1.27。纯水的比重为 1.000，蓄电池电解液在 80℉（约 26.7℃）时的比重应为 1.260~1.280。电解液的比重随蓄电池放电而降低，因此，电解液的比重能够很好地反映蓄电池已经消耗了多少电荷。

电解液的比重可以用蓄电池比重计测量，它用一个放在玻璃管中的玻璃浮子来测量电解液的比重。当其充满电解液时，浮子可在电解液中上下浮动。浮子下沉的深度表示电解液相对于水的比重。

由于温度影响物质的比重，因此应根据电解液的温度来校正比重的读数。大多数液体比重计都有一个内置的温度计来测量电解液的温度。

折光计用于测试发动机冷却液的折光计也可用于测量电解液的比重。这类工具使用一个棱镜来分析流体并具有自动温度补偿功能。

5．内置式比重计

在一些免维护蓄电池上，蓄电池壳体中内置了一个特殊的可进行温度补偿的比重计（图 1-28）。快速地目视检查可了解蓄电池的荷电状态（State of Charge，SOC）。在观察该比重计时，重要的是蓄电池的顶部要干净以便看清其指示，在光线不

图 1-26　用外侧和内侧带有刷毛的金属丝刷清洁端子和插接器内侧表面

重新安装从扩大电缆插接器的开口开始（图 1-27），这样在将其放入极柱时就不需要用力了。

足的地方可能需要手电筒。查看比重计时，应始终直视下方。

图 1-28 免维护蓄电池上的比重计

大多数新型蓄电池没有内置的比重计。因为蓄电池是密封的，所以无法检查其电解液的比重。电压检查是检查蓄电池 SOC 的唯一方法。切勿尝试通过撬下蓄电池上单体电池的盖子来检查每个单体电池。

6. 测试开路电压

开路电压检查是测量蓄电池在无负载时的输出电压。当蓄电池充电或放电时，蓄电池的电压会发生轻微变化。因此，无负载时的蓄电池电压可以作为电池 SOC 的一个指标。

要检查蓄电池的开路电压，温度应在 60～100°F（约 15.6~37.8℃）之间。在没有负载的情况下，应使电压稳定至少 10min。对于刚刚重新充满电的蓄电池，可持续 15s 施加一个大的负载来去除浮电，然后让蓄电池稳定。一旦电压稳定下来，用数字万用表（Digital Multimeter，DMM）电压档测量该蓄电池的电压，精确到 0.1V（图 1-29）。

一个完全充满电的 12V 蓄电池应有 12.6V 的端电压。但是采用密封的 AGM 和其他凝胶型单体电池的蓄电池可能具有稍高的电压（12.8~12.9V）。根据表 1-1 来解释开路电压测量结果与蓄电池 SOC 的关系。如果测试表明 SOC 低于 75%，为了确定蓄电池状况，则对蓄电池重新充电并执行容量测试。

表 1-1 开路电压测量结果与蓄电池 SOC 的关系

开路电压	SOC（%）
11.7V 或更低	0
12V	25
12.2V	50
12.4V	75
12.6V 或更高	100

7. 蓄电池加载测试

容量或加载检测可确定蓄电池在带载情况下的表现。蓄电池加载测试仪（图 1-30）或电压/电流测试仪（Volt/Ampere Tester，VAT）可用于此类检测。VAT（图 1-31）可用于检测蓄电池、起动系统和充电系统。这类测试仪有一个电压表、一个电流表和一个碳电阻堆。该碳电阻堆是一个可变电阻器。当测试仪连接到蓄电池并运行时，碳电阻堆从蓄电池吸取电流。从电流表读取所吸取电流的大小。将蓄电池在可接受的电压下所能提供的最大电流与蓄电池的额定值进行比较。

有些蓄电池加载测试仪和 VAT 会自动调节所加的负载或者碳电阻堆。当蓄电池的信息输入到这些设备中后，剩余的所有工作将由测试仪来完成。

图 1-29 用万用表电压档测量蓄电池两极柱间的开路电压

图 1-30 蓄电池加载测试仪

图 1-31 典型的电压/电流自动测试仪（VAT）

蓄电池的加载或容量检测可以就车或离车进行。该蓄电池 SOC 必须处于或非常接近满电状态。使用开路电压测试来确定其 SOC，必要时对蓄电池重新充电。为得到最好的测试结果，电解液温度应尽可能接近 80℉（约 26.7℃）。温度低的蓄电池会显示出相当低的容量。如果密封式蓄电池的温度低于 60℉（约 15.6℃），切勿对其进行加载测试。图 1-32 中步骤展示了用 VAT-40 进行加载测试的正确方法。

在加载检测期间，一个模拟起动机电流消耗的负载被加给蓄电池。该电流消耗量由蓄电池的

1）将蓄电池充电到 SOC 为 75% 以上并让其稳定

2）查看蓄电池贴签上的额定值并确定正确的加载测试的技术参数

3）检查蓄电池的温度，应在 75℉（约 23.9℃）左右

4）将测试仪的蓄电池连接线正确连接到蓄电池极柱上

5）将测试仪的电流钳环套在测试仪的负极电缆上。电流钳上的箭头通常应背对蓄电池的负极极柱

6）执行测试仪的"0 点校准"直到其电流为 0

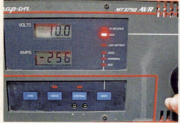

7）旋转加载控制旋钮直到电流达到步骤 2）所确定的额定电流

8）等 15s 后读取蓄电池电压并关闭加载控制，然后断开测试仪的测试引线

图 1-32 加载测试的正确方法

额定值和观察到的持续 15s 的电压决定。

当进行蓄电池加载检测时，遵循以下准则。

1）将电流钳卡在测试仪至蓄电池的正极或负极电缆上。定向放置电流钳，如果卡在负极电缆上，应使电流钳的箭头指向电流从蓄电池流出的方向；如果卡在正极电缆上，则箭头应朝向蓄电池。

2）注意极性正确并确保测试表笔与蓄电池极柱接触良好。

3）如果测试仪配有对蓄电池温度的调节功能，将其调整到合适的值。

4）为了测试蓄电池，转动加载控制旋钮，将电流消耗量调整至蓄电池的安·时（A·h）额定值的 3 倍或其 CCA 额定值的 1.5 倍。

5）加载 15s 后停止加载。

> **车间提示**
>
> 在采用侧面连接端子的蓄电池上，使测试仪获得良好的连接可能是一个问题。为此，可使用相应的适配器（图 1-33）。如果没有适配器，可使用一个带螺母的 3/8in 粗牙螺栓。小心地将螺栓拧到底，然后再退回一点。最后拧紧螺母，使其与端子接触。此时可将测试导线连接到该螺母上。

图 1-33 使用适配器等来改变带有侧极柱的蓄电池测试位置

结果说明如果电压读数在加载测试中超过 10.5V，表明蓄电池正在提供足够的电流。当测试在 70℉（21℃）条件下进行时，蓄电池应至少能维持 9.6V 的电压。如果读数刚好为 9.6V，则该蓄电池可能没有所需的储备来应付发动机在低温期间的起动。

如果电压读数在关闭负载后低于最小值，应观察电压表。几分钟后，该电压应稳定下来并至少在 12.4V。如果电压低于 12.4V，则可对蓄电池进行充电并重新测试，但结果很可能是一样的。

如果蓄电池电压在有负载时低于最小值且在去除负载后不能回升到 12.4V，问题可能是 SOC 低。给蓄电池重新充电并再次进行加载测试。如果蓄电池未能通过加载测试，可执行一个三分钟充电测试。

8. 三分钟充电测试

三分钟充电测试又称为蓄电池硫化测试，它用来确定传统铅酸蓄电池是否有硫化的极板。不要在 AGM 蓄电池上使用三分钟充电测试，因为所提供的电压和电流会损伤或毁坏这类蓄电池。硫化会妨碍蓄电池接受电荷和传送电流的能力。硫化通常是充电系统没有使蓄电池完全充满电导致的。这可能是发电机存在问题、充电回路和蓄电池电缆上电压降过大，或发电机传动带张力不足。使蓄电池放电的寄生电流也会造成蓄电池的硫化。

在执行此测试时，如果蓄电池仍安装在车辆中，则先断开蓄电池负极电缆。连接蓄电池充电器并将充电电流设置为 30~40A。使用电压表监测蓄电池在充电过程中的电压。注意在充电器仍设置在 30~40A 的情况下结束充电前最后 3min 的蓄电池电压，应不超过 15.5V。高于 15.5V 的读数表明该蓄电池的内阻过大、极板硫化或蓄电池的单体电池内部连接不良。应更换硫化的蓄电池。

9. 测试蓄电池容量

蓄电池容量或电导量的检查是测试蓄电池传导电流的能力。测量的电导量提供了反映蓄电池状态的可信指标并与蓄电池的容量有关。电导量可用于检测单体电池的缺陷、短路、正常的老化和开路，这些都会导致蓄电池失效。

一个充满电的新蓄电池会在 CCA 额定值的 110%~140% 之间的任一点具有高电导量读数。随着蓄电池老化，极板表面会产生硫化或脱落活性物质，这将降低蓄电池的容量和电导量。容量检测是唯一能够准确测量低 SOC 蓄电池的测试。

当蓄电池的起动能力已经丧失了足够多时，其电导量读数将远低于它的额定值并表明它应更换了。

为了测量电导量，测试仪（图 1-34）产生一个发送给蓄电池的小信号，然后测量交流（AC）电部分的响应。测试仪将显示该蓄电池状态，包括良好、需要重新充电后再测试、已经失效和将要失效。

图 1-34 蓄电池电导量（容量）测试仪

许多电导量测试仪在测试完成后会显示一个代码。在针对结果采取任何行动之前应先识别该代码代表什么。

> ▶ 参见
>
> 有关蓄电池的安全注意事项参见《汽车维修技术基础（原书第7版）》第8章。

10. 测试蓄电池漏电流

当今许多车辆都有寄生电流。寄生电流是在关闭钥匙后存在的漏电流。这个漏电流是在发动机未运转时仍在运行的其他系统造成的。寄生电流是正常的，除非它超过规定值。这些寄生电流会导致蓄电池在一夜或几天后失去它的电量（表1-2）。寄生电流还会耗尽蓄电池并导致各种驾驶性的问题。计算机可能进入它的备用模式，并产生虚假的故障码（Diagnostic Trouble Code，DTC），或提高发动机怠速转速来补偿过低的蓄电池电压。蓄电池持续处于低电压状态还会缩短其使用寿命。

大多数制造商都对这种寄生电流规定了最大允许值。所有车辆都有一些寄生电流，因为需要一个小电流来维持各种系统的存储。对大多数车辆来讲，30mA的寄生电流是正常的。过大的寄生电流是由故障引起的并会耗尽蓄电池的电量。最常见的原因是有灯未关闭，例如杂物箱、行李舱或发动机舱的灯。故障也可能是在电气系统中。许多这类系统设计成要定期监测其状态，这一段时间称为唤醒时间。如果一个电子单元被唤醒，但之后没有及时关闭，这是一种故障并将消耗蓄电池的电量。

表 1-2 不同电耗用多长时间将蓄电池 SOC 降至 50%

持续耗电电流	SOC 降至 50% 所用时间
25mA	30.5 天
50mA	16.5 天
100mA	8.25 天
250mA	3.25 天
500mA	1.5 天
750mA	1 天
1A	19h
2A	12h

当一块蓄电池快速损失其电量时，需对蓄电池进行漏电流测试。可以用串联在蓄电池负极电缆中的数字万用表（DMM）或者卡在电缆上的小电流探头进行测量。

DMM可被用于测试通过熔丝的电压降，来确定哪一条电路正在引起钥匙关闭后的漏电流（图1-35）。流经该电路的电流导致在熔丝上的

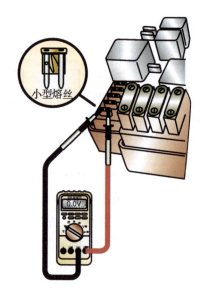

图 1-35 测量熔丝两端的电压降以查找漏电流

电压降，该电流可被测量并用来发现哪一条电路是在故障状态。因为这种漏电流通常是很小的电

流,所以熔丝两端的电压降也很小,一般以毫伏(mV)为单位。

图1-36中的步骤展示了如何用电流钳和万用表检测寄生电流。

11. 测试混合动力和纯电动汽车的12V蓄电池

大部分混合动力汽车(HEV)和纯电动汽车(EV)仍然使用一个12V蓄电池为相关电气系统供电。因为这些蓄电池不用于起动发动机,所以它们的容量往往较小,其CCA通常为300~400A。大多数制造商建议在该辅助蓄电池上使用电导量测试仪。需要针对蓄电池类型、额定值和测试内容对测试仪简单编程。如果蓄电池不能提供所需的电压和电流,则应更换。

12. 蓄电池电缆

蓄电池的性能受其电缆的影响。接线端子与电缆端头的不良连接和腐蚀会引起电压降,这会减小车辆所有系统上的可用电压,端头还可能变形、松动或损坏。这些都会导致过大的电阻。应检查和测试蓄电池所有电缆是否存在电压

1)电流钳和万用表可在不拆卸蓄电池的情况下检测寄生电流

2)将电流钳插入万用表标准表笔引线的位置。从万用表上取下正负表笔引线,并将电流钳红色引线插入DC电压插孔,将黑色引线插入公共插孔

3)该电流钳可选择电流和电压范围。此万用表的量程为20A,在该量程下,1A的电流消耗将显示为0.5mV的读数

4)该万用表设置为测量DC电压,电流钳将磁场强度转换为电流读数,然后在万用表中转换为DC电压的读数

5)将电流钳环套在蓄电池的负极电缆上

6)若电流钳上有指示电流流动方向的箭头,按照与箭头相反的方向放置电流钳

9)若存在电流消耗,则需要辨别哪一条回路或电路正产生电流消耗。这通常是通过每次取下一个熔丝并观察电流消耗来进行的。若在取下一个熔丝后仍存在电流消耗,则该熔丝保护的电路不是该问题的原因,但若此时电流消耗减小或消失,则表明了问题在此电路中。一旦确定了有问题的电路,即可开始检查该电路中的负载是否有可能是导致电流消耗的原因。例如卡在闭合位置的继电器或未关闭的模块。断开该部件并重新测试,若电流消耗消失,则可确定该问题的根源

7)该万用表上读数为0.15V,相当于3A的电流消耗。为确定该读数是否过大,参考制造商的维修信息。对该车而言,此读数已超过规定值

8)在诊断电流消耗之前,确保已关闭车内外所有附件和灯光。根据车辆不同,可能在获得准确读数前需要1h以上才能关闭所有模块

图1-36 用电流钳和万用表检测寄生电流

降过大的情况。在检查过程中,严重腐蚀的极柱(图 1-37)是很明显的,但较轻的腐蚀会在蓄电池极柱和电缆之间形成一道几乎看不见的屏障。因此,进行电压降测试被认为是检查蓄电池电缆的首选方式。

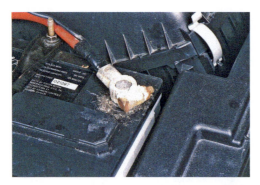

图 1-37 已腐蚀的蓄电池极柱降低了蓄电池的效能并导致电压降

所有电压降测试都应在电路带有负载的情况下进行。检查蓄电池电缆时,运转的起动机是最好的负载。允许每根电缆的连接部分有 0.1V 的电压降,蓄电池所有连接部分两端的总电压降不应超过 0.2V。

在采用侧极柱蓄电池的车辆上,需要从蓄电池上拆下其电缆来检查它的状态。侧极柱的连接部位也会逐渐形成腐蚀,但如果不拆下来检查,往往是不会检查到的(图 1-38)。这是因为,一些侧极柱蓄电池的位置使它们不容易被目视检查到,因而有时会被忽视。将蓄电池升压器包类的辅助

图 1-38 侧极柱型蓄电池电缆连接部分的腐蚀

电源连接到车辆上,然后断开侧极柱上的连接端子,检查端子附近是否有腐蚀、损伤和硫酸泄漏。侧极柱蓄电池的螺栓拧得过紧或使用了错误尺寸的螺栓会损坏连接端子并导致硫酸泄漏。腐蚀物通常积聚在连接端子的塑料盖上,因此需要将其与端子拆分来清洁。

13. 蓄电池充电器

蓄电池充电器被设计成可提供恒定的电压或恒定的电流,或这两者的组合。恒压充电器向蓄电池提供一个特定的电压。其电流随蓄电池电压的变化而变化。当充电器电压和蓄电池电压之间的电势差大时,电流就大。随着蓄电池充电,充电电流逐渐减小。而恒流充电器则是通过改变施加到蓄电池上的电压来保持恒定电流的。

只要维持住蓄电池的温度,这两种方法都可以很好地工作。有些充电器有一个温度计来监测蓄电池温度。这些充电器会随着温度的升高而减小充电电压和/或电流。

现在有许多智能充电器设计成用三个基本阶段给蓄电池充电:快速充电(快充)、慢速充电(慢充)和维护。在快速充电阶段,以最大安全电流给蓄电池充电,直到电压达到其 80% 左右 SOC 时的电压。一旦电压达到该水平,充电器就进入慢速充电阶段。在慢速充电期间,充电电压保持恒定,而电流随蓄电池电压而改变。一旦蓄电池充满电,充电器切换为维护阶段。在维护阶段,充电器提供一个略高于蓄电池电压的恒定电压。这是一种维护性的充电,其目的是使蓄电池在未被使用时处于充电状态。

如果要对模块进行编程或写入,维修车间里应使用一个专用的完全直流的蓄电池充电器以便在编程操作期间保持正确的系统电压。有些蓄电池充电器允许小的交流(AC)电流通过并进入车辆的电气系统,这可能导致通信问题甚至编程失败。

有些充电器可以根据车辆的需要向蓄电池提供电压和电流。**快速充电**通过提供高的电压和电流对蓄电池快速充电。虽然蓄电池充电很快,但如果没有被密切监控,它也会过热。蓄电池必须处于良好的状态才能接受快速充电。在快速充电过程中,蓄电池极板的硫化作用会引发大量析气、沸腾和热量积聚。

慢速充电给蓄电池施加小的电流。慢速充电很慢,而且需要相当长的时间才能充满蓄电池。然而由于向蓄电池施加的是小电流,它不太可能过

热。慢速充电是对硫化的蓄电池进行充电的唯一安全的方法。在为蓄电池进行快速充电或慢速充电前,务必考虑蓄电池的类型。

始终应在远离火花和明火、通风良好的区域为蓄电池充电。在连接或断开至蓄电池的引线前,应先关闭充电器,不正确的操作可以引发蓄电池爆炸(图1-39)。记住佩戴护目镜,而且千万不要尝试给结冰的蓄电池充电。所有的蓄电池充电器都有必须遵守的具体操作说明。

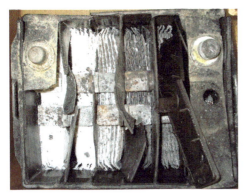

图1-39 蓄电池充电器的滥用造成了该蓄电池的爆炸

> **车间提示**
>
> 在将蓄电池充电器连接到车辆之前,先检查是否应拆下蓄电池负极电缆。有些制造商(如本田)建议在对仍安装在车上的蓄电池进行充电前,如有可能,应从蓄电池上拆下负极电缆。

14. 更换12V蓄电池

当需要更换蓄电池时,在选择新蓄电池时需要考虑的一些因素有容量、额定值和尺寸。确保新的蓄电池满足或超过车辆的电力需求。该蓄电池需要与车辆中的蓄电池固定装置相配。蓄电池的高度也很重要。蓄电池的顶部及其极柱必须安全地安装在发动机舱盖下,且没有极柱间短路的可能性。

在断开蓄电池之前,需安装一个存储信息保护装置。目前车辆上许多系统的存储信息通常在蓄电池断电之后都需要重置,这些存储信息包括:动力总成和变速器控制模块自适应的存储信息,信息娱乐和个性化系统的设置,存储的座椅、后视镜和转向柱的位置,车内气候控制的设置,电动车窗的位置。

此外,蓄电池电力的缺失会导致气囊系统、防盗系统和混合动力驱动系统出现故障码,并会清除与排放相关的测试结果。

在更换12V蓄电池之前,先检查维修信息是否有需要遵循的任何特定注意事项或步骤。一般来说,更换蓄电池的常见步骤如下。

1)拆去覆盖或妨碍接近蓄电池的任何部件。

2)先松开并拆下负极电缆,然后拆下正极电缆。

3)拆下蓄电池的压紧装置。

4)使用蓄电池搬运带子小心地将蓄电池取出并放在用于回收的指定存储区域旁边。

5)清洁并检查蓄电池电缆的端部和压紧装置。

6)确保更换的蓄电池是正确的且适合放入原空间。

7)小心地将新蓄电池安放到位并固定压紧装置。

8)重新连接并拧紧正极电缆,然后是负极电缆。

9)重新安装当初为接近蓄电池曾拆卸的所有部件。

10)起动车辆并根据需要执行所有的重新学习、注册及其他需要的项目。

更换蓄电池后可能需要执行蓄电池的注册或向动力系统控制模块(PCM)输入蓄电池能量管理(Battery Energy Management,BEM)代码。在许多车辆上,发动机控制单元监测并跟踪电气系统的运行、充电系统的状态和蓄电池寿命。新的原装蓄电池应有一个BEM贴签(图1-40)。使用

图1-40 蓄电池能量管理贴签示例

诊断仪将该代码输入到控制单元中。如果安装了一个新的但非原装蓄电池且系统未被重新设置，则PCM可能无法对新蓄电池进行自校准。这会影响充电系统的性能并影响新蓄电池的使用寿命。

15. 更换高压蓄电池

目前道路上已有大量混合动力汽车和纯电动汽车，其中许多汽车的高压（HV）蓄电池已达到其使用年限。从车辆制造商处可得到用于更换的高压蓄电池包，而且许多售后市场供应商还提供作为新高压蓄电池包廉价替代品的翻新或使用过的高压蓄电池包。

为了安全、正确地进行维修，高压蓄电池包的更换只能由拥有相应工具和设备的维修店来执行。在没有适当培训和设备的情况下，切勿试图去维修或更换高压电部件。

高压蓄电池包一旦被取出，应将其返回给供应商进行回收利用。镍氢蓄电池的材料是完全可以回收利用的，因为其金属可以再生和再次利用。锂离子蓄电池尽管按照化学反应，可能不能100%回收，但也是可以部分回收利用的。无论高压蓄电池包是何种类型和尺寸，始终都应将其返回给供应商或送到一个被批准的回收机构。

1.6 跨接起动

如果车辆无法起动，可能有几个原因。如果发动机完全不转动，则蓄电池可能已放完电或报废。如果在尝试起动发动机时仪表板或前照灯严重暗淡或熄灭，则怀疑蓄电池正在放电。如果那些灯全都不点亮，则蓄电池可能完全没电，或其线缆与蓄电池的连接很差。在尝试跨接起动车辆之前，先检查蓄电池的连接，并在可能的情况下测量蓄电池的电压。已完全放电的蓄电池应使用蓄电池充电器重新充电，而不是跨接起动。由于电子设备在如今的车辆上广泛使用，所以不建议跨接起动车辆。跨接起动会在电气系统中造成电压峰值，它会损坏电子部件，在存在蓄电池连接松动或连接不良的情况下更是如此。在尝试跨接蓄电池起动车辆之前，先检查该车辆的维修信息，并注意是否给出了任何特殊的注意事项或跨接起动该车辆所需的步骤。

如果需要跨接起动，应始终遵循蓄电池的所有安全注意事项，以防止人身伤害或损坏车辆。

（1）用升压器或其他蓄电池跨接 在可能的情况下，使用升压器包跨接已耗尽电的蓄电池进行起动。由于并非所有蓄电池都位于发动机舱盖下或可触及的区域，因此，车辆可能有用于跨接起动的专用连接点（图1-41）。

图1-41 尽管蓄电池安装位置不同，但跨接端子通常都位于发动机舱盖下

1）将升压器包的正极引线连接至蓄电池正极端子或车辆制造商指定的正极连接点。

2）将升压器包的负极引线连接到发动机的良好接地点或车辆制造商指定的负极连接点。

3）尝试起动发动机。

4）如果发动机起动了，让其怠速运转或驾驶车辆至少持续20 min。

有可能车辆的蓄电池会被放电到即使使用跨接起动也无法起动发动机，在这种情况下，应重新给蓄电池充电或更换蓄电池。

（2）用其他车辆跨接 若要使用另一辆车的蓄电池来跨接起动一辆普通车辆，应遵照以下步骤（图1-42）。

1）将用来提高电压的车辆停放在不能起动车辆的发动机舱旁边，但要确保两辆车没有接触。

2）启用两辆车上的驻车制动器。

3）打开发动机舱盖或行李舱以接近起动或辅助蓄电池。有些车辆的蓄电池位于行李舱中，但会在发动机舱盖下设置专用的跨接起动端子。

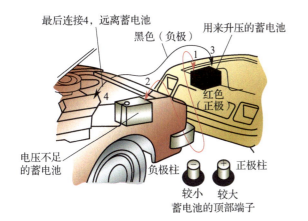

图 1-42 跨接电缆在跨接车辆时的正确连接和连接顺序

4）将正极（红色）跨接电缆的夹钳连接到蓄电池的正极端子，或用于跨接起动的正极端子上。

5）将正极（红色）跨接电缆另一端的夹钳连接到用来升压的蓄电池的正极（+）端子上。

6）将负极（黑色）跨接电缆的夹钳连接到用来升压的蓄电池的负极（-）端子上。

7）将负极（黑色）跨接电缆另一端的夹钳连接到无法起动的车辆的发动机裸露金属部分，跨接电缆应远离蓄电池和燃油喷射系统。切勿使用燃油管路、发动机凸轮轴、气门室盖或进气歧管作为负极连接的接地点。

8）确保跨接电缆远离风扇叶片、传动带、被连接的两台发动机的运转部件或任何燃油供给系统部件。

9）起动用来升压的车辆的发动机，以中等转速运转约 5min。

10）尝试起动无法起动的车辆。

11）如果该车辆仍不能起动，检查跨接电缆的连接，如果发现问题，纠正后再次尝试。如果发动机还不能起动，则该蓄电池应进行充电或被更换。

12）一旦缺电的车辆起动，让两辆车的发动机都运转约 5min。

13）先从缺电车辆上断开负极跨接电缆，再断开升压用蓄电池的负极跨接电缆。

14）接下来从缺电车辆上断开正极跨接电缆，再从升压用蓄电池上断开正极跨接电缆的另一端。

> **车间提示**
>
> 有可能蓄电池电量低到用跨接方式也不能起动。如果出现这种情况，而你又需要起动该车辆，可断开蓄电池的负极电缆，将外接式起动器连接至车辆的正极和负极电缆上并尝试起动发动机。将电量耗尽的蓄电池从电路中去除通常可使发动机起动。

❗ **小心** 切不可将第二根电缆的末端连接到正被跨接的蓄电池的负极端子上。

1.7 总结

- 蓄电池在所有汽车中都是电力的主要来源。
- 蓄电池是通过电化学反应将化学能转化为电能的装置。
- 蓄电池通常由多个连接在一起的单体电化学电池组成。每个单体电池有三个主要部分：阳极（负极板或负电极）、阴极（正极板或正电极）

3C：问题（Concern）、原因（Cause）、纠正（Correction）

维修工单				
年份：2013	制造商：凯迪拉克	型号：XTS	里程：88951mile	RO：16078
问题：	客户陈述车辆停放一夜后，必须跨接蓄电池，否则无法起动。			
	技师检查了蓄电池的开路电压并发现车辆放置几个小时后的电压为 12.3V，他知道该电压应该更高些，因此怀疑蓄电池有故障。但在给蓄电池充电并进行了一些蓄电池测试后，发现蓄电池状况良好。			
原因：	充电并测试了蓄电池，蓄电池通过加载以及电导量测试，测量到钥匙关闭后有 1.95A 漏电流，继而发现车身控制模块没有关闭。			
纠正：	在核查了其他所有模块都已关闭后，更换了车身控制模块并重新编程。在所有模块都关闭后，关闭钥匙后的蓄电池漏电流为 32mA。			

和电解液。

- 开路电压是当蓄电池空载时在其两端测得的电压。
- 工作电压是当蓄电池带有负载时在其两端测得的电压。
- 安·时（A·h）额定值是完全充满电的蓄电池在80℉（约26.7℃）且蓄电池电压不低于预定水平的前提下，可持续20h提供的稳定电流。
- 蓄电池的瓦·时（W·h）额定值是在0℉（约-17.8℃）下确定的，它是通过将蓄电池的安·时额定值乘以蓄电池电压计算得到的。
- 冷起动电流（CCA）额定值是通过加载确定的，单位是A。它是蓄电池在0℉（约-17.8℃）且电压不低于预定水平的前提下，可在持续30s内提供的电流。
- 起动电流（CA）额定值是蓄电池在32℉（0℃）且电压不低于预定水平的前提下，可在持续30s内提供的电流。
- 存储容量（RC）额定值是由时间长度定义的，单位是min。它是完全充满电的起动型蓄电池在80℉（约26.7℃）且其电压降至低于10.5V前能以25A放电的时间。
- 有许多不同类型和设计的蓄电池可供选择，各类蓄电池之间的主要区别在于单体电池中使用的化学物质，如铅酸、镍镉（Ni-Cd）、镍金属氢化物（Ni-MH）、钠硫（NaS）、钠氯化镍、锂离子（Li-ion）、锂聚合物（Li-Poly）和镍锌等。
- 最常用的汽车蓄电池是铅酸蓄电池。铅酸蓄电池的类型有湿式铅酸蓄电池、凝胶式铅酸蓄电池、吸收式玻璃纤维（AGM）蓄电池和阀控式铅酸蓄电池。
- 铅酸蓄电池由格栅、正极板、负极板、隔板、活性物质、电解液、外壳、单体电池盖、通气塞和单体电池壳体等构成。免维护蓄电池没有大的通气孔和盖，但它们确实有小的通气孔。密封的免维护蓄电池不需要用在其他免维护蓄电池中的通气孔。
- 不当的电解液液面、温度、腐蚀物、过度充电、充电不足/硫化、不当的安装和不正常的循环都会影响蓄电池的使用寿命。
- 根据蓄电池的设计，可以通过不同的方式来测量其状态、SOC和容量：蓄电池泄漏测试、比重测试、查看内置式比重计、开路电压测试、容量测试以及电池容量或电导量测试。
- 寄生电流是在关闭钥匙后存在的漏电流，它可能是正常的，也可能是由故障引起的。
- 要给蓄电池充电，需要一个给定的充电电流流过蓄电池并持续一段时间。快速充电器更受欢迎，但慢速充电是给硫化的蓄电池进行充电的唯一安全的方式。
- 跨接起动车辆时，始终要遵循正确的步骤。

1.8 复习题

1. 思考题

1）电解液在蓄电池工作中的作用是什么？
2）哪些设计特性决定了蓄电池的电压和电流容量？
3）如何进行蓄电池的泄漏测试？
4）寄生电流的概念是什么？
5）如何识别大多数混合动力汽车中的高压电系统？
6）完全充满电的12V蓄电池应有的电压是多少？
7）术语"比重"所表达的意思是什么？
8）什么导致了蓄电池内的析气？
9）五个会缩短蓄电池寿命的因素是什么？

2. 判断题

1）所有电化学蓄电池都有三个主要部分：两个电极或极板，以及电解液。对还是错？（　）
2）完全充满电的新蓄电池有较低的电导量读数。对还是错？（　）
3）蓄电池是一种机电装置。对还是错？（　）
4）BCI确定了蓄电池的CCA、CA额定值和存储容量。对还是错？（　）

3. 单选题

1）下述哪个关于蓄电池类型的陈述是不正确的？（　）

A. 深度循环型蓄电池设计成可经历多次充电和放电循环

B. 少维护蓄电池是普通铅酸蓄电池的耐用版本

C. 免维护蓄电池需要外部通气孔和盖

D. 在凝胶蓄电池中，析气被最小化，因而不需要通气孔

2）下述哪个关于蓄电池额定值的说法是正确的？（　　）

A. 安·时（A·h）额定值被定义为一个完全充满电的蓄电池在80℉（约26.7℃）且电压不低于预定水平的前提下，能持续1h提供的稳定电流

B. 冷起动电流（CCA）额定值代表一个12V的蓄电池在0℉（约-17.8℃）且电压维持在高于9.6V的情况下能持续30s提供的电流

C. 起动电流（CA）额定值代表蓄电池在32℉（0℃）且每个单位电池至少保持在1.2V的前提下能持续30s提供的电流

D. 存储容量（RC）额定值代表一个充满电的起动型蓄电池在80℉（约26.7℃）且电压降至低于10.5V前能以25A放电的时间（以min为单位）

4. ASE 类型复习题

1）技师A使用一个电流夹钳测试蓄电池的开路电压。技师B使用开路电压测试结果来确定蓄电池的荷电状态。谁是正确的？（　　）

A. 仅技师A正确

B. 仅技师B正确

C. 技师A和B都正确

D. 技师A和B都不正确

2）技师A说蓄电池的存储容量额定值是一个充满电的蓄电池可以持续提供20h且电压不低于10.5V的稳定电流。技师B说安·时额定值是指蓄电池能够提供25A电流的小时数。谁是正确的？（　　）

A. 仅技师A正确

B. 仅技师B正确

C. 技师A和B都正确

D. 技师A和B都不正确

3）技师A说无论何时要提起蓄电池，都应使用蓄电池搬运带子。技师B说当取出蓄电池时，应先断开蓄电池的正极电缆。谁是正确的？（　　）

A. 仅技师A正确

B. 仅技师B正确

C. 技师A和B都正确

D. 技师A和B都不正确

4）技师A说跨接蓄电池起动会损坏电子部件。技师B说已没电的蓄电池应用跨接起动而不是重新充电。谁是正确的？（　　）

A. 仅技师A正确

B. 仅技师B正确

C. 技师A和B都正确

D. 技师A和B都不正确

5）技师A说蓄电池的腐蚀通常是由溢出的电解液造成的。技师B说蓄电池的腐蚀通常是由汽化的电解液冷凝引起的。谁是正确的？（　　）

A. 仅技师A正确

B. 仅技师B正确

C. 技师A和B都正确

D. 技师A和B都不正确

6）技师A说在拆卸蓄电池之前，应该安装一个存储信息保护装置。技师B说在拆卸蓄电池之前，应断开正极电缆并清洁蓄电池周围的区域。谁是正确的？（　　）

A. 仅技师A正确

B. 仅技师B正确

C. 技师A和B都正确

D. 技师A和B都不正确

7）技师A说蓄电池的侧极柱端子需要拆下以便检查它们是否腐蚀。技师B说蓄电池的侧极柱端子会因端子固定螺栓拧得过紧而损坏。谁是正确的？（　　）

A. 仅技师A正确

B. 仅技师B正确

C. 技师A和B都正确

D. 技师A和B都不正确

8）某车辆的蓄电池在车辆连续停放两天后会电量耗尽，技师A说应对蓄电池进行全面检查；技师B说应进行对寄生电流消耗进行检查。谁是正确的？（　　）

A. 仅技师 A 正确
B. 仅技师 B 正确
C. 技师 A 和 B 都正确
D. 技师 A 和 B 都不正确

9）技师 A 在进行与蓄电池有关的作业时始终佩戴安全眼镜或护目镜。技师 B 说如果电解液进入眼睛，只要在电解液接触到眼睛后立即冲洗眼睛，就不需要寻求医疗帮助。谁是正确的？
（   ）
A. 仅技师 A 正确
B. 仅技师 B 正确
C. 技师 A 和 B 都正确
D. 技师 A 和 B 都不正确

10）在讨论加载测试的结果时，技师 A 说如果蓄电池没有通过加载测试，但在移去负载后其电压回升至 12.4V 以上，也应更换该蓄电池；技师 B 说如果蓄电池未能通过加载测试，但在移去负载后其电压回升至 12.4V 以上，该蓄电池是有保持荷电状态的能力的。谁是正确的？
（   ）
A. 仅技师 A 正确
B. 仅技师 B 正确
C. 技师 A 和 B 都正确
D. 技师 A 和 B 都不正确

第 2 章
充电系统

学习目标

- 能说明充电系统的功能。
- 能识别充电系统的主要部件。
- 能说明交流（AC）发电机主要部件的功能。
- 能说明半波和全波整流以及它们与交流发电机运行的关系。
- 能识别交流发电机不同类型的电压调节器。
- 能描述两种类型的定子绕组。
- 能说明使用起动机 / 发电机单元可实现的功能。
- 能使用电气测试设备执行充电系统检查和测试步骤。

3C：问题（Concern）、原因（Cause）、纠正（Correction）

维修工单					
年份：2007	制造商：丰田	车型：凯美瑞	里程：113874mile		RO：17401
问题：	客户陈述必须采用跨接来起动发动机，而且发动机在运转时发出令人难受的高频啸叫声。				
根据该客户的问题，使用在本章中学到的知识来确定此问题的可能原因、诊断该问题的方法以及纠正它所需的步骤。					

电源系统的主要功能是为蓄电池充电。在蓄电池为发动机提供了起动所需的大电流后，即使是好的蓄电池，其电量也会降低。充电系统通过向蓄电池提供稳定且相对较低的电荷来为蓄电池充电。充电系统根据电磁感应原理工作并将机械能转化为电能。这是通过感应电压实现的。

当导线穿过磁场时会在导线中感应出电压。该导线或导体成为电流的来源并具有极性或确切的正极和负极。然而，该极性可以根据导线和磁场之间运动的相对方向进行切换（图2-1）。这就是交流（AC）发电机（图2-2）产生交流电的原因。

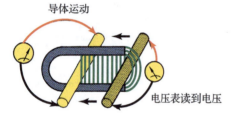

图2-1 运动导体切割磁感线从而在该导体中感应出电压

图2-2 交流发电机

2.1 交流充电系统

在起动发动机的过程中，蓄电池为车辆提供所有的电力。然而，一旦发动机运转，充电系统除了负责产生足够的电能以满足电气系统负载的需求，同时还要为蓄电池充电。

几十年前，充电系统依赖于直流（DC）发电机。直流发电机（图2-3）提供直流电，它在结构上类似于电动机。发电机和电动机之间的最大区别在于电枢的接线。在电动机中，电枢接收来自蓄电池的电流。它产生的磁场与电动机定子绕组中的磁场相反，从而导致电枢旋转。而直流发电机的电枢由发动机驱动。它没有被磁化且其绕组只是转过定子绕组的固定磁场，在电枢内部的导体中感应出电压。通过使电流从电枢流出而不是流向电枢，电动机可以变成发电机。在直流发电机中，换向器上电刷的布置将感应的交流电压改变为直流电压输出。

图2-3 直流发电机

直流发电机的电流输出非常有限，特别是在低转速时，因而被交流发电机取代。交流发电机即使在较低的发动机转速下也能够提供较高的电流输出。

在交流发电机中，旋转磁场（称为转子）在一组固定导体总成（称为定子）内旋转（图2-4）。当旋转的磁场北极（N极）与南极（S极）通过导体时，它们会感应出一个电压，该电压先沿一个方向流动，然后再沿相反方向流动（AC电压）。由于汽车使用直流电压，因此必须将交流电变换为直流电。这是通过布置在绕组输出端和输出至蓄电池之间的一些二极管来实现的。

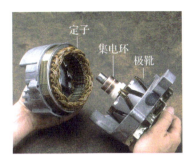

图 2-4　转子的极靴在定子中旋转

1. 交流发电机结构

（1）转子　转子总成是一根带有绕组和两组极靴的轴（图 2-5）。安装在轴末端的带轮由发动机驱动的传动带来带动其旋转。

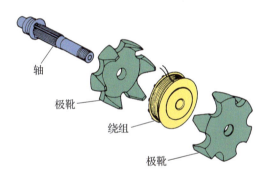

图 2-5　转子由轴、绕组和极靴组成

转子是交流发电机内部的一个旋转磁场。其磁场绕组只是缠绕在铁心上的一段很长的绝缘导线。铁心位于两组极靴之间。磁场是由通过绕组的少量电流（4.0~6.5A）产生的。当电流流过该绕组时，铁心被磁化，极靴呈现它们所接触的铁心末端的磁场极性。因此，一个极靴具有北极极性，另一个极靴是南极极性。被称为磁极爪的极靴延长部分形成了实际的磁极。随着极靴之间的磁场从北极移动到相邻的南极，典型的转子有 14 个磁极，包括 7 个北极和 7 个南极（图 2-6）。

（2）单向和分离式发电机带轮　许多新型车辆都装有配备了单向离合器带轮的发电机。单向的发电机带轮（Overrunning Alternator Pulley，OAP）也称为单向离合器带轮，其目的是减少发电机（交流发电机）的传统传动带和带轮传动系统引起的噪声和振动。使用刚性的传动带轮时，发动机转速的变化被传动带和张紧轮吸收。这增加了传动带和张紧器的磨损，并引起带传动系统过多的振动。OAP 的使用可使发电机被正常驱动，而在发动机转速降低时变为仅靠惯性空转，从而减少传动带和张紧器上的负荷。

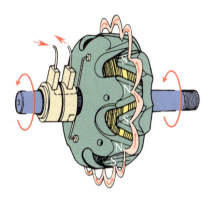

图 2-6　磁场从北极（或极爪）移向南极

分离式带轮，还称为交流发电机分离式带轮或交流发电机单向分离式（Overrunning Alternator Decoupler，OAD）带轮，它们除了使用单向离合器外，还有一个额外的弹簧。该弹簧允许带轮吸收带轮中的扭转振动，而不影响交流发电机中驱动轴的转速。该离合器只允许带轮以一个方向旋转。使用刚性传动带轮时，当发动机转速快速提升或降低时，发电机的转动惯量会作用在传动带上。这将增加该传动带上的负荷，从而增加系统的振动和磨损。通过使用 OAD，在发动机加速和稳速运行的状态下，交流发电机由传动带和 OAD 驱动。当发动机减速时，交流发电机可以靠惯性空转。由此减少了作用在传动带和张紧器上的力。附加弹簧的使用减少或消除了因曲轴加速和减速所引起的振动。

（3）集电环和电刷　集电环和电刷（图 2-7）将电流引导给快速旋转的转子。大多数交流发电

图 2-7　电刷接触在集电环上

机都有两个直接安装在转子轴上的集电环。它们与轴绝缘并且彼此绝缘。**转子绕组**的两端分别连接到其中一个集电环上。位于每个集电环上的电刷将电流传输到转子绕组。电流从电压调节器的磁场端子通过第一个电刷和集电环传输到转子绕组。电流流过该转子绕组和第二个集电环及电刷后返回到接地点（图2-8）。

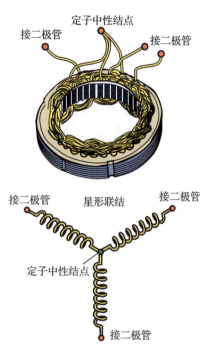

图2-10 星形联结的定子绕组

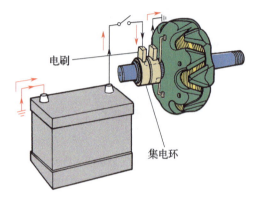

图2-8 电流由电刷通过集电环传送到转子绕组

（4）定子 **定子**是发电机中的静止部件（图2-9）。它由许多导体或导线组成，并在其中感应出电压。大多数交流发电机使用三个绕组产生所需的电流输出。每个定子绕组作为一个单独的发电机并产生该发电机总输出的三分之一。它们可以被布置成三角形（△）或星形（Y）（图2-10）。**三角形绕组**（图2-11）形状类似于希腊字母△，星形绕组类似于英文字母Y。通常星形绕组用在发动机低转速下需要高充电电压的情况下。星形绕组的交流发电机能够在高转速下输出更高的电流，但在发动机低转速时的输出较弱。

图2-11 三角形联结的定子绕组

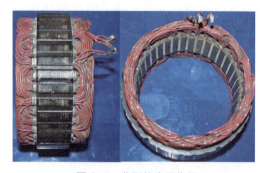

图2-9 典型的定子绕组

转子在定子内部，两者之间有很小的气隙允许转子旋转且不会与定子接触（图2-12）。

图2-12 转子和定子间存在小的气隙

交变电流产生正脉冲和负脉冲，由此得到的波形是正弦波，它显示出电压从正到负的变化。大体上讲，当转子在定子内旋转时，电压从零开始变为正，然后在电压转为负值之前降回到零。由单个北极然后是单个南极的旋转使单个导线回路产生单相电压。有三个相互重叠的定子绕组，这产生了重叠的正弦波（图2-13）或**三相电压**。

端盖上，热量可以很容易地从这些二极管传递到流动的空气中（图2-14）。外壳上还装有电压调节器。前后端盖用螺栓连接在一起，然后直接用螺栓固定在发动机上，因此，端盖总成是连接地线的一部分。这意味着与发电机外壳没有绝缘地连接的任何东西都是接地的。

图2-14 安装在端盖中的桥式整流器

2. 发电机的冷却

（1）风冷式发电机 大多数交流发电机在其传动带轮后面有一个与转子一起旋转的冷却风扇。该冷却风扇通过壳体后部的开口将空气吸入壳体。空气通过冷却风扇后的开口流出（图2-15）。流动的空气从二极管中带走热量，从而使二极管的热量减少。

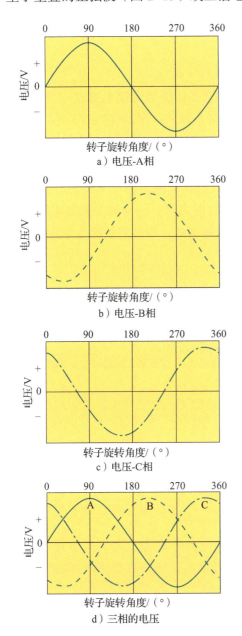

图2-13 每个定子绕组产生的电压叠加形成三相电压

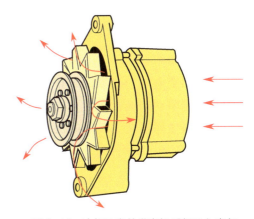

图2-15 冷却风扇从发电机后部吸入空气以保持二极管的冷却

（5）端盖总成 端盖或外壳包含转子轴的轴承。每个端盖都有内置的通风道，因此来自转子轴上风扇的空气可以流过交流发电机。通常有一个带有三个正向整流二极管的散热部件连接到后

冷却二极管对交流发电机的效率和耐用性是很重要的。最近已经应用的几种发电机的设计提高了发电机的冷却效率。其中之一是通用汽车公司（GM）的AD系列发电机。A代表风冷，D表示双风扇。这个系列的发电机轻于其他大多数发

电机，但具有非常高的输出能力。这种类型的发电机没有外部风扇，但有两个内部风扇。

（2）液冷式发电机　另一种新的设计使用了液体冷却（图 2-16）。使用水或冷却液冷却发电机是降低发电机及其敏感的电子装置温度的一种非常有效的方法。然而取消风扇而采用液体冷却发电机的主要原因是为了降低噪声。旋转的风扇是发动机舱盖下噪声的一个来源，而它正是一些汽车制造商想要消除的。此外，在输出功率较高的情况下，旋转风扇带动周围的空气流动也是发动机上的一个负荷。液冷式发电机壳体内铸有水套，采用软管将壳体与发动机冷却系统连接。这类发电机不仅噪声更小，而且有更高的输出功率，还可在发动机舱内的高温环境中持续工作更长的时间。

图 2-16　液冷式直流发电机

液冷式发电机可能有一个静止的磁场绕组，它不需要电刷和集电环。磁场绕组布置在发电机的中央。由带轮驱动的极靴在静止的磁场绕组和静止的定子绕组之间旋转。转子的极靴穿过该磁场绕组和定子的磁场，从而在定子中感应出电压。

2.2　交流发电机的工作原理

交流发电机产生的交流电必须被转换或整流为直流电，这是使交流电通过二极管来实现的。

1. 二极管

二极管允许电流沿一个方向流动而不允许反向流动。电流是按其图中三角形符号所示方向流动的。因此，它可以作为一个开关，根据电流流动的方向来充当一个导体或绝缘体。在交流发电机中，电流通过二极管进行整流（从交流变为直流）。二极管的布置使电流只能沿一个方向离开发电机（直流）。

二极管的一种变型是稳压二极管。在达到一定电压之前，该二极管的功能类似于普通二极管。当电压水平达到特定点时，稳压二极管允许电流以相反方向流动。稳压二极管常用在电子电压调节器中。

2. 直流整流

图 2-17 展示了当交流电通过一个二极管时，负脉冲被阻止而产生图示的波形图。由于二极管的接线使得二极管的正极连接到负载的正极，因此，负的交流脉冲被阻挡。如果将二极管颠倒，它阻挡正脉冲期间的电流而允许负脉冲流过（图 2-18）。因为只有一半的交流电流脉冲（正的或负的）能够通过，因此它被称为半波整流。

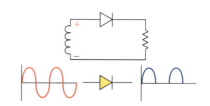

图 2-17　二极管正偏置时的半波整流

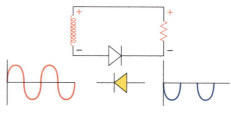

图 2-18　二极管负偏置时的半波整流

通过在电路中增加更多的二极管可对更多的交流电进行整流。当所有交流电都被整流后，就成为全波整流。

全波整流需要具有类似特性的另一种电路。图 2-19 展示了一个星形定子，其每个绕组上都连接了两个二极管。一个二极管对地是绝缘的，或说是正极，另一个是接地的，或说是负极。星形的中心有一个所有绕组的公共点，它可以有一个连接它的连接点，并被称为定子中性结点。在转子运动期间的任何时候，都有两个绕组是串联的，而第三个绕组是中性和不起作用的。当转子旋转时，它使不同绕组以不同方向通电。

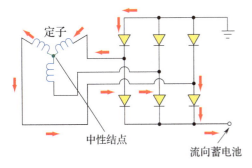

图 2-19 星形定子连接至 6 个二极管[⊖]

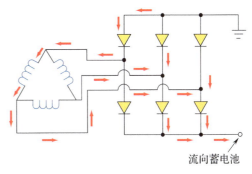

图 2-20 三角形定子连接至 6 个二极管

当定子与二极管以三角形连接时，二极管的作用并未改变。图 2-20 展示了其主要的不同之处。两个绕组不再是串联的，而是并联的。因为并联的路径允许更多的电流流过这些二极管，因而可获得更大的电流。然而这些二极管仍保持了同样的作用。

许多交流发电机都有一组额外的二极管，该二极管组因有三个二极管而被称为二极管三件套。该组二极管用来对来自定子的电流进行整流，因此，它可用来建立转子中的磁场。使用这组二极管避免了额外的配线。为了控制发电机的输出，电压调节器调节使用来自该组二极管的并流向转子的电流（图 2-21）。

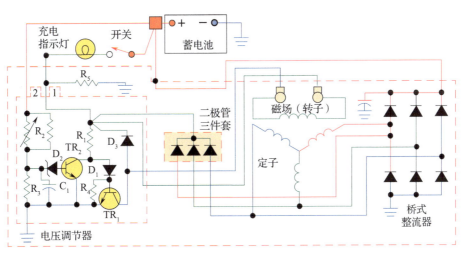

图 2-21 带有二极管三件套的充电电路接线图

3. 控制发电机输出的因素

除了定子绕组的类型外，还有以下几个因素决定了从发电机可获得的总输出。

1）转子的旋转速度。更高的转速会带来更高的输出。

2）转子中绕组的数目。增加绕组数将增加输出。

3）流过转子绕组的电流。增加通过转子绕组的电流将增加输出。

4）定子中绕组的数目。增加绕组数将增加输出。

⊖ 为便于世界技能大赛参赛选手对照英文原版书学习，本书电路图大多采用原书图，请读者自行对照我国标准学习。

2.3 电压调节

提供给转子绕组产生磁场的电流有两个来源：蓄电池或交流发电机本身。在任何一种情况下，该电流在被施加给绕组前都先通过交流发电机的电压调压器。**电压调节器**改变提供的电流大小。通过控制与转子绕组串联的电阻值来获得对磁场电流和电压输出的控制。

增加通过转子绕组的励磁电流增加了磁场强度，进而增加了交流发电机的电压输出。减小给绕组的励磁电流具有相反的效果，即输出电压降低。

> **性能提示**
>
> 车主常常会改变发电机带轮的尺寸以减少对发动机的阻力，从而增加发动机的功率输出。虽然发电机会以较低的速度旋转，但它的输出功率也会较低。由于系统将通过向转子发送更多的电流来响应较低的输出，因此磁场将更强，而仅这一点就会对发动机产生更大的阻力。只有在认真考虑后果后才能做出更换发电机带轮的决定。如果电池完全充满电，将有发动机输出的净增加。如果电池充电不足，则可能没有任何效果。

如果不加以控制，交流发电机的输出电压可高达250V，必须保护蓄电池和电气系统以避免这种过高的电压。因此，充电系统使用一个电压调节器来控制发电机的输出。为了确保蓄电池保持完全充电，大多数调节器设置的系统电压为14～14.5V。

较旧的车型配备的是机电式调节器，而较新的车型配有电压调节器。大多数较新的车型不再有单独的电压调节器，而是通过PCM控制充电系统的输出。

被称为检测电压的输入信号可使调节器监控系统电压（图2-22）。如果该检测电压低于调节器的设置，则允许增加励磁电流以使电压输出增加。较高的检测电压将导致励磁电流减小，从而使电压输出降低。直到达到运行各个系统的电压需求，同时还可为蓄电池提供低电量的充电水平前，调节器将持续降低充电电压。如果接通一个大的负载，如前照灯，这个额外的电量消耗将导致蓄电池电压下降。调节器将检测到这个低的电压并增加给转子的电流。当该负载关闭后，调节器检测到系统电压上升，从而减少励磁电流。

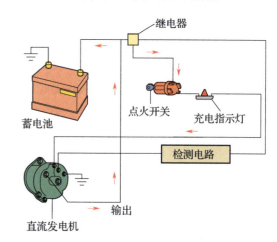

图2-22 电压调节器根据检测电路的电压来调节发电机输出

影响电压调节的另一个输入是温度。由于环境温度影响蓄电池可接受充电的能力，所以调节器是有温度补偿的。需要温度补偿是由于蓄电池在较低的环境温度下更难以被充电。调节器将增加电压输出以迫使蓄电池充电。

1. 励磁电路

调节器控制励磁电流，并以三种路径中的一种连接到转子。这些路径被称为励磁电路。

第一种励磁电路是A电路，A电路的调节器在励磁绕组的接地侧。供给励磁绕组的蓄电池电压（B+）是在交流发电机内部获得的，被布置在励磁绕组接地侧的调节器通过改变流向接地点的电流来控制励磁电流。

第二种励磁电路是B电路。电压调节器控制励磁电路的电源侧。励磁绕组在交流发电机内部接地。B电路的调节器通常安装在发电机外部。

第三种励磁电路称为独立磁场。这种发电机有两根磁场线连接在壳体外部。一根是接地线，另一根是B+。电压调节器可以布置在电路的接地侧或B+侧。

励磁电流、转子转速和调节电压之间的关系如图2-23所示。

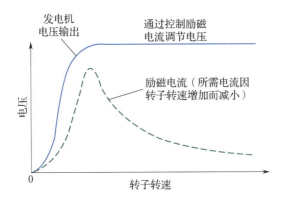

图 2-23 励磁电流、转子转速和调节电压之间的关系

2. 电压调节器

电压调节器可以安装在发电机外部，也可以是交流发电机的一个组成部分（图 2-24）。通过控制励磁电路的接地一侧来控制电压输出（A 电路控制）。大多数电压调节器都有一个稳压二极管，它阻断电流流动，直到获得特定的电压点，在此点它将允许电流流动。图 2-25 所示为带有稳压二极管的电压调节器简化电路原理图。

图 2-24 集成式电压调节器

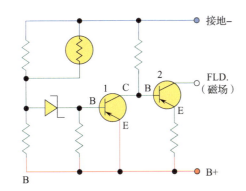

图 2-25 带有稳压二极管的电压调节器简化电路

发电机的输出用脉宽调制控制，它根据车辆的需要改变励磁绕组通电的时间。例如，假设车辆配备了一个 100A 的发电机，如果对充电系统的电力需求是 50A，则调节器将在 50% 的时间内给励磁绕组通电；如果电力系统的需求增加到 75A，调节器将以 75% 的循环时间给励磁绕组通电。

（1）集成电路式电压调节器　集成电路式电压调节器应用在许多车辆上。这类紧凑的装置安装在交流发电机的内部或背面。集成电路式电压调节器是不可维修的，如果有故障，必须更换。

（2）失效 - 保护电路　为了防止简单的电气问题造成过高的电压输出而损坏精密的电子部件，许多电压调节器都有一个**失效 - 保护**电路。

如果与交流发电机的连接被腐蚀或意外断开，调节器的失效 - 保护电路可以限制电压输出，以防止过高的充电电压。在一定条件下，该失效 - 保护电路可能会完全阻止交流发电机进行充电。失效 - 保护电路中的熔断器或最大电流限制熔丝可防止大电流流出充电系统而损坏车辆其他系统中的精密电子部件。

3. 计算机调节

新型车辆没有单独的电压调节器。电压调节只是车辆 PCM 的许多功能之一。计算机用于控制转子中的磁场绕组电流。为了提供正确的充电输出，PCM 会监测来自多个传感器的输入（图 2-26）。

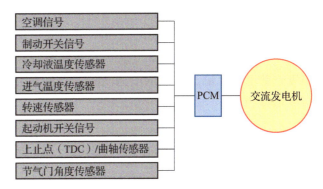

图 2-26 PCM 使用各种输入来调节发电机的输出

这种类型的系统以大约每秒 400 次循环的固定频率变换或以脉冲形式产生励磁电流。该系统的一个显著特点是它可以根据车辆需求和环境参数改变电压值。这种精确的控制允许使用更小、更轻的存储型蓄电池。它还减少了交流发电机的磁阻，使发动机提高了一些功率输出。充电率的精确管理还能增加车辆的续驶里程。

PCM 中控制充电输出的这部分通常称为电源管理系统（图 2-27）。该系统不仅控制励磁电流，

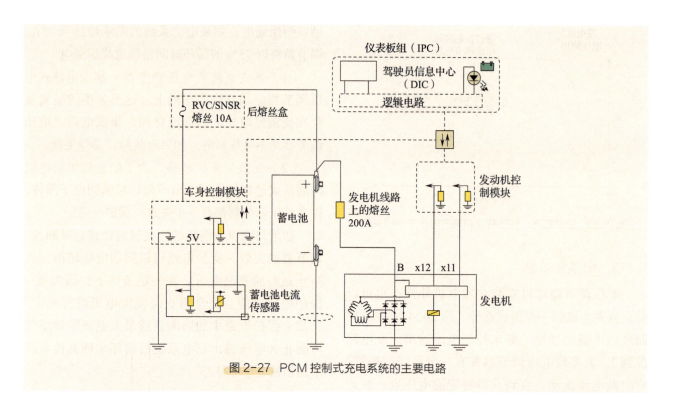

图 2-27 PCM 控制式充电系统的主要电路

而且在蓄电池电量不足时，还会增加发动机怠速，并发送诊断信息来提醒驾驶员蓄电池或发电机可能有问题。蓄电池的状态是在点火开关关闭和打开时监测的。

当点火开关关闭时，用开路电压来监测蓄电池的荷电状态。发动机关闭时的 SOC 作为蓄电池状况的一个指标。在发动机运转时，系统将根据温度、蓄电池容量、初始 SOC 和充电系统的输出持续估算 SOC。

2.4 当前趋势

在改善燃油经济性、降低排放水平和使车辆更加可靠的探求中，工程师们已经将先进的电子装置应用于起动机和发电机。

1. 电动机 / 发电机

记住发电机和电动机的主要区别是电动机有两个彼此相反的磁场，而发电机只有一个磁场，并且导线穿过这个磁场。使用电子装置控制进出蓄电池的电流，发电机也可以作为一台电动机来工作。这类装置称为起动机 / 发电机或电动机 / 发电机。电动机 / 发电机的结构可能以两套绕组和电刷、采用永磁体或开关磁阻的无刷设计为基础（图 2-28）。

图 2-28 开关磁阻电动机 / 发电机，注意其转子的结构

车间提示

尽管目前开关磁阻电动机在汽车上并不常用，但在其他行业是很普遍的。本书不详细介绍它的工作原理的，但读者应该了解其基本知识。这种设计有一个齿形的定子和转子，而且其转子没有绕组或磁铁。定子有包含一系列绕组的槽。当控制器同时激活定子内的一个绕组时，就会在定子周围建立一个旋转磁场。这个激活的时机基于转子的位置。当一个绕组通电时，就围绕它形成一个磁场。最接近该磁场的转子的齿向此磁场移动。当该齿靠近时，电流切换到另一个定子绕组，该齿又向它移动。随着电流送至相继放置的绕组，转子就旋转起来。

电动机/发电机可以安装在发动机外部，并通过传动带连接到曲轴。传动带驱动的电动机/发电机有一个用机械或电力控制的传动带张紧器，以允许它能驱动发动机曲轴或被曲轴所驱动（图2-29）。有种系统使用一个安装在曲轴上的电磁离合器。接合该离合器可使电动机/发电机作为发电机或作为起动机来工作。当发动机停止时，曲轴带轮的离合器分离。电动机/发电机也可以直接安装在发动机和变速器之间的曲轴上，或者集成在飞轮内（图2-30）。最常见的混合动力车辆有两台电动机/发电机：一台用作发动机起动机和发电机，而另一台用于牵引电动机和发电机。

图2-29 由传动带驱动的发电机/起动机（BAS）

图2-30 内置在飞轮中的集成式电动机/发电机

电动机/发电机具有较高的充电输出能力，并能以高速拖动发动机，它们还有可能实现一些可使车辆更高效的其他功能，如停机-起动、再生制动、电动辅助。

⚠ **警告** 当接近高压电动机/发电机及其相关系统作业时，应始终遵守制造商提供的安全预防措施。粗心大意会造成严重的人身伤害，甚至死亡。

2. 再生制动

当在传统车辆上使用制动器时，车轮制动器上的摩擦将车辆的动能转化为热量，而采用再生制动，这种能量被用来给蓄电池充电。再生制动车辆的动能被变为电能，直到车辆停止（图2-31）。此时已没有了动能。通过电子控制装置，电动机/发电机起着发电机的作用。当车辆减速时，车辆的车轮拖动发动机，再由发动机驱动转子。再生制动所回收的能量数量取决于许多因素，例如蓄电池的SOC和发电机转子旋转的速度。

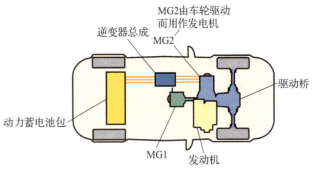

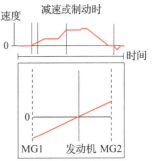

图2-31 带两台电动机/发电机的混合动力汽车在再生制动时的能量流

再生制动不仅为电池包充电，而且转动发电机转子形成的负荷会有助于车辆减速和停车。再生制动不能使车辆完全停止，完全停止需要使用传统液压制动器和再生制动的组合。当需要紧急制动时，必须使用基于摩擦的液压制动器。再生制动系统不是制动系统的物理部分。

系统的控制器调节动能转换的速率，从而调节制动出现的快慢。控制器接收来自制动踏板和其他传感器的信号。控制器根据编入的程序确定所需的再生制动和液压制动的程度。当发电机的转子旋转较快时，再生制动的效果更好，而低速时效果要差些。因此，控制器必须根据车速和施加在制动踏板上的压力来确定再生制动的程度。控制器还必须平稳地施加再生制动，以便使车辆在再生制动介入时不会发生顿挫。

所有混合动力车辆都有再生制动。它大约可回收传统车辆在制动过程中损失能量的30%。据称，再生制动产生的电能提供了丰田普锐斯（Prius）车型所用能量的20%。再生制动还减少了制动器的磨损，从而降低了维护成本。

非混合动力车辆也在利用再生制动。马自达的i-ELOOP系统用一个大电容器所存储的能量来使电气系统运行。在正常行驶过程中，发电机自由转动，不为电气系统提供电力。当驾驶员松开加速踏板时，发电机接通。由于发电机输出不断波动，其电力被储存在电容器中，并随后用于为车辆电气系统提供电力。发电机的输出可以根据情况在12~25V之间变化。

3. 悬架运动式交流发电

近来在利用汽车和货车所配备的其他系统产生电力方面取得了许多进展。再生制动在混合动力车辆和电动车辆中是很常见的，但另一个电力来源是悬架的运动。汽车上下移动的运动可以用来产生电力。这项技术依靠机电减振器来替代几乎所有悬架中使用的液压装置。

为了实现交流发电，车轮支架上安装了一个连接至齿轮总成的臂，从而将车轮的上下运动改变为旋转运动，进而驱动发电机。

4. 电动汽车和插电式混合动力汽车

电动汽车（Electric Vehicle，EV）或插电式混合动力汽车（Plug-in Electric Vehicle，PHEV）的充电需要一个充电桩。销售EV或PHEV的经销商处通常至少会有一个充电桩（图2-32）。2017年的一份研究估算，美国的公共充电桩数量已超过16000个。特斯拉目前在整个北美洲拥有并运行的超级充电桩数量已有1000多个，而且还有数千个安装在私人住宅中的充电桩，其中许多可与电动汽车用户群体共享使用。

在用的充电类型有以下几种。

1）一级充电采用美国标准的120V家用壁面插座（图2-33）。EV和PHEV都配备了从120V电源充电的设备。根据电池容量的不同，要给蓄电池充满电所需要的时间为8~12h或更长。

图2-32 新车经销商处的充电桩

图2-33 一级充电可在任何有120V插座的地点进行

2）二级充电需要240V AC服务系统（图2-34），它们通常采用30A或40A的单相电路，充电可能需要4~6h。

图2-34 二级充电需要专用的240V供电电源

3）三级CHAdeMO或DC快速充电使用480V DC充电器，它可以在30min内提供80%的充电量。三级充电能力并不适用于所有车辆。

4）三级超级充电器是用于特斯拉汽车的 480V 专用充电桩。截至 2017 年末，特斯拉在整个北美洲拥有 1000 多个超级充电桩，而且数量还在增加。

无论使用何种类型的系统，插头和充电器都需要与车辆车载计算机网络协同工作来控制充电。需要充电桩、插头和车载充电器之间通信以启动并保持电流的流动。一级和二级插头有 5 个端子，2 个用于交流充电，1 个接地，两个用于接触检测和 CAN 通信。CHAdeMO 有 10 个端子，2 个用于传送电流，1 个接地，1 个未分配，6 个用于通信（图 2-35）。

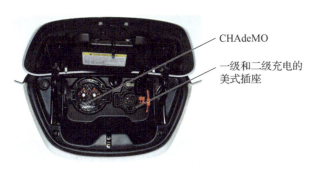

图 2-35 CHAdeMO 与标准美式一级和二级充电插座的对比

5. 无线充电

有些售后市场上的公司正从事电动汽车无线充电系统的开发。这些基于感应的充电系统使用一个地面上的装置和车辆中的一个接收器。该装置产生的磁场被获取并用来给高压电池充电。

小型感应式充电在许多车辆中用于为手机和其他装置充电。感应式充电的一个障碍是充电器和蓄电池需要彼此靠近才能有效地工作。

2.5 初步检查

解决充电系统故障的关键是第一时间找到问题的根源。一旦客户带着问题已被解决的信心驾车离开后，电池再出现没电的情况，代价会是非常高昂的——无论是从免费服务电话呼叫，还是从声誉受损的角度来看都是如此；再加上为找出原先维修失败的原因可能增加的工时，因此，正确的初始诊断的重要性就变得显而易见了。

1. 安全注意事项

1）在从系统上拆下任何电缆之前，先断开蓄电池接地电缆。在所有线路连接好之前，不要重新连接蓄电池的接地电缆。

2）避免接触交流发电机的输出端子。当连接蓄电池电缆时，该输出端子始终是带电的（有电压存在）。

3）AC 发电机不能承受过大的力，只有前壳体相对坚固。

4）当调整传动带张力时，只对前壳体施加压力，以免损坏定子和整流器。

5）在安装蓄电池时，注意观察极性是否正确。接反电缆会损坏二极管。连接升压器蓄电池时也必须注意极性是否正确，正极对正极，负极对地。

6）除了在实际测试过程中，其他任何时候都应关闭测试仪的碳电阻堆。

7）确保所有的头发、衣物和首饰都远离运动着的部件。

2. 指示和警示装置

所有充电电路中都会有一部分是充电系统的某种警示装置或指示灯，它们的唯一作用是在出现问题时提示驾驶员，如图 2-36 所示。当怀疑充电系统出现问题时，它们也是首先要检查的装置之一。车辆的仪表板中有指示灯、电流表、电压表或信息中心，驾驶员可通过它们来监视充电系统。

图 2-36 充电指示灯布置在显示器右下方

（1）指示灯 指示灯是监视充电系统性能最简单和最常用的方法。当系统无法提供足够的电流时，该指示灯点亮。而在点火开关刚接通时，该灯也会点亮。这是因为交流发电机还未向蓄电池和其他电气电路提供电力。因此，唯一的电流路径是通过点火开关、指示灯、电压调节器、交流发电机部分和地线，然后再返回蓄电池（图 2-37）。一旦能提供足够的电力，该指示灯应熄灭。

> **车间提示**
>
> 在有些新型车辆上，充电指示灯可能与机油压力警告灯组合在一起，并通常标记为"发动机"。如果此灯在发动机运转时点亮，则可能是交流发电机不对外充电，或机油压力低，或两者兼有。

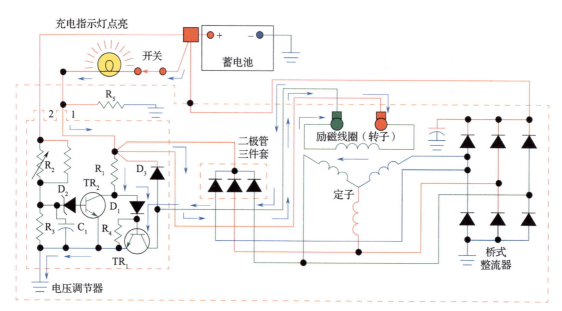

图 2-37　因 AC 发电机无输出，电压调节器使充电指示灯点亮

在发动机运转时，如果电气负荷大于充电系统可承受的负荷，该指示灯会点亮。这种情况偶尔发生在发动机怠速时。如果没有故障，指示灯会随着发动机转速升高而熄灭。如果不是这样，则说明 AC 发电机或调节器工作不正常。如果点火开关在 ON（接通）位置指示灯不亮，应检查灯泡及其电路。

（2）仪表　某些车辆在其仪表组中会有一个电流表或电压表。该电压表显示蓄电池的电压。如果充电系统工作正常，电压表的读数将大于 12V。电流表监测流入和流出蓄电池的电流。当发电机向蓄电池输送电流时，该电流表显示为正（+）。当没有足够的电流或根本没有电流时，其结果显示为负（-）。后一种情况表明充电系统有问题。

（3）警示信息　警示信息通常出现在某些配备由 PCM 控制的充电系统的车辆上。这些信息通常还伴随着充电系统警告灯的点亮。与其他警告灯电路一样，当点火开关刚打开时，应点亮该灯和显示相关信息。一旦发动机运转，通常约 3s 后，它应关闭或消失。如果指示灯和／或信息保持显示状态，则需要对充电系统进行诊断。如果指示灯最初未点亮，则需要对其电路进行诊断。

通常当充电系统出现故障时，信息中心将显示两种信息之一，一种信息将表示蓄电池未被充电，例如"蓄电池未充电，检修充电系统"。如果系统检测到充电电压过低或过高，将会读到"检修蓄电池充电系统"的典型信息。这两种信息都将设置一个可被检索的诊断故障码以帮助诊断。

3. 检查

充电系统的许多问题都是由容易修复的问题引起的，这些问题在对系统进行目视检查时就会暴露出来。记住，在执行更复杂的诊断程序之前，始终应先寻找简单的解决方案。当怀疑有问题时，使用以下检查步骤。

> **检查步骤**
>
> 在检查充电系统的过程中，遵循下述步骤。
> 1）检查蓄电池。可能需要给蓄电池充电以使其恢复充满电的状态。如果电池无法充电，则必须更换。此外，要确保极柱和电缆夹清洁且紧固，因为连接不良可能会降低电流。
> 2）检查系统的所有接线和连接（图2-38）。许多系统含有熔断器或熔丝以防止过载，也应对其检查。
> 3）检查发电机和调节器的安装是否松动或螺栓是否缺失。根据需要更换并拧紧。记住，大多数发电机和调节器是通过其固定点完成接地的。如果固定点不清洁且不牢靠，则会导致接地电阻过高。
> 4）检查交流发电机传动带和张紧器。松弛的传动带是充电问题的主要原因。
> 5）在调整传动带张紧力之前，检查带轮是否正确对正。

图2-38 从检查发电机及其传动带开始诊断

▶ 参见

检查和更换传动带和带轮的步骤参见《汽车维修技术基础（原书第7版）》第9章。

4. PCM控制的系统

对于采用PCM控制的系统，诊断应该接着检查是否存在诊断故障码。通常可能有两类充电系统故障码：与发电机相关的和与蓄电池电流传感器相关的故障码。务必参考制造商的诊断故障码表，并遵循其对这些故障码所指定的诊断步骤。在大多数系统上，可使用诊断仪监测电压输出。如果电压没超出制造商规定的范围，则在继续其他测试之前先检查所有连接部分。

在典型的PCM控制的充电系统中，PCM通过控制励磁电流的占空比来控制发电机。PCM还将根据现有情况改变充电率（图2-39）。PCM监测蓄电池的电流传感器、蓄电池电压和估算的蓄电池温度来确定蓄电池SOC。PCM还会为满足当前需求而增加发动机的怠速转速以提高充电率。PCM设置一个充电输出目标值并调整励磁电流的占空比以实现该目标（表2-1），而且不会使蓄电池过载。

表2-1 控制的或指令的磁场电路电流占空比和发电机电压输出之间的关系

指令的占空比	输出电压
10%	11V
20%	11.6V
30%	12.1V
40%	12.7V
50%	13.3V
60%	13.8V
70%	14.4V
80%	15V
90%	15.5V

蓄电池电流传感器连接在蓄电池负极电缆上（图2-40）。该电流传感器是一个三线的霍尔效应传感器，它直接向PCM提供信息。真实的电压调节器可能连接在发电机内部，但它是由PCM从外部控制的。如果电压调节器监测到充电系统有问题，它会将该传感器的电路接地，从而告知PCM有问题存在。PCM随后将根据其存储器中的信息控制占空比。有几种情况会导致PCM提高或降低充电输出的目标值。其中包括一些大电流消耗的附件运行、恒定车速时的低电流需求、发动机最初起动后的低速，以及过低或过高的温度。在监测这些系统的表现时，重点注意运行的工况，因为这些会影响发电机的输出。

5. 噪声诊断

充电系统的问题通常是噪声过大。这种噪声的原因可能是机械的，也可能是电气的。大多数情况下，电气噪声是正常的，并会随充电系统负

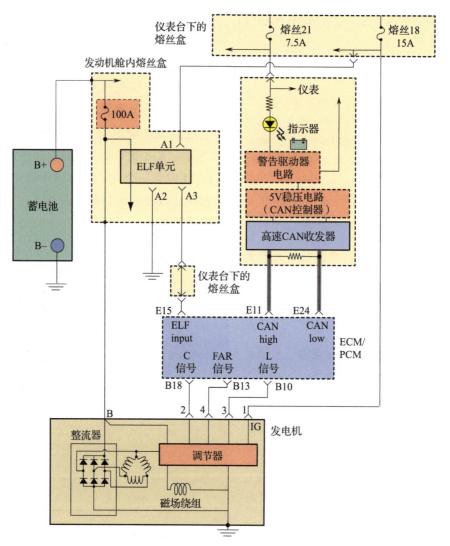

图 2-39 PCM 控制的充电系统原理图

图 2-40 蓄电池电流传感器

荷的变化而变化。但损坏的二极管会导致异常的呼呼声，因此应予以考虑。

大多数噪声是由传动带、不良的轴承，或某些摩擦带轮之类的零部件所引发的。与所有问题一样，应核实该噪声并确定噪声的来源部位。如果传动带的张紧力不当，可能会发出明显的啸叫

声，应检查传动带的状况和张紧力。

检查发电机的安装、连接线束以及加热器所有软管、A/C（空调）管路和其他可能错误布置并与传动带或带轮相接触的所有东西。如果未能确定噪声的原因，可拆下传动带。转动发电机带轮、导轮和张紧器。如果其中任何一个不能自如旋转，则应更换它们。如果没有发现问题，检查发电机安装螺栓的紧固性，并确保发电机安装正确。如果仍没有发现问题，则更换发电机。

2.6 常规测试步骤

诊断充电系统是一项简单的任务，可以使用 VAT、电流探头、DMM 或示波器等进行测试。对

所有汽车充电系统的测试基本上是相同的，然而参考制造商的技术规范是非常重要的。如果没有正确的技术规范做对比，即使有最准确的测试结果也没用。

1. 测试电压调节器

如果是过度充电导致了蓄电池或部件失效，则最可能的原因是电压调节器故障。一个有故障的电压调节器很少导致较低的输出，但它会造成没有输出。为了确定老式发电机上的电压调节器是否是故障的原因，可旁路该调节器或采用满磁场来检查。但对当今的发电机不采用这种方式。

这种方式需要知道该发电机所具有的励磁电路类型，然后给磁场绕组提供全电流并观察发电机的输出。有些发电机有一个带有内部接地片的窗口。通过将一把小螺丝刀插入该孔中并将该接地片接地，可使电压调节器旁路。此外，应遵循制造商对发电机进行全电流励磁的步骤。

2. 测试电压输出

检查充电系统的电压输出，从测量蓄电池的开路电压开始。如果电压低，继续检查蓄电池的状况。然后起动发动机并以该测试建议的转速运转（通常为1500r/min）。在没有电气负荷的情况下，电压的读数应比开路电压高约2V。

如果发动机起动后电压读数立即低于13V，则表明有充电方面的问题；16V或更高的读数则表明过度充电。有故障的电压调节器或控制电压电路是过度充电最可能的原因。电压测试可以用电压表或图形显示的万用表（GMM）进行。使用GMM可以观察所感知电压到目标充电电压的变化（图2-41）。

如果充电系统在没有负载时的电压在技术规范范围内，则应测试在有负载时的输出。将发动机转速提高到约2000 r/min，并打开前照灯和其他消耗大电流的附件。大负载时的电压输出应比蓄电池开路电压高 0.5V 左右。

3. 测试电流输出

输出测试检查的是系统的电流输出。用VAT可以快速检查电流输出。将该测试仪连接到系统上（图2-42），发动机以中等转速运转（约2500r/min），并调整碳电阻堆以获得最大的电流输出。将其读数与额定输出值进行比较。一般情况下，超出技术规范10A以上的读数表明有问题，应维修或更换该发电机。

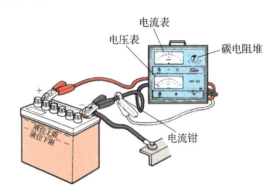

图2-42 用VAT测试电流输出的导线连接，注意电流钳要环套住蓄电池的电缆

4. 用示波器检查

交流发电机的输出也可以用示波器检查。图2-43展示了交流发电机在正常负载下工作的良好波形。正确的波形看起来就像栅栏的圆顶。注意波形中规则的下跌通常表示一个或多个绕组被

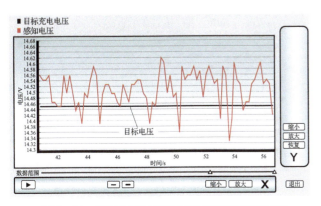

图2-41 目标电压与感知电压对比的曲线图界面

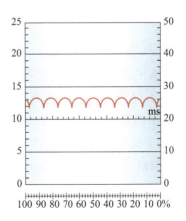

图2-43 正常工作的交流发电机波形

接地或开路，或二极管三件套电路的整流电路中的二极管失效。一个或多个不良的或漏电的二极管将降低发电机的输出。

> **车间提示**
>
> 重要的是，在从输出测试得出任何结论之前，要先知晓发电机的额定电流。发电机可能在其壳体上印有其额定值，也可能有一个贴在壳体上的标签，有些则用表示额定值的颜色标识。但是，正确的维护信息是识别发电机额定值的最佳途径。

5. 测试交流电的泄漏

重要的是要记住蓄电池是不能用交流电压充电的。因此，确保没有交流成分从交流发电机泄漏到充电系统是非常重要的。泄漏通常出现在有故障的二极管上。为了检查二极管是否泄电，可在发动机未运转时将 DMM 串联在发电机的输出端子上（图 2-44）。将万用表设置为 mA 档。此时读数不应超过 0.5 mA，如果超过了，应检查二极管或更换发电机。

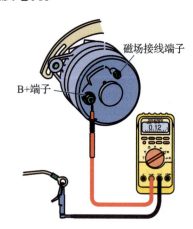

图 2-44 检查交流电泄漏的连接设置

6. 检查二极管

发电机的输出在很大程度上取决于二极管的状况。二极管不仅将交流电压整流为直流电压，还防止在输出中出现交流电压。在输出线路中出现超过 0.5V 的交流电压表明二极管不良。为检查此项，可将 DMM 设置为测量交流电压档。然后将黑色表笔连接到良好的接地点，将红色表笔连接到发电机的蓄电池（B+）端子上。

用示波器可以很容易地观察到二极管的

行为。像所有电气问题一样，二极管可能开路（图 2-45）。正向的二极管对地短路（图 2-46）或整流器有一个二极管开路和短路（图 2-47）也是常见的。图 2-48 展示了如果在整流电路中存在较高的电阻，此时的输出波形看起来会是什么样的。

对仍装在发电机中的二极管的另一项检查是在发动机关闭时使用小电流的电流钳进行的。测量发电机输出线路上的电流。任何大于 0.5 mA 的测量值都表明一个或多个二极管漏电，需要更换发电机或二极管。

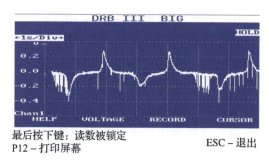

图 2-45 交流发电机有一个二极管开路时的波形

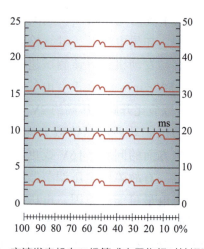

图 2-46 交流发电机在二极管或定子绕组对地短路时的波形

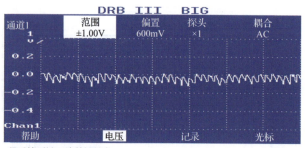

图 2-47 交流发电机在一个二极管开路且另一个二极管短路时的波形

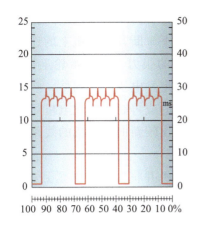

图 2-48　交流发电机在定子或二极管电路中存在高阻抗时的波形

7. 测试发电机的输出和电压降

这些测试测量系统线路中的电压降。它们有助于确定被腐蚀的连接，或松动、损坏的线路。

通过将电压表连接在蓄电池正极端子和交流发电机的输出或 B+ 端子之间来检查该电路的电阻。在此测试中，正极表笔接交流发电机的输出端子，负极表笔接蓄电池正极（图 2-49）。要检查接地电路两端的电压降，将正极表笔连接在发电机外壳上，将负极表笔接蓄电池的负极端子。在测量这些电路中的电压降时，必须有足够的电流流过这些电路。因此要打开前照灯和其他附件以确保交流发电机至少输出 20A 的电流。如果在任一个电路中测得的电压降大于 0.5V，则在该电路中存在高电阻的问题。

8. 交流发电机控制电路

如果充电电压不正确或系统根本不充电，首先检查发电机的电源和接地电路。如果发电机上有电源并且接地电路的电压降可以接受，则应检查控制电路。要检查计算机控制的充电系统，通常需要一台诊断仪。首先检查是否有任何存储的故障码。如果存储了充电系统的故障码，则需要按照制造商的维修信息来诊断该故障码。一般来讲，应查找充电系统参数识别（Parameter Identification，PID）并注意对发电机输出的指令。增加电气负荷和发动机转速，同时注意指令的输出值和发电机的实际输出值。两者都应随着电气负荷的增加而增加。根据车辆的不同，发电机输出可以通过诊断仪使用双向控制功能进行控制。这个功能会有助于验证充电控制电路的完整性。

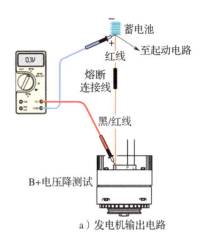

a）发电机输出电路

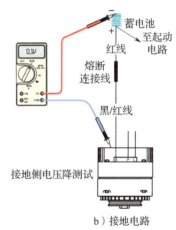

b）接地电路

图 2-49　发电机输出电路和接地电路的电压降测试

9. 检查离合器带轮

为检查带轮的轴承，以 2000 r/min 运转发动机，并在该提高的转速上关闭发动机。在发动机关闭后，磨损的交流发电机传动带轮轴承会产生持续 5~10s 的噪声。

有时需要专用工具来检查带有离合器的带轮。为检查单向离合器的动作，在使该带轮中心部分保持静止的同时旋转带轮的外圈。该外圈在逆时针方向上应转动自如，而在顺时针方向上不应转动。如果该带轮不能通过此项检查，则更换它。可能需要使用扭力扳手来检查转动带轮所需力的大小。有关特定车辆的测试步骤，应参阅制造商的维护信息。

2.7 交流发电机的维修

当充电系统故障的原因是交流发电机时,应将其拆下并更换或重新翻修。是重新翻修还是更换取决于发电机的类型、重新翻修所需的时间和成本、维修店的处理原则和客户需求。大多数新型的交流发电机是不进行重新翻修的,因为它们可以在购买新的或再制造发电机时用于抵扣。

记住,尽管一些交流发电机可以重新翻修,但这样做所需的零部件通常不是现成的,而且这样做所花费的时间可能不会为客户节省费用。如果客户选择对交流发电机进行重新翻修,应参阅有关发电机的维护信息以便了解应做什么。

更换发电机时,应遵循拆卸和安装交流发电机的正确步骤。记住,对交流发电机的不当连接可能会将其损坏。拆卸时应从断开蓄电池的负极连接开始,接下来断开发电机上的连接线。释放发电机传动带的张力,并从带轮上拆下传动带。找到并拆下固定发电机的紧固件,然后取下发电机。当更换新的或再制造的发电机时,在安装新发电机之前,比较新旧发电机的线路连接器和安装座。

安装发电机并将紧固件拧紧到技术规范值。重新连接线路和安装传动带。如果要重新使用旧的传动带,应使用传动带张紧力测试仪检查是否施加了正确的张紧力。孱弱的传动带张紧力或被拉伸的传动带会降低发电机的输出。重新连接蓄电池并执行充电系统的电压和电流测试以确保更换的发电机工作正常,并核实充电系统警告灯已熄灭。

3C:问题(Concern)、原因(Cause)、纠正(Correction)

维修工单					
年份:2007	制造商:丰田	车型:凯美瑞		里程:113874mile	RO:17401
问题:	客户陈述必须采用跨接来起动发动机,而且发动机在运转时发出令人难受的高频啸叫声。				
	技师确认车辆在行驶时声音很大且不正常。该噪声还伴随有似乎是来自发电机的大量热量和一种奇怪的气味。				
原因:	发现发电机没有输出。确认发动机的噪声在暂时断开发电机后消失。				
纠正:	更换发电机和传动带(原厂传动带)。发电机在转速为 2000 r/min 和电压为 12.8V 时的输出为 112A。				

2.8 总结

- 感应电压需要一个产生磁感线的磁场、可移动的导体,以及导体和磁场之间的相对运动以切割磁感线。
- 近代车辆的充电系统使用交流发电机来产生充电系统中的电流。发电机中的二极管将交流电改变或整流为直流电。
- 电压调节器使充电系统的电压保持在蓄电池电压之上,保持交流发电机的充电电压高于蓄电池的 12.6V,以确保电流流入蓄电池而不是流出。
- 当前的电压调节器是完全固态的装置,它可以是交流发电机的一个集成部分,也可以被安装在发电机壳体后部。在某些车辆中,对电压调节是计算机控制模块的工作。
- 电压调节器通过控制流向交流发电机励磁电路的电流来工作。它改变磁场的强度,进而改变电流输出。
- 驾驶员可以用指示灯、电压表或电流表监视充电系统的工作情况。
- 利用电子装置来控制进出蓄电池的电流,发电机可以作为电动机工作,反之亦然。
- 电动机/发电机具有高充电输出能力。它们能以高速拖动发动机,并使停机-起动功能和再生制动成为可能,还可以为发动机提供电力辅助。
- 再生制动回收车辆的部分动能来为蓄电池充电。
- 充电系统的问题可能很简单,例如传动带磨损或松弛、连接故障或蓄电池问题。

- 电路电阻、电流输出、电压输出、励磁电流消耗和电压调节器测试都被用来排查交流充电系统的故障。

2.9 复习题

1. 思考题

1）为了保护电子电路，一些电压调节器中内置了一个（　　）电路。
2）发电机中二极管的作用是什么？
3）电压调节器如何调节交流发电机的电压输出？
4）发电机的单向式带轮与分离式带轮之间的区别是什么？
5）如果定子绕组中的一个绕组开路，交流发电机的输出会发生什么？
6）直流电动机和直流发电机的基本区别是什么？

2. 判断题

1）有故障的电压调节器只会造成不充电的情况。对还是错？（　　）
2）不产生电压或电流的发电机可能有一个定子绕组开路。对还是错？（　　）

3. 单选题

1）一组导线内侧的旋转磁场是（　　）的简单描述。
　A. DC 发电机　　　　B. AC 发电机
　C. 电压调节器　　　　D. 以上都不是
2）AC 发电机的哪一部分是旋转磁场？（　　）
　A. 定子　　　　B. 转子
　C. 电刷　　　　D. 磁极
3）哪种类型的定子绕组有两个并联的绕组？（　　）
　A. 星形　　　　B. 三角形
　C. 三个一组　　D. 串联
4）集电环和电刷（　　）。
　A. 安装在转子轴上
　B. 将电流引导给转子磁场线圈
　C. 彼此之间绝缘，且与转子轴绝缘
　D. 上述所有
5）通过使用（　　）将 AC 发电机产生的交流电整流成直流电。
　A. 晶体管　　　　B. 电磁继电器
　C. 二极管　　　　D. 电容器
6）电压降超过（　　）表明充电系统的正极或接地电路中存在高的电阻。
　A. 0.1V　　B. 0.2V　　C. 0.5V　　D. 1.0V
7）PCM 对电压的调节是通过（　　）实现的。
　A. 使用可变电阻器来改变流向转子绕组的电流
　B. 接通和切断流向转子绕组的脉冲电流以建立正确的磁场平均电流供给
　C. 改变电流传感器的占空比来控制磁场的接地路径
　D. 以上都不是

4. ASE 类型复习题

1）技师 A 说 AC 发电机的输出经整流后产生的波形称为正弦波。技师 B 说 AC 发电机的输出流经二极管后产生的波形是一条直线，因为它是一个恒定的 DC 电压。谁是正确的？（　　）
　A. 仅技师 A 正确
　B. 仅技师 B 正确
　C. 技师 A 和 B 都正确
　D. 技师 A 和 B 都不正确
2）在讨论车辆充电指示灯所表示的内容时，技师 A 说电流表上正的任何读数都表明发电机处在工作状态；技师 B 说如果电压表的读数在发动机起动后没有立即增加，则该蓄电池已经故障。谁是正确的？（　　）
　A. 仅技师 A 正确
　B. 仅技师 B 正确
　C. 技师 A 和 B 都正确
　D. 技师 A 和 B 都不正确
3）在检查新型车辆的充电系统时，技师 A 连接诊断仪来监测系统的电压输出；技师 B 连接诊断仪来检索系统中可能存在的任何故障码。谁是正确的？（　　）
　A. 仅技师 A 正确
　B. 仅技师 B 正确
　C. 技师 A 和 B 都正确
　D. 技师 A 和 B 都不正确

4）在诊断发动机刚关闭后来自发电机的噪声的原因时，技师 A 说噪声可能是由机械或电气的某些问题引起的；技师 B 说"呼呼"的噪声可能是由二极管或单向离合器引起的，应被认为是正常的。谁是正确的？（　　）

A. 仅技师 A 正确

B. 仅技师 B 正确

C. 技师 A 和 B 都正确

D. 技师 A 和 B 都不正确

5）技师 A 说 AC 发电机的输出应在其额定输出的 10A 以内。技师 B 说发电机的电压输出在电压输出测试中不应超过 14.5V。谁是正确的？（　　）

A. 仅技师 A 正确

B. 仅技师 B 正确

C. 技师 A 和 B 都正确

D. 技师 A 和 B 都不正确

6）技师 A 说许多较新的充电系统没有单独的电压调节器。技师 B 说大多数新型的充电系统都是计算机通过控制磁场绕组的接地来调节的。谁是正确的？（　　）

A. 仅技师 A 正确

B. 仅技师 B 正确

C. 技师 A 和 B 都正确

D. 技师 A 和 B 都不正确

7）当诊断传动带在更换发电机后出现快速和严重的磨损时，技师 A 说有缺陷的传动带张紧器可能是其原因；技师 B 说发电机可能安装了错误类型的带轮。谁是正确的？（　　）

A. 仅技师 A 正确

B. 仅技师 B 正确

C. 技师 A 和 B 都正确

D. 技师 A 和 B 都不正确

8）技师 A 说如果充电系统只有在 AC 发电机满励磁的情况下才有输出，表明其电压调节器有故障；技师 B 说这表明发电机中有一个或多个二极管漏电。谁是正确的？（　　）

A. 仅技师 A 正确

B. 仅技师 B 正确

C. 技师 A 和 B 都正确

D. 技师 A 和 B 都不正确

9）在新型车辆上检查 AC 发电机输出时，技师 A 在测试发电机输出之前先测试了蓄电池的开路电压，因为该蓄电池的 SOC 会影响发电机的最大输出；技师 B 在进行测试之前先检查了环境温度，因为发电机的输出会受到温度的影响。谁是正确的？（　　）

A. 仅技师 A 正确

B. 仅技师 B 正确

C. 技师 A 和 B 都正确

D. 技师 A 和 B 都不正确

10）在测试充电系统时，技师 A 说任何时候只要充电电压大于 13V，就明显是过充的状况；技师 B 说当发动机处于怠速且系统中没有负载时，该系统应该能够提供它的最大电流输出。谁是正确的？（　　）

A. 仅技师 A 正确

B. 仅技师 B 正确

C. 技师 A 和 B 都正确

D. 技师 A 和 B 都不正确

第 3 章
约束系统

学习目标

- 能解释主动和被动约束系统的区别。
- 了解如何维护和维修被动安全带系统。
- 能描述气囊的功能和工作原理。
- 能识别典型气囊系统的主要零部件。
- 能安全地停用和检查气囊总成。
- 了解如何诊断和维护气囊系统。
- 能诊断与约束系统相关的故障。

3C：问题（Concern）、原因（Cause）、纠正（Correction）

维修工单					
年份：2005	制造商：克莱斯勒	型号：铂锐		里程：153471mile	RO：19507
问题：	客户表示气囊系统的警告灯一直点亮。				
根据该客户的问题，使用本章中所学的知识来确定此问题的可能原因、诊断该问题的方法以及纠正问题所需的步骤。					

安全是汽车制造商首要关心的问题，根据美国公路安全保险协会的一项调查，乘员保护已经成为人们决定买哪种汽车的一个主导因素。根据该协会的调查，68%的受访家庭都将"汽车对人员的保护程度"列为购买决策中的一个非常重要的因素。

现在许多安全功能都可作为标准配置或可选配。这些标准配置的功能包括侧面碰撞壁障、车身中的褶皱区、安全带、防抱死制动、牵引力控制、稳定性控制和气囊（图3-1）。有许多安全项目已经应用了多年，例如夹层玻璃和钢化玻璃等。

图3-1 驾驶员正面气囊

本章中介绍了常见的约束系统——座椅安全带和气囊。了解这些系统是如何工作的以及如何诊断和维修它们对于技师来说是非常重要的。

主动约束系统是指必须由车辆乘员手动操作来使用的系统（图3-2），例如，在大多数车辆中，乘客必须扣紧安全带以实现碰撞保护。被动约束系统是自动工作的（图3-3），它不需要乘员的任何动作即可发挥作用。

被动安全配置包括安全带系统、气囊、精确的乘坐单元和车辆前部的撞击缓冲区。车身的后部和两侧是当今汽车最重要的安全功能区之一，并被设计成可耗散绝大部分冲击能量以保护车内乘员。

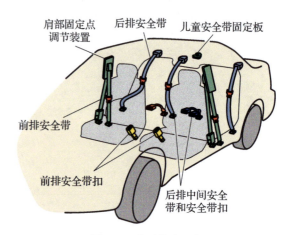

图3-2 主动约束系统

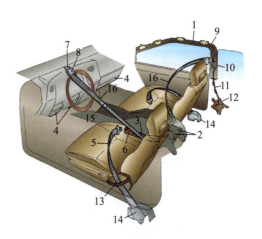

图3-3 被动约束系统
1—导轨和电动机总成　2—紧急锁定式卷收器总成
3—安全带导向装置　4—膝部气囊
5—外侧安全带总成（手动腰式安全带）
6—内侧安全带总成（手动腰式安全带）
7—肩式安全带固定点　8—紧急释放插扣
9—导轨　10—锁定装置　11—管子
12—电动机　13—安全带支托物
14—紧急锁定式卷收器总成（手动腰式安全带）
15—警示标签　16—肩式安全带

3.1 安全带

被动式安全带系统使用电动机自动收缩跨过驾驶员和前排乘客的肩部安全带。安全带的上端连接在可以沿门框顶部轨道移动的载体上，另一端固定在安装于中间扶手处的惯性锁定卷收器上。当打开车门时，肩部安全带的外端向前移动，以方便乘员进出。当该车门关闭，且打开点火开关时，该安全带向后方移动并固定住乘员。主动式腿部安全带是手动扣紧的，并应与被动式安全带一起佩戴。

大多数车辆都有两个主动式安全带。一个是跨过乘员大腿面的安全带；另一个是跨过肩膀和胸部的肩部安全带。当这两条安全带插入一个被固定在车辆地板上的带扣时被连接在一起。

如果安全带不能扣上，可使用手电筒查看带扣的内部。通常带扣里的东西是可以安全取出的，它对带扣的操作不会有大的妨碍。但如果有东西卡死在带扣里，一般应该将带扣更换。

1. 安全带卷收器

当解开带扣后，安全带被安全带卷收器卷收起来（图3-4）。该卷收器还用作预紧器，在车辆发生交通事故过程中收紧安全带的松弛部分，以限制乘员身体的向前运动。惯性锁定式卷收器（图3-5）可在安全带突然受到拉动时防止安全带被从卷收器中拉出。有些车辆配有电动或烟火型的安全带预紧器，这两种设计都是为了在碰撞开始时迅速收紧安全带。

图3-4 安全带卷收器

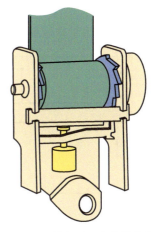

图3-5 惯性锁定式安全带卷收器

最常用的是烟火型预紧器（图3-6）。预紧器接收到来自控制模块的信号后将点燃，并在预紧器中产生一个使其反向动作的轻微爆炸，从而牢牢地拉住乘员。许多这类系统还有一个在安全带被预紧器收紧后释放安全带压力的机构。当乘员胸部与安全带之间的压力超过一个阈值时，将放松安全带上的压力以防止人员受伤。

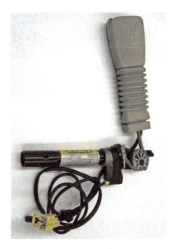

图3-6 带有带扣的烟火型预紧器

在某些车辆上，预紧器的动作会随着座椅中人员的体重以及安全带在碰撞时因人员前移所受到力的大小而变化。有些车辆配备有两级的安全带力限制器。

2. 警告灯

当今的所有座椅安全带系统都有一个警告灯和一个蜂鸣器或谐音器，当汽车起动时就会接通来提示乘员系好安全带。当点火开关打开时，一个信号被发送给警告灯（图3-7）。如果安全带已

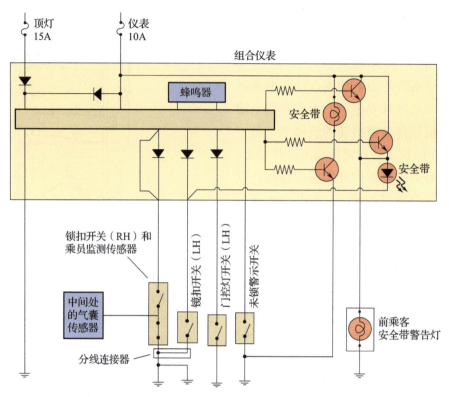

图 3-7 安全带警告和钥匙提醒指示灯

系好,安全带锁扣的开关会向警告灯控制器发出一个信号,使警告灯熄灭。如果安全带没有系好,警告灯和蜂鸣器会以特定形式提醒驾驶员。在前排乘客座位上有一个传感器,当有人在该座椅上时,它会检测到。这一信息被发送给控制模块,从而使指示灯闪烁,直到安全带系好。

3. 维护安全带

安全带系统的检查应遵循系统化的方法,一定要花必要的时间去进行检查,记住安全带是用来保护乘车人员的。

(1)检查织带 特别要注意安全带织带上承受最大应力的部位,如带扣、D形环、卷收器。碰撞的力集中在这些位置上,因而会使织带变弱。在这些部位出现损伤的痕迹时,就需要更换安全带。检查是否因连接带扣时插入不当而扭结了织带。将安全带从卷收器中完全拉出,检查织带,如果发现下述状况之一(图3-8)就应更换一个新的总成:织带被割伤或损伤、缝线断裂或拉脱、织带边缘的环结有切伤、织带的颜色因暴露在阳光或化学药剂中而褪色、织带褶皱。

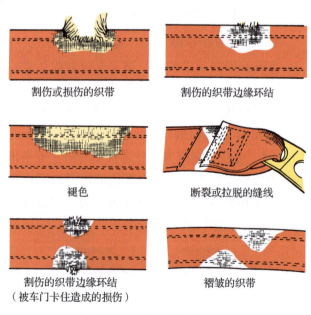

图 3-8 织带缺陷的示例

如果织带无法从卷收器中拉出或无法缩回到其收藏位置,应检查是否有以下的情形,并根据需要进行清理或修复:织带被黏胶、糖浆、油脂或其他物质弄脏、织带扭结、B柱上的卷收器或D形环错位。

> **车间提示**
> 切勿对织带进行漂白或染色，可用温和的肥皂溶液和清水清洁。

（2）检查安全带带扣　为了确定安全带带扣是否可起作用，或带扣外壳是否已损坏，应将安全带插入锁扣直至听到咔嗒声。然后快速向回拉动织带，以确保其带扣已经正确地锁住了安全带。如果带扣锁不住安全带，应更换安全带总成。按下带扣上的按钮以释放安全带，释放安全带的按钮压力应为大约2lb（约0.91kg）。如果带扣的外壳破裂、按钮松动或释放按钮所需的压力过大，则应更换安全带总成。

（3）检查卷收器　一旦安全带被完全拉出，大腿部安全带的卷收器应自动锁定。无论是织带感应式还是车辆感应式安全带卷收器都是与被动式安全带系统一起使用的。织带感应式卷收器的测试可通过抓住安全带并猛拉一下来进行。此时卷收器应锁住安全带；如果没有，应更换该安全带卷收器。

车辆感应式安全带卷收器在用与上述相同的方式检查时不会锁定。为了测试这类安全带，需要进行一个制动测试。该测试应在安全的地方进行。如车辆配有后排座椅膝部/肩部安全带，则需要一个助手来检查前排乘客侧和后排安全带的卷收器。

通过以5~8 mile/h（约8~13 km/h）的车速驾驶汽车并快速施加制动的方式来测试每条安全带。如果安全带不能被锁定，应更换安全带总成。在这个测试过程中，对驾驶员和助手来讲，重要的是要在卷收器没能锁定的情况下支撑住自己。

大多数的左右侧卷收器是不可互换的，也就是说，在卷收器标签上标有R的只能用于右侧，标有L的只可用于左侧。

（4）检查支柱　仔细检查支柱区域和卷收器的连接螺栓。积聚在支柱装置中的污垢会导致安全带回缩缓慢，用蘸有异丙醇的干净抹布擦拭卷带环形轨道的内侧。应更换松动的螺栓，并将新螺栓扭紧到规定力矩。查看支柱处的金属部分是否有裂纹和变形，如果安装区域的金属有损坏，在重新安装支柱之前，必须完成适当的维修，例如焊接加强筋。一定要恢复该区域的防腐保护，在喷涂防腐材料时，确保防腐材料不要进入卷收器，否则可能会使其无法正常工作。最后还要查看支柱区域周围是否有污垢和腐蚀。

如果碰撞已导致气囊展开，应更换安全带预张紧器。它们是爆炸装置，仅适合于一次性使用。

> **注意**　千万不要测量安全带预紧器的电阻值。电压表的电压可能会意外地点燃该预紧器，这会造成严重的人身伤害。

（5）检查传动导轨总成　被动式系统有一个驱动电机，通常位于后排座椅侧面饰板后面的导轨总成底部。该驱动电机拉动定位安全带的带条。如果驱动电机有故障，应更换。为了维修电动机式安全带系统，应遵循维修信息中给出的说明。

（6）检查后排座位约束系统　后排座椅安全带的检查方法与前排座椅安全带相同。但有些车辆有一个中间座椅的安全带。这类安全带没有卷收器。为了检查该安全带的织带、固定点和可调的锁定滑块，应将安全带锁舌插入带扣中，然后在与连接器及带扣成直角的方向拉动该织带进行调整。松开织带，并向上拉动连接器和带扣。如果滑动锁扣不能保持住，则应拆下并更换安全带总成。

（7）检查警告灯光和声响系统　当点火开关转到打开（on）或运行（run）位置时，系好安全带的指示灯应点亮。还应有蜂鸣声或谐音声。如果这类警告灯和声响系统不工作，检查熔丝或熔断器是否熔断。如果这些检查未发现问题，而只有声响但警告灯不亮，则查看灯泡是否损坏或烧毁。如果灯泡点亮但没有声响，则检查线路、开关或蜂鸣器（语音模块）是否损坏或松动。

（8）维护指南　以下是维护大腿部和肩部安全带的一些指南。

1）如果有任何异常，应用新的总成更换座椅安全带。

2）切勿拆解安全带系统的任何部件。

3）不要尝试修理大腿部或肩部安全带卷收器或卷收器盖。如果有必要，则应更换。

4）按要求紧固支柱的所有螺栓。

3.2 气囊

气囊很像一个尼龙气球，它在碰撞时迅速充气以阻止乘员上半身向前运动。气囊被设计来与安全带一起使用，而不是取代它们。如果发生碰撞，气囊以低于1s的时间保护驾驶员和乘客（图3-9）。设想一下以下连续过程。

图3-9 气囊充气的不同阶段

1）计时起点：撞击开始，气囊系统尚未做出任何反应。

2）20ms后：传感器向气囊模块发送一个撞击信号，气囊开始充气。

3）3ms后（从撞击到现在的总时间是23ms）：气囊被充气，并顶向乘员的胸部。乘员的身体还未因撞击而开始移动。

4）17ms后（从撞击到现在的总时间是40ms）：气囊几乎完全展开，乘员的身体开始因撞击而向前移动。

5）30ms后（从撞击到现在的总时间是70ms）：气囊开始吸收乘员向前的运动，并开始通过排气孔排气。一旦气囊放气，其任务结束。

用于配置气囊的系统和部件会随着车辆的年款和制造商以及气囊的位置不同而不同。气囊是通过气体的快速膨胀（爆炸）来充气或展开的，这种气体是由通常被称为引燃管的装置来点燃的。

不同的制造商还用不同的名称来称呼他们的气囊系统，如**辅助充气约束**（Supplemental Inflatable Restraint，SIR）和**辅助约束系统**（Supplemental Restraint System，SRS）。所有新型车辆都配有驾驶员侧和前排乘客侧的气囊（图3-10），大多数新型车辆还有侧面碰撞气囊、膝部气囊和窗帘气囊（气帘）。

乘客侧的气囊模块位于车辆的仪表板中。这些气囊的设计和工作原理与驾驶员侧的气囊非常相似。但许多制造商使用不同的传感器组。给前排乘客侧气囊充气所需的实际气体体积要更大些，因为它必须跨越乘员与仪表板之间更长的距离。而在驾驶员一侧是由转向盘和转向柱弥补了这一距离。

图3-10 前排乘客侧的气囊

驾驶员侧和前排乘客侧的气囊系统可能包括一个膝部缓冲器，它也被称为膝部护垫。设计该装置是为了帮助约束驾驶员和前排乘客身体的下部分，从而防止驾驶员在碰撞时滑到正面气囊的下面。它位于转向柱下面和转向柱饰板后面。2015年，福特推出了一种新的乘客侧膝部气囊的设计。这种新的气囊有一个可充气的模制塑料囊袋，它被夹在杂物箱门饰板的内侧和外侧之间。当碰撞发生时，该囊袋充气来填满仪表板与乘客小腿之间的空间，这一装置减少了乘客骨盆部分和背部的移动，从而降低了骨盆部分的负荷。

有些车辆的前排和后排后座椅配有坐垫气囊，该气囊使坐垫前部充气以约束乘员的下臀部。这有助于减弱作用在乘员上半身的冲击能量，包括头部和胸部。

出于对婴儿和儿童的担心，皮卡和其他两座的汽车要么没有乘客侧的SIR，要么有一个阻止乘客侧气囊展开的开关。该开关通常用钥匙来操作，以启用或禁用乘客侧的SIR。在某些车辆上，乘客侧的气囊是通过驾驶员信息中心来启用和禁用的。仪表板上的指示灯用来显示乘客侧SIR的当前状态。

1. 侧气囊

在许多车辆上，乘员可通过侧气囊和/或侧气帘得到进一步保护（图 3-11）。后排乘客可以用前排座椅靠背后面的气囊以及侧气囊和/或侧气帘加以保护。

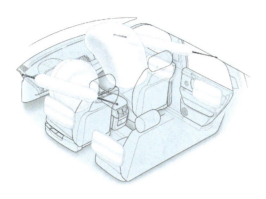

图 3-11　该车总共有 8 个气囊

侧气囊可以有很多不同的形状，并可从不同位置展开。侧气帘（图 3-12）覆盖住汽车的整个侧面。一些汽车的前、后门装有侧气囊（图 3-13），这些气囊从车门内侧饰板或从座椅外侧展开。气帘位于车顶内衬中，并从驾驶员和前排乘客侧的前支柱延伸到后排座椅后方的后支柱，每个气帘都是一个整体。

图 3-12　保护车内乘客的侧气帘

图 3-13　侧气囊

侧面头部保护系统会充气成一个狭长的气囊，它从前风窗玻璃区域一直延伸到前排座椅后部（图 3-14）。

图 3-14　防止侧面碰撞的头部气囊

当侧面碰撞气囊展开时，前、后部的侧气囊和侧面气帘同时展开。安装在车门内的侧气囊必须在 5~6ms 内开始展开。这一要求是基于这样一个事实，即在侧面碰撞时，乘员与其他车辆之间只有几英寸的间距。安装在座椅靠背上的侧气囊不需要以如此高的速度工作。头部气囊的设计是要持续保持充气状态约 5s，以提供针对第二次或第三次撞击的保护。

目前的气囊系统与安全带的预紧器和卷收器是协同工作的。因此，当气囊电路被接通时，预紧器的电路也被接通，它们的行为限制了乘员的移动。

2. 充气式安全带

充气式安全带可以在碰撞时控制乘客头部和颈部的移动。这种充气式安全带比标准的安全带更能将碰撞力分散到更多的身体部位。肩部安全带中包含一个可在碰撞时展开的折叠式圆柱形气囊（图 3-15）。这类安全带用在一些 SUV 和一些

图 3-15　一种充气的肩部安全带在碰撞中收紧时可控制人员向前运动

汽车的后排座椅中。它们的设计目的是保护乘客的脆弱骨骼,特别是老年人和儿童,他们的胸部、头部和颈部更容易受到伤害。

3. 前部中央气囊

在 2013 年,通用汽车在一些车型上引入了前部中央气囊,这种管状的气囊从驾驶员座椅的右侧展开,并填补车辆中间部位前排座椅之间的空间。设计这种气囊的目的是当车内只有驾驶员单人时,在乘客侧发生的碰撞中对驾驶员提供一定的约束。它还在驾驶员和前排乘客两侧同时发生碰撞时充当驾驶员和前排乘客之间的能量吸收缓冲垫。

4. 第二代气囊

较新的车辆配备了第二代气囊,它们用比早期气囊更小的力给气囊充气。在气囊充气时,通过降低峰值充气压力和/或充气的力和速度来降低气囊的膨胀力。这类系统减少了气囊本身给人造成伤害的数量。针对具体的车型、气囊尺寸和安全带系统,第二代气囊平均减少了 20%~35% 的充气能量。

5. 自适应 SRS

所有 2006 年及以后的车辆都必须配备一个当婴儿、儿童或身材较小的成人坐在前排乘客座椅上时能够抑制气囊的系统。该系统使用了一个荷载传感器、安全带张紧力传感器和一个电子控制单元(图 3-16)。荷载传感器测量座椅上的质量,将乘员分为成人或儿童,并将其分类信息提供给气囊控制器,从而启动或抑制前排乘客侧气囊的展开,安全带张紧力传感器识别用带子系紧的儿童座椅。

图 3-16 采用安全带张紧力传感器的乘员检测系统

更新型的汽车配有智能或自适应气囊系统。许多这类系统的气囊可以有两个展开级别。膨胀气囊的力受到控制来与碰撞的严重程度和/或座椅占用者的身材和体重相匹配(图 3-17)。其他考虑的因素是座椅导轨的位置和是否使用了安全带,所有这些因素都要求气囊有不同的展开速率。

a)根据乘员体重,气囊全力展开

b)根据乘员体重,减小了气囊的展开程度

图 3-17 气囊展开速率与乘员体重相匹配

两级式气囊有一个气囊袋、两个气体腔和两个引燃管。当期望以低压力展开时,仅点燃一个引燃管。根据系统的不同,第二级气囊可能紧接着第一级气囊引爆后被引爆,它用较小的力提供较长的充气时间。严重碰撞时可以同时点燃两个引燃管,气囊传感器总成计算碰撞程度、座椅位置和安全带的状态,并控制两个气体腔的充气时间。

6. 机械式气囊系统

一些车辆(早期的丰田、沃尔沃和捷豹汽车)上装有机械式气囊系统。这些系统是完全独立的系统,不依赖电气或电子装置来控制展开。它们有一个用来点燃装药以展开气囊的机械式触发器。该触发器是一个带有撞针的撞击传感器。在碰撞过程中,撞针移动并点燃用来引燃气体发生器内的叠氮化钠发气剂颗粒的雷管。颗粒燃烧所释放的气体使气囊充气。这类系统通常用来为那些最初没有配备气囊的车辆加装气囊。

机械式气囊系统可以用在车辆的任何位置。不同类型的气囊所使用的气体发生器数量取决于气囊的尺寸。例如，一个侧面碰撞的气囊可能有 2 个气体发生器，而一个侧气帘可能有多达 8 个气体发生器。

3.3 气囊电气系统部件

一个气囊系统的电气电路包括碰撞传感器和电子控制模块。该电气系统可执行系统自检，以使驾驶员知道系统现在是否正常运行，并可记录故障码以供技师使用，还可在检测到撞击时发出信号来展开气囊。

一辆汽车可以含有许多不同的气囊模块（图 3-18）。驾驶员侧、前排乘客侧、侧面的和气帘的各个模块都有一个充气器（点火器）、气囊和一个点火单元（爆裂装置、点火器充电器、气体）。当传感器向模块发送信号时，电流流入充气器，激发点燃材料来展开安全气囊。

为了防止气囊意外展开，大多数系统要求在气囊展开之前至少两个传感器开关闭合（图 3-19）。一个系统中使用的传感器数量取决于系统的设计。传感器通常被安装在发动机舱和乘员舱中。

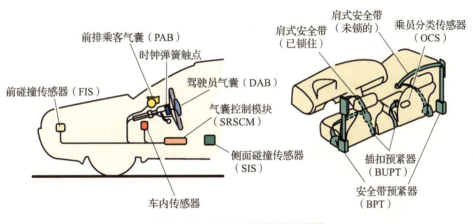

图 3-18 SRS 各部件的常见位置

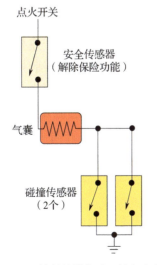

图 3-19 简单的带传感器的气囊电路

1. 传感器

通常情况下，气囊的点火只有当外部的（冲击或撞击）传感器和内部的（安全或解除保险功能）传感器都闭合时才会发生。一旦两个传感器都闭合，就连通了至点火器的电气电路。

（1）碰撞 – 安全传感器　有三种基本类型的安全传感器。

1）滚柱型：有一个滚柱处在斜坡上（图 3-20），该传感器的一个端子与斜坡连接，另一个端子连接到一个贯穿斜坡起点但又不与斜坡接触的弹簧触点。一个小弹簧使滚柱保持在静止状态。在猛烈的冲击下，滚柱移上斜坡并撞击弹簧触点，从而接通了斜坡和弹簧之间的电路，使气囊展开。

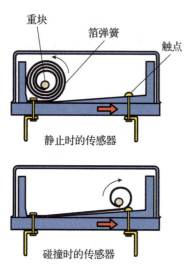

图 3-20 滚柱型气囊传感器

2）质量型：该传感器有一组常开的镀金开关触点和球状物。球状物是一个传感质量，并用磁铁保持在适当位置上（图 3-21）。当有足够的力时，球状物会摆脱磁力并与电气触点产生接触以接通电路。其他类似的依赖质量型传感器的系统有一个转动的重块连接到一个活动触点上，当重块移动时接通电路。

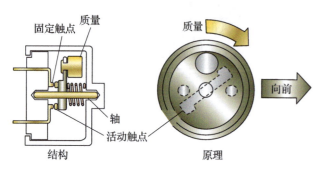

图 3-21 用转动重块来连接触点的质量型传感器

3）加速度计：这是一个在碰撞过程中产生形变的压电元件（图 3-22），它产生一个反映负加速度大小的模拟电压。

图 3-22 加速度计式气囊传感器

（2）座椅位置传感器　座椅位置传感器安装在前排座椅的内侧轨道上（如图 3-23）。该传感器从根本上讲是一个磁体和霍尔效应开关。它用来检测座椅何时处于靠前的位置。当座椅处于靠后的位置时，导轨接近座椅位置传感器。当座椅处于靠前的位置时，导轨与传感器之间的距离变大。导轨相对于霍尔效应开关的位置决定了传感器发送给气囊传感器总成的信号。当座椅靠近转向盘时，气囊将以较小的压力展开。

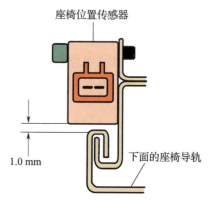

图 3-23 座椅位置传感器与下面的座椅导轨之间有一个规定的间隙

（3）安全带锁扣开关　安全带锁扣开关用于检测安全带是否系好，它也是一个霍尔效应开关和磁体。磁场随着安全带被系好或松开而变化。SRS 根据这个输入来调整气囊展开的力。

2. 乘员分级传感器

为了确定乘客前面和侧面气囊展开的力，需要测量乘坐人的质量。如果该座椅没有占用者，该气囊在碰撞过程中将不展开。大多数乘员占用分级传感器都是使用一个位于座椅坐垫下面的薄垫，它是一个充满了硅胶的凝胶垫。这个薄垫与向气囊控制单元发送信号的压力传感器相连。当坐垫上有质量时，压力会施加在垫中的硅胶上。压力传感器测量该压力并将其转换为电压信号（图 3-24）。

其他类型的乘员分级传感器由一个用衬垫隔开的两片电极组成。座椅上的质量导致电极通过衬垫上的孔而相互接触，座椅上的质量决定了该衬垫的接触面积，用衬垫之间的电导来确定质量。

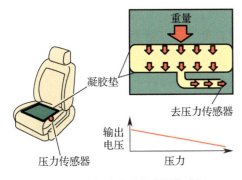

图 3-24 凝胶式乘员分级传感器

乘员分级传感器、安全带张紧力传感器、安全带锁扣开关分别向控制单元发送信号。控制单元随后确定座椅是否被占用，以及该座椅是被成年人、还是儿童或者一个坐在垫高座椅上的儿童所占用。后者是通过安全带张紧力传感器检测的。当儿童座椅放置在座椅坐垫上时，安全带的张紧力向下拉动儿童座椅，增加了对座椅坐垫的压力。这种压力加上儿童和儿童座椅的质量是通过质量检测传感器来感知的。

3. 诊断监测器总成

气囊感知诊断监测器（Air Bag Sensing Diagnostic Monitor，ASDM）持续监测 SIR 电气系统的就绪状况。如果模块确定存在故障，它将点亮警告灯。根据故障的不同，SIR 系统可能要等到故障修复后才会解除警示。

诊断模块还会在蓄电池或电缆在事故中损坏时为气囊模块提供备用电源。在蓄电池断开后，诊断模块储存的电量可以维持多达 30min。

⚠ **警告** 在进行气囊系统的任何维修之前，必须耗尽备用电源。参考维修信息来耗尽此备用电源。这可能需要拆下保险丝或断开蓄电池并等待至少 30 min。

4. 配线线束

出于识别和安全的目的，SIR 系统的配线线束通常使用黄色的插接器。每个插接器都有特殊的作用，而且是专门为 SRS 设计的。为了提高它们的可靠性，所有的 SRS 插接器都是耐用的镀金端子，并放置在指定位置。该插接器内还有一个被称为激活防止机构的短路金属丝，它防止气囊在维修作业中被意外展开。

单级气囊有一个充气器和一对连接到气囊模块的导线。两级气囊有两个充气器和两对连接到气囊模块的导线。

（1）时钟弹簧　时钟弹簧可在任何时间保持与气囊模块的电气连接。由于气囊模块位于转向盘的中央，因此，时钟弹簧的设计是要在转向盘转动到任意位置时都可向模块提供电压。该时钟弹簧位于转向盘和转向柱之间（图 3-25）。

图 2-25　时钟弹簧

时钟弹簧的电气插接器带有一个长的导电条带。时钟弹簧的下侧通过该导电条带与来自气囊电气系统的导线连接。导电条带的另一端连接至气囊模块。当转向盘转动时，导电条带会盘绕或伸展但不会中断电气连接。

（2）SIR 或气囊就绪指示灯　SIR 或气囊就绪指示灯让驾驶员知道气囊系统已经准备就绪。该指示灯由诊断模块控制。当驾驶员将点火钥匙从关闭（off）转到运行（run）位置时，该就绪指示灯会短暂点亮。一旦发动机运转，该指示灯应熄灭。气囊系统的故障将导致该指示灯持续点亮或闪烁。有些系统有一个音频发生器，它会在系统出现问题或就绪指示灯不起作用时发出声响。

装有侧面碰撞气囊的车辆会有一个指示灯，它告知驾驶员侧面碰撞气囊是否被关闭（图 3-26）。在乘客座椅上放置诸如箱子或包裹类的物品是很常见的。当乘员检测系统确定该质量不是乘员时将关闭侧面碰撞气囊。

5. 气囊模块

气囊模块是被封装在单个单元或模块中的气囊和充气器总成。该模块位于转向盘中和前排乘客前面的仪表板中（图 3-27）。不同类型的侧面防护气囊模块都位于该气囊展开的位置。

图 3-26 侧面碰撞气囊指示灯的示例

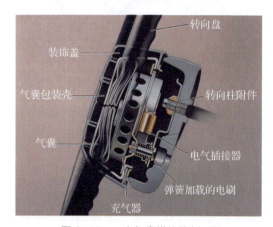

图 3-27 一个气囊模块的剖面图

气囊的展开通常是通过激增的氮气释放来实现的。点火器（图 3-28）是充气器内部的一个部件。它引发化学反应来给气囊充气。在点火器的中心是引燃管，其中含有锆粉高氯酸钾（Zeronic Potassium Perchlorate，ZPP）。当通过引燃管施加电压时，在两个针脚之间形成电弧。火花点燃气体发生器，导致气体的迅速膨胀，从而使气囊展开或充气。

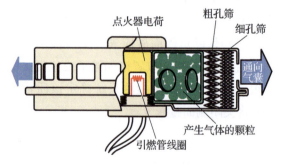

图 3-28 气囊模块向气囊释放氮气的过程

充气总成由含有叠氮化钠和氧化铜或硝酸钾等火药（称为发生剂）的气体发生器组成。ZPP

点燃充填的火药。在点火过程中迅速产生大量的膨胀高温氮气使气囊极快地充气。当氮气进入气囊时，它被过滤以除去化学反应中形成的氢氧化钠粉尘。

> **注意** 当处理已展开的气囊模块时，应佩戴手套和护目镜。可能遗留在气袋中的氢氧化钠残留物会引起皮肤过敏。

并不是所有气囊都使用氮气充气，有些气囊使用固体火药和压缩氩气（图 3-29）。氩气具有稳定的分子结构，冷却更快，而且是惰性和无毒的气体。氩气通常用于乘客侧和侧面保护气囊。

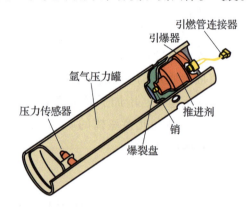

图 3-29 使用氩气的充气模块

安装板和固定环将气囊总成连接到充气器上，它们还保持整个气囊模块与转向盘的连接。

气囊本身是由一种薄的尼龙织物制成的，可以折叠到转向盘、仪表板、座椅或车门内。气囊展开时释放的粉末状物质是普通玉米淀粉或滑石粉。气囊制造商使用这些粉末来保持气囊在储存时的润滑和柔韧性。当需要维修气囊系统时，整个模块必须作为一个单元来更换。

3.4 诊断和维修气囊系统

在诊断该系统之前，先通过观察气囊警告灯进行系统检查，并将发现的情况与针对该车辆的维修信息中的有关描述进行比较。要想检查气囊系统的状况，必须在点火开关已关闭至少 2s 后。然后打开点火开关，SRS 警告灯应点亮，并保持点亮状态约 6s。在此期间，气囊系统是在对系统进行初步检查，包括安全带预紧器。

如果系统检测到问题，SRS 警告灯将保持点亮。如果该灯闪烁或熄灭后又点亮，则可能表明电源电压低。如果该警告灯在最初打开点火开关时未点亮，也表明该系统有问题。

如果出现上述的任何情况，则需要检查系统。诊断应从连接诊断仪并尝试与气囊系统通信开始。在一些较老的系统中，只要将该系统的诊断线路接地，气囊警告灯将通过闪烁来显示故障码。在诊断由于故障而被停用的系统时，测试还应包括对系统各部件的全面目视检查。碰撞或在非相关维修中的违规操作所引起的损坏可能会造成一个部位故障，这将导致该气囊系统停用。

还应观察乘客侧的气囊指示灯，它所显示的是乘客质量传感器以及气囊模块的状态。应始终参考维修信息以理解这些显示内容。正常的显示内容会随乘客座椅上的检测结果而变化。如果检测到问题，SRS 警告灯将点亮，此时乘客气囊"OFF（关闭）"指示灯也将点亮。

如果警告灯的状态表明存在问题，则应检查该系统是否有故障码（DTC）。如果乘客侧的气囊有问题，应首先检查气囊系统中的 DTC，然后检查乘员分级系统。

1. 检索故障码

如果该系统检测到 SRS 存在问题，故障数据将被存储在存储器中，并点亮警告灯。一般会存储两种类型的故障。当前存在的 DTC 将点亮气囊警告灯，而存储的故障码是间歇性问题，或许不点亮该警告灯。

SRS 的问题很难验证，因此，DTC 对于 SRS 故障的排查来说极其重要。大多数系统有两位数和五位数的故障码。两位数的故障码是用 SRS 警告灯来显示的闪烁代码，五位数的故障码则是显示在诊断仪上的。重要的是，当断开蓄电池负极电缆后，系统的存储内容会被删除。因此，在断开蓄电池之前，应先检索 DTC。

（1）闪烁故障码 在用警告灯或数字仪表板显示故障码的车辆上，应确保遵循制造商规定的步骤来检索故障码。通常是在点火开关打开时，用一个跨接线跨接在数据链路插接器（Date Link Connector，DLC）的某两个端子之间。确保该跨接线正确连接且没有接触该插接器中的其他端子。一旦接好跨接线，观察 SRS 警告灯的动作。对警告灯的各次闪烁进行计数并参考制造商的故障码表来理解检索到的 DTC。如果存储了多个 DTC，则第二个故障码会在显示第一个故障码后不久闪烁。在大多数情况下，这些故障码在点火开关关闭后会被删除。

（2）用诊断仪检索 DTC 为了检索故障码，先将诊断仪（图 3-30）连接到 DLC 上并打开点火开关。按照该诊断仪的说明检索气囊系统的信息。记录所有储存的和当前的故障码。按从最小数字到最大数字的顺序诊断产生故障码的原因。存储的故障码可以用诊断仪清除，但当前的故障码只能在问题得到纠正后清除。

图 3-30 检查气囊、防抱死制动和发动机控制系统的 OBD-II 诊断仪

检索完故障码后，应参考制造商的维修信息来确定厘清和纠正该问题的步骤。

> **注意** 必须小心地测试系统的各个部分，不遵循正确的步骤或使用错误的工具会导致气囊展开。这不仅危险，而且其代价会很高昂。切勿试图检查气囊模块的电阻值。

（3）气囊模拟器 为了安全地测试 SRS 的部件，建议使用气囊模拟器（图 3-31）。该模拟器可安装在气囊的位置。该模拟器能进行调整以提供该气囊的标准电气负载，从而可对电路进行精确的测试，且不必担心气囊的意外展开。

图 3-31 气囊模拟器用来在测试中替代实际的气囊

2. 维修气囊系统

只要在气囊系统上或其周围进行作业，就要遵守所有安全警示（图 3-32）。

图 3-32 气囊警示贴签的一个示例

下面是这类警示的举例。

1）当在车内进行任何作业时，应确保已知道所有气囊的位置，在这些区域作业时应谨慎操作。

2）在维修气囊系统时，应佩戴安全护目镜。

3）在禁用气囊系统后要至少等待 5min，然后再开始在气囊系统上或其周围进行维修。因为在没有蓄电池的电压后，备用能量模块还储存了足够展开气囊的电力。

4）始终严格按照制造商给出的维修步骤操作，否则可能会导致气囊展开。此外，如果对系统的维修不正确，在其需要起作用时可能无法工作。

5）切勿为了重新使用而去拆解或试图去维修气囊系统的任何零部件，始终要用新的零部件来替换有问题的零部件。

6）小心对待所有的气囊传感器，不要采用会引爆气囊的敲打或振动传感器的方式。

7）当拿取仍可引爆的气囊模块时，应将有装饰盖和气囊的一侧远离身体。

8）不要用气囊模块的连线或插接器来拿取该模块。

9）当将仍可引爆的气囊模块放置在工作台上时，应将有装饰盖和气囊的一侧朝上。

10）已展开的气囊上可能有粉状残留物。氢氧化钠是在气囊展开时的化学反应中产生的，并在与大气中的水分接触时转变为碳酸钠。虽然不太可能仍然存在氢氧化钠，但在处理已展开的气囊时，还是应戴上安全护目镜和手套，并应在处理完后立即洗手。

11）在废弃仍可引爆的气囊模块之前，必须先将其展开。由于气囊的展开是通过一个爆炸过程完成的，因此不适当的处置可能导致伤害和罚款。已展开的气囊应按照美国国家环境保护局（EPA）和制造商的程序处置。

12）不要使用蓄电池或 AC 供电的电压表、欧姆表或维修信息中未指定的任何其他类型的测试设备来测试气囊模块，切勿使用试灯来探测是否有电压。

13）完成 SRS 的作业后，进行 SRS 警告灯的检查。

3. 解除机械式气囊系统

由于机械式气囊系统不与电气系统相关联，所以不能通过断开蓄电池而禁用。负责触发气囊和安全带预紧器的部件用红色"危险区"的提示来标明。在某些情况下，气囊无法被禁用，所以必须注意不要振动车辆或在车门和座椅之间有妨碍物时关闭车门。为了解除其他系统，需要断开或切断某些电缆。例如，在配备侧气囊的沃尔沃汽车上，它是一根位于座椅下部和后部坐垫之间的带黑色条纹的电缆，在这类系统上或其周围作业时，一定要查看维修信息。

⚠ **注意** 当两级式气囊只有第一级已展开时，它可能看起来很像是两级都已展开。在处理它们之前，必须小心地确认两级气囊都已完全展开。要始终假设任何已展开的两级式气囊还有一个处于活动期的第二级气囊。处理或维修不当会引爆充气模块，从而造成人身伤害。应始终遵循制造商建议的处理步骤。

4. 维护指南

气囊模块是作为一个整体总成来维修的。同时建议维修这些系统的技师应检修该总成中的碰撞传感器、水银开关和任何其他相关的部件。已损坏的碰撞传感器必须更换。如果发现任何单个传感器存在故障或劣化，建议更换整套传感器。通常情况下，当一个或多个气囊展开后，除了更换气囊之外，还必须更换控制模块和传感器。这是因为气囊控制模块已存储了永久性或锁存的故障码。这些故障码无法被删除，只有新的模块才能重新启用气囊系统。新的控制模块在安装后可能需要用诊断仪进行编程。

图 3-33 中的步骤 1）~12）介绍了更换气囊模块的典型步骤。

转向柱上的时钟弹簧在任何时候都应保持在正确的旋转位置，否则可能会导致其外壳、接线或模块的损坏。这些情形中的任何一种都可能造

1）拆卸气囊模块所需的工具：安全护目镜、座椅护罩、螺丝刀套件、扭力扳手套件、蓄电池端子拉拔器蓄电池夹钳、各种扳手、棘轮和套筒套件和维修信息

2）在车上放置座椅和翼子板护罩

3）将前轮放在正直位置，将点火开关转到 LOCK（锁车）位置

4）断开蓄电池负极电缆

5）用胶带包住电缆端子以防止与蓄电池正极意外接触（可用一段橡胶管代替胶带）

6）从保险盒中取下 SIR 熔丝，并等待 30min 以使备用电能耗尽

7）从转向盘下部的黄色电气插接器上拆下其位置锁定装置

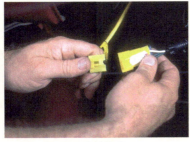

8）断开黄色的两线插接器

9）从转向盘下面拆下固定气囊模块的四个螺钉

图 3-33 更换气囊模块的典型步骤

10）转动喇叭引线 1/4 圈并断开该引线　　11）断开电气插接器　　12）取下气囊模块

图 3-33　更换气囊模块的典型步骤（续）

成气囊系统默认进入非工作模式。时钟弹簧只要被拆解，就应更换。

在维修后将车辆归还客户之前，应确保各个传感器已牢靠地固定在其安装装置上，传感器上面的箭头应朝向前方。确保所有的熔丝的额定值正确且已更换。确保使用经核准的诊断仪进行最终检查，看是否有故障码。在车辆放行前，应再次仔细检查接线和线束的走线布置。

3.5　其他保护系统

为了保障车辆安全并保护车内乘员，制造商的设计包含了许多不同的系统和功能。下文是对其中一些的简要介绍。这些讨论并不是结论性的，与车辆如何制造有关的许多事情都会影响车辆所能提供的保护和安全性。从根本上来讲，提供良好保护的汽车是为在车辆受到撞击时能保持车舱的完整性而构建的。这种结构包括侧面的门梁、褶皱区和框架的强化区域。

褶皱区是为保护车内乘客而能够弯曲或分离的车身区域。这些褶皱区域可在保持乘客舱完整的同时吸收或承受撞击。

1. 头枕

在所有碰撞的伤害中，有近三分之二的伤害是与软组织相关的，这种伤害通常被称为挥鞭伤，良好的头部约束和适当的调整有助于防止这些伤害。经适当调整的头枕可阻止头部和颈部在撞击时向后甩动，大部分人都不会根据自己的身高和舒适度来调整头枕。头枕应至少定位在他们耳朵的上部，并且离他们的脑后部不超过 4in（10cm）。

可自动调整头枕的新系统已经开发出来。这类头枕系统在车辆受到后面的撞击时将向上和向前移动头枕。如果车辆曾发生过碰撞，应检查头枕的动作，这是通过测量头枕可被移动的距离来完成的（图 3-34）。

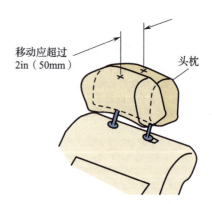

图 3-34　检查主动式头枕

2. 事件数据记录仪

新型的气囊系统有一个事件数据记录仪（Event Data Recorder，EDR），它记录撞击或接近撞击时的数据。该记录仪通常在气囊控制模块总成的内部。它记录气囊系统的诊断数据、气囊展开的数据、安全带状态、发动机转速、节气门和制动踏板的数据以及变速器变速杆和驾驶员座椅的位置。

3. 预碰撞系统

预碰撞系统根据它从各种传感器接收到的信息，预测可能发生的与障碍物的碰撞。该系统使用毫米波雷达传感器来预测可能的碰撞，并在碰撞前收紧安全带。这些输入还用于控制制动系统。

毫米波雷达使用极高的频率和极短的波长，在识别障碍物方面能起到很好的作用。

预碰撞系统消除前排座椅安全带的松弛部分，并警告驾驶员即将发生碰撞。其传感器只检测金属物体，但不会对人、自行车、树木和动物做出反应。如果未系安全带，它也不会做出反应。

4. 倾翻保护系统

一些敞篷车有一个安装在车内的防滚架，它在车辆倾翻时用来保护乘客。这些装置是车辆的永久性结构。其他车辆则具有提供这种保护的自动系统。当车辆发生严重倾斜、车轮失去与地面的接触或发生重大事故时，它们会在头枕后面展开一个防滚架（图 3-35）。

图 3-35 当系统预测到可能的翻滚时将弹出该防滚架

装有翻滚保护装置的车辆使用传感器来监测翻滚的速度，并相应地给气囊充气。在翻滚过程中，为了保证乘员的安全，气囊保持充气状态的时间将比一般碰撞时要长，它会一直持续到车辆停下来。这些系统还可以消除安全带的松弛、关闭燃油泵，并在感知到翻滚时断开蓄电池。

混合动力汽车也有翻滚保护功能。只要气囊展开，这个系统就会隔离高压电路。

5. 四点式安全带

虽然这种安全带目前还没有被使用，但福特汽车公司和其他汽车公司正在研究四点式安全带的使用。这种安全带系统有两个集成在座椅框架中的肩部安全带。两条肩部安全带和两条大腿部的安全带在乘客腰部的中间扣在一起。这种设计可使碰撞产生的力均匀地分布在整个人体上。

3.6 总结

- 在美国生产或销售的所有新车必须有一类或两类被动式约束装置，包括安全带或安全气囊。
- 约束系统包括主动式的和被动式的。
- 在检修安全带时，要检查安全带的织带、锁扣、卷收器和固定支柱。
- 气囊是通过点火器或引燃管点燃的气体迅速膨胀而被充气或展开的。
- 智能式气囊可能有两个展开级别以匹配碰撞的严重程度和/或座椅占用者的身材和体重。
- 气囊系统的电气电路包括碰撞传感器和电子控制模块。
- 气囊模块是被封装在一个单元中的气囊和充气器总成。
- 气囊系统的系统检查包括观察气囊警告灯。
- 控制模块会存储故障码，它们可通过诊断仪或闪烁代码被检索。
- 在进行气囊系统的任何作业之前，应停用该气囊系统。
- 当拆卸仍可引爆的（未展开的）气囊时必须小心，确保气囊和装饰盖面朝远离自己身体的方向。

3C：问题（Concern）、原因（Cause）、纠正（Correction）

维修工单					
年份：2005	制造商：克莱斯勒		型号：铂锐	里程：153471mile	RO：19507
问题：	客户表示气囊系统的警告灯一直点亮。				
	技师确认 SRS 警告灯在发动机起动后继续保持点亮。技师随后连接诊断仪并检索到一个故障码：驾驶员侧的气囊电路开路。技师拆下驾驶员侧的气囊模块并检查该模块及其接线，未发现气囊接线有任何问题，随后检查了时钟弹簧。				
原因：	发现时钟弹簧开路。				
纠正：	更换了时钟弹簧，清除 DTC，系统工作正常。				

3.7 复习题

1. 思考题

1）被动式约束系统与主动式约束系统的区别是什么？
2）什么是褶皱区？它是如何用于乘员保护的？
3）在气囊系统上或其周围作业时必须遵守的注意事项是什么？至少列出五项。
4）大多数车辆所用的两种乘客质量检测传感器的基本类型是什么？
5）安全传感器的三种基本类型是什么？

2. 判断题

1）气囊展开时释放的粉状物质是氢氧化钠，它会引起皮肤过敏。对还是错？（　　）
2）当蓄电池或电缆在事故中遭到损坏时，气囊诊断监测器为气囊模块提供备用电源。对还是错？（　　）
3）第二代气囊可能含有两个炸药。对还是错？（　　）
4）当维修转向盘或转向柱时，应断开并拆下时钟弹簧，以确保其在重新使用之前处在合适的形状。对还是错？（　　）

3. 单选题

1）下列哪一个关于 SRS 警告灯的表述是不正确的？（　　）
　　A. 当刚打开点火开关时，该指示灯应点亮，并保持点亮约 6s
　　B. 如果系统似乎是能正常工作的，则该灯在发动机运转时将保持点亮
　　C. 如果该灯闪烁或熄灭后又重新点亮，则可能表明电源电压低
　　D. 如果该灯在刚打开点火开关时未点亮，则表明系统有问题
2）什么类型的安全带可以不需要乘员任何动作而自动启用？（　　）
　　A. 被动式约束系统
　　B. 卷收器
　　C. 主动式约束系统
　　D. 固定支柱
3）下列哪一项是错误的？（　　）
　　A. 气囊点火器总成是一种火花塞式的装置，它带有电流必须跳过的两个引脚
　　B. 气囊点火器总成产生火花，该火花点燃装有锆粉高氯酸钾气体的一个小罐
　　C. 气囊点火器总成被封装在其模块总成中
　　D. 以上都不是
4）下述哪一个关于气囊传感器的陈述是不正确的？（　　）
　　A. 滚柱式传感器依靠一个用磁铁保持在位的滚柱。其电路在滚柱移动并撞击弹簧触点时被闭合
　　B. 质量型传感器依靠一个球状物和一个磁铁。其电路在该球状物与传感器中的电气触点接触时被接通
　　C. 加速度计含有一个压电元件，该压电元件产生与减速力大小相关的模拟电压
　　D. 加速度计还感知撞击力的方向
5）以下哪一个关于两级式气囊的陈述是不正确的？（　　）
　　A. 当需要低压力气囊展开时，只点燃一个引燃管
　　B. 当车辆发生严重碰撞，且乘员需要最大保护时，与较大气体容器相连的引燃管点燃
　　C. 为了快速展开，两个引燃管同时点燃
　　D. 为了在完全展开中分级，一个引燃管先被点燃，几毫秒后另一个引爆管接着被点燃
6）以下哪一个关于安全带卷收器的陈述是不正确的？（　　）
　　A. 当安全带未使用时，卷收器会将安全带收藏起来
　　B. 卷收器允许座椅的占用者自由移动安全带
　　C. 在碰撞时，卷收器可以收紧安全带，从而向后拉住乘员
　　D. 在某些车辆上，卷收器与气囊系统协同工作

4. ASE 复习题

1）技师 A 说压缩氩气常常用于展开乘客侧和侧向碰撞的气囊。技师 B 说被压缩的氩气在一些

车辆上用于展开驾驶员一侧的气囊。谁是正确的？（　　）

A. 仅技师 A 正确

B. 仅技师 B 正确

C. 技师 A 和技师 B 都正确

D. 技师 A 和技师 B 都不正确

2）技师 A 说如果安全带的织带褶皱，就应该更换。技师 B 说织带如果只是因为日晒而褪色是不需要更换的。谁是正确的？（　　）

A. 仅技师 A 正确

B. 仅技师 B 正确

C. 技师 A 和技师 B 都正确

D. 技师 A 和技师 B 都不正确

3）技师 A 说如果发生某些故障，模块总成将停用气囊系统。技师 B 说如果在乘客座椅上没有足够的质量，可能会关闭乘客侧的气囊。谁是正确的？（　　）

A. 仅技师 A 正确

B. 仅技师 B 正确

C. 技师 A 和技师 B 都正确

D. 技师 A 和技师 B 都不正确

4）在测试安全带卷收器时：技师 A 抓住一根车辆感应式安全带并猛拉它。技师 B 抓住一条织带感应式安全带并猛拉它。谁是正确的？（　　）

A. 仅技师 A 正确

B. 仅技师 B 正确

C. 技师 A 和技师 B 都正确

D. 技师 A 和技师 B 都不正确

5）技师 A 在更换已展开的气囊模块时，检查时钟弹簧的电气连接是否有损坏迹象。技师 B 用万用表从插接器背面探测气囊系统来确定系统是否处于良好的工作状态。谁是正确的？（　　）

A. 仅技师 A 正确

B. 仅技师 B 正确

C. 技师 A 和技师 B 都正确

D. 技师 A 和技师 B 都不正确

6）技师 A 在维修气囊系统任何部件之前，都先拆卸蓄电池的正极电缆。技师 B 在处理已展开的气囊时，佩戴安全护目镜和防护手套。谁是正确的？（　　）

A. 仅技师 A 正确

B. 仅技师 B 正确

C. 技师 A 和技师 B 都正确

D. 技师 A 和技师 B 都不正确

7）技师 A 说只有当外部传感器和内部传感器都闭合时，才会发生气囊的点火。技师 B 说安全传感器决定碰撞是否严重到足以使气囊展开的程度。谁是正确的？（　　）

A. 仅技师 A 正确

B. 仅技师 B 正确

C. 技师 A 和技师 B 都正确

D. 技师 A 和技师 B 都不正确

8）在更换气囊模块时，技师 A 说转向柱的时钟弹簧应始终保持在其正确的旋转位置上；技师 B 说如果不能将时钟弹簧保持在正前方向或相对转向盘的正中位置上，可能会导致时钟弹簧的外壳、线路或模块损坏。谁是正确的？（　　）

A. 仅技师 A 正确

B. 仅技师 B 正确

C. 技师 A 和技师 B 都正确

D. 技师 A 和技师 B 都不正确

9）在诊断安全带不能扣住的故障时，技师 A 查看安全带锁扣的内部，并将其拆解以取出任何可能阻止安全带锁扣扣住安全带锁舌的妨碍物；技师 B 在不能从锁扣中轻松取出妨碍物时更换该锁扣。谁是正确的？（　　）

A. 仅技师 A 正确

B. 仅技师 B 正确

C. 技师 A 和技师 B 都正确

D. 技师 A 和技师 B 都不正确

10）在诊断 SRS 警告灯常亮的原因时，技师 A 按照维修步骤，将一根跨接线跨接在 DLC 的指定端子上，然后记录闪烁的故障码；技师 B 将诊断仪连接到 DLC 上，并记录显示的故障码。谁是正确的？（　　）

A. 仅技师 A 正确

B. 仅技师 B 正确

C. 技师 A 和技师 B 都正确

D. 技师 A 和技师 B 都不正确

第 4 章
仪表和信息显示装置

学习目标

- 了解当前车辆上使用的各种仪表的用途。
- 能描述仪表板中各类常见仪表的工作原理。
- 能列出并解释当前车辆上各种指示装置的功能。
- 能列出并解释当前车辆上各种警示装置的功能。
- 能解释诊断仪表或警示电路的基本内容。

3C：问题（Concern）、原因（Cause）、纠正（Correction）

维修工单					
年份：2007	制造商：丰田	车型：FJ Cruiser	里程：133502mile		RO：17899
问题：		客户表示燃油量表的读数总是低于燃油量已空的值。			
根据该客户的问题，运用本章所学的知识来确定此问题的可能原因、诊断该问题的方法以及纠正该问题所需的步骤。					

每种车辆都有许多电气仪表。其数量、类型及它们的相关部件会因型号和年款而异。仪表板的外观从相当简单（图4-1）到相当复杂（图4-2）各不相同。无论它们看起来如何，仪表都必须易于读懂并能提供准确的信息。仪表板上的仪表、警告灯和指示灯向驾驶员提供涉及车辆各种系统的重要信息。

图4-1 用简单实用的方式布置仪表板中的基本仪表

图4-2 仪表板中基本仪表的精心布置

车间提示

大多数警示显示器和仪表都使用国际标准化组织（ISO）规定的符号。这些符号是ISO为了向全世界提供易于识别的符号而开发的。

仪表板是车辆内部的一个设计元素。它是延伸并贯穿车辆内部宽度的一个总成，包含了杂物箱、空气管道和出风口、气囊、对驾驶员的各种信息显示器和娱乐系统。制造商对面板的形状、质地和外观经过了仔细研究。仪表板还包含与纵横交错的隐蔽线路、印制电路板和真空软管连接的一系列仪表、指示器和控制装置。

4.1 显示器

仪表板上的显示器有多种用途，其中最重要的是显示当前发动机的状态和车辆信息，这些将是本章最主要的话题。

显示信息的两种基本方式是模拟式和数字式。在模拟式显示（图4-3）中，一个指示装置在固定表盘前移动以显示一个状态。这类指示装置通常是一个指针，但也可以用液晶或图形显示。数字式显示（图4-4）使用数字而不是指针或图形符号。模拟式显示对相对变化的显示要好于数字式显示。当驾驶员必须快速看到某些状态，而精确读数并不重要时，模拟式显示更有用。例如，模拟式转速表在显示发动机转速的上升和下降时要比数字式显示好。驾驶员不需要知道精确的发动机转速。最重要的事情是发动机转速达到仪表上红线位置有多快。而数字式显示更适合显示精确的实时数据，但由于它是不断变化的，因此难以快速观察。许多车速-里程表是模拟式显示（速度）和数字式显示（距离）结合的。

图4-3 模拟式显示仪表板

图 4-4 数字式显示仪表板

> ▶ 参见
>
> 有关驾驶员信息显示装置的更多信息参见本书第 6 章。

1. 抬头显示系统

抬头显示（Heads-Up Display，HUD）系统将车辆信息投影到前风窗玻璃上，它是利用真空荧光光源通过安装在仪表板上的棱镜来投射映像的，并用来作为仪表板中仪表的补充（图 4-5）。由于这些映像是投射在驾驶员视野中的，所以驾驶员无需将视线从道路上移开即可看到一定的相关信息。

图 4-5 HUD 系统将信息投射在前风窗玻璃的内侧

HUD 系统一般有一个用来打开和关闭其显示的中央控制装置，并带有亮度控制功能。亮度控制对驾驶员的舒适度和视觉很重要。如果显示过亮，道路的前方可能会失真。如果图像太暗，驾驶员可能会过于专注在前风窗玻璃上。

在 HUD 图像中可以显示的有车速、转向信号指示灯、燃油不足警示和远光指示灯。HUD 系统在前风窗玻璃干净和环境照明昏暗的情况下效果最佳。

目前使用的数字式电子显示器有三种类型。

2. 真空荧光灯

真空荧光灯显示器使用充满氩气或氖气的玻璃管，显示部分是小的荧光灯。当电流通过该玻璃管时，它们会发出非常明亮的光。这些显示器耐用且明亮。

3. 发光二极管

发光二极管（Light-Emitting Diode，LED）显示器既可以用作单个的指示灯，也可以进行分组以显示一组字母或数字。发光二极管显示器通常是红色、黄色或绿色的，在强光下很难看清。

4. 液晶二极管

液晶二极管（Liquid Crystal Diode，LCD）显示器由特殊玻璃和液体的夹层制成。需要一个单独的光源来使显示器工作。当没有电压时，光不能通过其中的液体。当施加电压时，光通过其显示点。液晶二极管的反应在寒冷的环境中会变慢。这些显示器还非常易碎，因此必须小心对待，对显示器的任何粗暴操作都可能损坏它。

LCD 显示器用于显示车辆系统提供的信息（图 4-6）。LCD 显示器可以是仪表板的一部分，也可以是一个单独的装置，并被称为中控台，它从仪表板延伸到座位区域。当前中控台主要用于显示娱乐信息和温度控制信息。多信息显示器（Multi-Information Display，MID）已经面世相当一段时间了。一些车辆在中控台和仪表板中使用两个或多个 LCD 显示器。LCD 显示器还可以让驾驶员看到导航指令、当前正在播放的音乐信息、高压电池状态以及手机交互的信息。

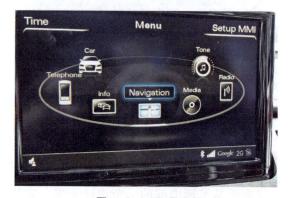

图 4-6 LCD 显示器

LCD 显示器还可以显示来自后视和其他摄像

头的图像,并且随着车辆配备后视摄像头和安装在仪表板或中控台上的显示器,LCD 显示器的使用可能会变得更加普遍。不过摄像头的拍摄内容也可能显示在被嵌入车内后视镜中的 LCD 显示器中(图 4-7)。

图 4-7 后摄像头的 LCD 显示内容可展示在车内后视镜上的 LCD 显示器中

全数字式仪表板能允许驾驶员在数字和模拟车速表之间进行切换,或同时显示这两种。它甚至还允许驾驶员放大屏幕上数字的字号。

5. 薄膜晶体管 LCD

薄膜晶体管(Thin-Film-Transistor,TFT)LCD 显示器通过用晶体管主动控制每个像素,从而提高了薄膜晶体管 LCD 显示器的图像质量。TFT LCD 显示器可提供更多的显示选项和更高的对比度,因而被广泛地用于仪表板和信息娱乐显示器。

(1)凯迪拉克的 CUE 凯迪拉克用户体验信息娱乐套装(Cadillac's User Experience,CUE)有一个 8in 的 LCD 触摸屏(图 4-8),它集成在仪表板或中控台的顶部。该屏幕显示 CUE 的主页,它类似于通过使用易于进入目标的大图标来执行指令的智能手机屏幕。该触摸屏很像一个平板电脑,并有用于执行指令的图标。在屏幕上可实现功能上的互动,例如点击、轻弹、滑动和展开。CUE 可与一个 12.3 in 的数字式仪表板结合使用。仪表板有几个预设的仪表配置,可以显示电话、导航、娱乐和车辆信息。

(2)福特的智能仪表(Smart-Gauge) 这个 LCD 系统主要用在福特的混合动力汽车上(图 4-9)。它向驾驶员显示当前驾驶方式的经济性。该系统在速度表的左右两侧各有一个 4.5in 的 LCD。如果驾驶员的驾驶行为较为节省燃油,屏幕上会出现一束绿叶。驾驶员还可以自定义仪表显示的内容,包括导航信息、电话信息、娱乐信息或效率。

图 4-8 凯迪拉克中控台上的 LCD 大触摸屏

图 4-9 配备模拟车速表的 LCD 显示器

4.2 机械仪表

各个仪表以带刻度的指示向驾驶员提供系统的状况。所有仪表都需要一个来自发送单元、传感器、开关或模块的输入。发送或传感器单元信号的变化或位移是由外部部件引起电阻改变而造成的。位移可能是由膜片上的压力、热量或浮子的运动所引起的。一些发动机使用开关作为仪表的输入。一个实例是机油压力开关。当发动机熄火或机油压力低时,该开关断开,因此仪表读数低。一旦机油压力达到某个值,该开关闭合,此时仪表指针读数正常。在当今的车辆中,控制计算机和仪表会需要相同的信息,这些信息将先通过计算机,然后到仪表。

一些较早型号的车辆有一个仪表电压调节器(Instrument Voltage Regulator,IVR)来稳定并限制供给仪表的电压。IVR 的使用可使仪表读数更准确。当车辆装有 IVR 时,还会有一个无线电扼流圈(图 4-10)。无线电扼流圈是一个小线圈,它

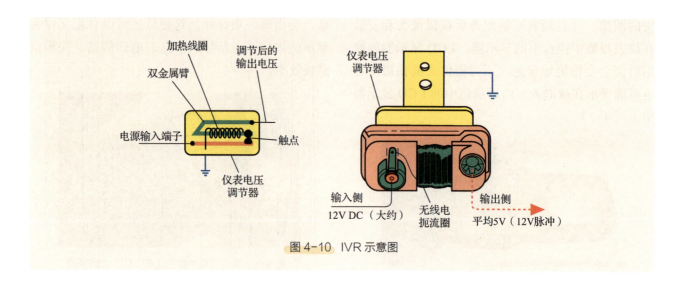

图 4-10 IVR 示意图

安装在通往 IVR 的蓄电池引线中。该扼流圈用来防止由 IVR 的脉动所引起的无线电干扰。

1. 空芯式仪表

当前，最常用的仪表是空芯式仪表。这种设计依赖两个电磁体的相互作用以及这些电磁体磁场强度对永磁体的影响（图 4-11）。仪表的指针与永磁体相连。电磁体的绕组没有金属芯；而是将永磁体放置在绕组内侧。其中一个绕组是参照绕组，且在所有时刻接收蓄电池电压。另一个被称为磁场绕组的绕组与参照绕组按一定角度放置。当电流流过该绕组时，它们的磁场会叠加，而且永磁体自由地与叠加的磁场对准。位移量由发送单元的电阻控制。

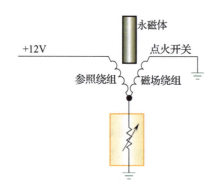

图 4-11 空芯式仪表的电路

2. 石英式模拟仪表

计算机控制的石英式模拟仪表（图 4-12）正越发变得普遍。它们的工作原理在很大程度上与空心式仪表相同，但控制方式不同。这类仪表的电路依赖于安装在被监测的部件或系统中的永磁发电机式传感器。当传感器旋转时，会产生一个小的 AC 信号。这个信号随后被发送给一个缓存电路，在那里被转变为数字信号。然后再被发送到石英时钟电路和驱动电路。该驱动电路向仪表中的绕组发送电压脉冲。永磁体和绕组造成指针移动。这类仪表显示的读数非常准确。

图 4-12 石英式模拟仪表

指针可用步进电动机来移动（图 4-13）。步进电动机只是一个能以小的步节旋转以响应来自计算机的数字信号的电动机。步进电动机使用一个永磁体和两个电磁体。电磁体由计算机控制，计算机向绕组发送脉冲并改变绕组的极性，使电动机电枢每次旋转 90°。每个信号脉冲都被计算机识别为一个计数或步节。所以计算机通过计算已发给电动机的步节数确定电动机电枢的位置。这类电动机被广泛运用在通用汽车公司（GM）所生产汽车的仪表中。

当发送单元的电阻变化时，流经绕线筒的电流也发生变化，绕线筒线圈周围产生的磁场强度也随之改变。当发送单元中的电阻增加时，电路中的电流减小，从而使仪表上显示较低的指示位置。

平衡线圈式仪表也是根据电磁原理工作的，但它不使用永磁体。指针臂的基座绕枢轴转动。两个或三个（二个加一个）线圈位于枢轴的两侧（图 4-15）。

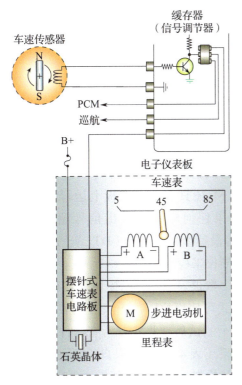

图 4-13 用步进电动机控制指针位置的石英式模拟仪表示意图

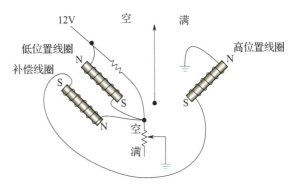

图 4-15 三线圈式仪表（两线圈的与此类似）

3. 电磁式仪表

电磁式仪表有几种类型。最简单的种类是电流表类型（图 4-14），其中永磁体吸引连接在转动中心点上的含铁指针并将其保持在仪表的中心。一个缠绕在表针底部靠近转动中心点处的动铁心线圈在电流流过时会形成一个磁场。该磁场与永磁体的磁场方向相反。吸引或排斥的磁力导致指针向左或向右摆动。指针摆动的方向取决于该线圈中的电流方向。仪表的指针随着通常被称为绕线筒的动铁心线圈转动。这种类型的仪表常常被称为达松伐耳式仪表（D'Arsonval Gauge）。

当同样数量的电流流过两侧线圈时，指针会停留在两侧线圈之间。当发送单元的电阻较低时，右侧线圈比左侧线圈接收到更多的电流，因而指针移向右侧。当发送单元的电阻较高时，左侧线圈将接收到更多的电流，在左侧线圈中产生更大的磁力，因而指针摆向左侧。

4. 热力或双金属式仪表

双金属或热力式仪表利用电流产生的热量来工作（图 4-16）。可变电阻发送单元使不同数量的电流流过仪表内的加热线圈。热量作用在与表指针连接的双金属簧片上。当产生更多热量时，

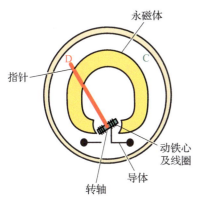

图 4-14 应用电磁原理的简易电流表

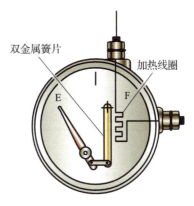

图 4-16 双金属（热力）式仪表

指针摆向更大的刻度。当产生的热量较少时,指针将移向较低的刻度。

5. 诊断

如果所有仪表都工作不正常,应从检查电路的熔丝开始。接下来在所有不正常仪表最后一个公共点上测试电压。如果没有电压,应沿朝向蓄电池的方向检查以查找故障。如果只有一个仪表不工作,应仔细检查其电路。表 4-1 列出了仪表的常见问题及其可能的原因。

表 4-1 仪表常见问题及其可能的原因

现象	可能的原因
一个或所有仪表从低或高的读数到正常读数之间波动	接地不良 电阻过高 连接不良 步进电动机故障 发送单元故障 印制电路板有缺陷
一个或所有仪表读数高	仪表电压故障 调节器 印制电路板短路 发送单元故障 发送单元对地短路 电路 仪表故障 发送单元接地不良
一个或所有仪表读数低	仪表电压故障 调节器 发送单元接地不良 使用的灯泡不正确 连接不当 倒车灯开关触点故障
一个或所有仪表没有读数	熔丝熔断 印制电路板中开路 仪表故障 步进电动机故障 公共接地连接不良 发送单元电路中开路 发送单元故障 仪表电压故障 调节器 至仪表组的电气连接不良 发送单元电路短路

> ⚠ **警告** 许多仪表和警告设备都连接到车身控制模块和多路传输网络。在对仪表或警告系统进行故障排除之前,应先检查维护信息以便确定任何特殊程序或注意事项。

4.3 电子组合仪表

仪表板上的许多显示器都是通过用于控制车辆动力总成和其他系统的相同传感器来控制的。这些来自各种传感器的信号是多路传输系统的一部分,其中每个输入都被许多系统使用。输入信号的信息发送由车身控制模块(BCM)负责。

BCM 还具有在仪表板上运行诊断检查的能力。如果任何输入或输出信号超出正常范围,BCM 将设置诊断故障码(DTC)。这类 DTC 通常是用诊断仪来检索的。

大多数仪表板的显示模块都具有自诊断模式。这种模式可使模块隔离出组合仪表中的故障。当启动这个测试后,将检查所有部件和电路并显示检查结果(表 4-2)。如果自诊断测试不能运行一个完整的检查,则通常可能需要更换该显示模块。

表 4-2 系统在自诊断模式时会显示某些读数以显示仪表状态

仪表	显示内容 1	显示内容 2
机油压力表	机油压力传感器输入短路会点亮仪表中顶部的 2 个条带和底部的 2 条带并熄灭 I 机油的 SO 符号	机油压力低的警告或机油压力传感器输入开路会点亮仪表中底部的条带并闪烁机油的 ISO 符号
温度表	发动机温度传感器输入短路会点亮仪表中顶部的 2 个条带和底部的 2 个条带并熄灭水温的 ISO 符号	发动机温度低的指示或发动机温度传感器输入开路会点亮仪表底部的条带和 ISO 符号
燃油表	燃油液位传感器输入短路或开点会点亮仪表顶部的 2 个条带和底部的 2 个条带并熄灭燃油的 ISO 符号	燃油液位传感器输入短路或开路将在驾驶员信息中心显示 "CS"(短路)或 "CO"(开路)

（续）

仪表	显示内容 1	显示内容 2
里程表	**55 ERROR** 里程表故障将在里程表显示屏上显示 ERROR（错误）	
燃油计算机	**FFS** 燃油流量信号短路或开路将在驾驶员信息中心显示 FFS	

显示验证。几乎所有电子仪表板都有一个显示验证模式。当每次打开点火开关时都会进入该模式。在此模式下，仪表的所有应显示部分都会点亮，并随即熄灭（图4-17）。然后显示应该恢复正常状态。如果仪表板没有点亮，应检查对仪表板的供电和接地。如果供电和接地都是正常的，应更换该组合仪表。如果仅是某些部分或条段不亮，也应更换该组合仪表。

图 4-17 电子组合仪表的所有显示部分在显示验证中都应点亮

大多数组合仪表是车载网络中的一个模块。与任何模块一样，一些问题可能需要更新软件或闪存以纠正这些问题。在更换组合仪表之前，应检查维修信息和用于软件更新而发布的软件信息。如果更换了组合仪表，需要对其进行编程。在大多数情况下，车辆的 VIN 会被写入新的组合仪表。这将锁定该组合仪表，并且不允许删除已写入的 VIN 和用新的 VIN 重新编程。

4.4 基本信息仪表诊断

表 4-3 列出了仪表板的一些常见问题及其可能的原因。

1. 一般诊断和测试

诊断应从认真地目视检查电路开始。检查所有传感器和执行器是否有物理性的损坏。检查与传感器、执行器、控制模块和接地点的所有连接。检查连接线路是否有烧损、摩擦点、被挤压的痕迹，是否接触锋利的边缘或热的排气部件。完成目视检查后，使用诊断仪检索所有 DTC（表 4-4）并根据需要监测数据流。许多系统支持用诊断仪测试仪表和警告灯的工作状况。在开始诊断电路之前，应始终参考制造商推荐的诊断流程。

表 4-3 仪表板常见问题及其可能的原因

现象	可能的原因
数字显示不亮	熔丝熔断 电源和接地电路无效 仪表板故障
车速表读到错误车速	车速表故障 车速传感器上的齿轮错误 轮胎尺寸错误
车速表读到的车速始终是零	连接线路错误 仪表板不工作
里程表显示错误	里程表不工作 仪表板中的存储模块 仪表盘
燃油表的显示不稳定	燃料表发送器黏滞或不起作用 电路故障 燃油表不工作
燃油表不能显示 FULL（满）或 EMPTY（空）	燃料表发送器黏滞或失效
燃油表仅显示其顶部和底部的两个条带	电路开路或短路
燃油计算机显示 CS（短路）或 CO（开路）	燃油表发送器短路或开路 仪表板不工作
信息中心的燃油经济性功能不稳定或不起作用	燃油流量信号失效 连接线路错误 仪表板不工作
显示段多余或缺失	仪表板不工作
水温表只显示其顶部和底部的两个条带	电路短路 冷却液温度传感器失效 仪表板不工作

表 4-4 仪表板 DTC 的示例

DTC	描述
B1500	检测到燃油液面发送器电路开路
U0100	与 ECM/PCM 通信缺失
U0142	与主 PCM 通信缺失

2. 车速表

在过去，车速表是一种非电气的或机械式仪表。它有一根连接到变速器中一个齿轮上的软轴，它转动仪表上杯形金属零件内的一块磁体。该杯形零件与指针连接，指针用游丝弹簧（一种细的金属丝弹簧）保持在零点。当软轴随转速增加而更快地旋转时，磁力作用在杯形零件上并强迫其移动。其结果是指针在速度刻度上上下移动。

电子车速表被用在所有新型的车辆上。虽然有一些系统也在使用其他方式获得速度信息，但最常见的一种类型是从防抱死制动系统（Antilocked Braking System，ABS）或从变速器上安装的车速传感器（Vehicle Speed Sensor，VSS）来接收速度信息的（图4-18）。速度传感器可能是永磁式（Permanent Magnet，PM）信号发生器、霍尔效应开关或光学传感器。VSS监测变速器输出轴的转速。传感器的输出信号根据转速改变AC信号的频率和振幅。该信号被发送到计算机控制系统，它在那里被解析并用于控制车速表上的读数。车辆上的其他模块也使用该车速信号，包括速度控制模块、乘坐舒适性控制模块、发动机控制模块以及其他模块。

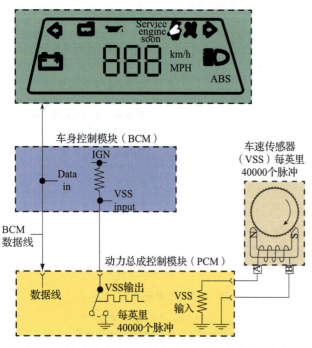

图4-18 组合仪表的车速表接收来自BCM的指令，BCM和PCM共享VSS信号

车速是通过将输入脉冲频率（Hz）除以每英里2.2Hz来确定的。该电路被校准以保证指针可移动到与速度输入频率成比例的位置。无论车辆前进还是后退，都会显示车速。许多新型的车辆不再使用单独的车速传感器，而是用ABS轮速传感器的输出来确定车速。

大多数数字式车速表都有速度限制。如果车速超过限值，车速表将显示在其范围的上限。

（1）里程表 机械式里程表是用机械式车速表的同一机构驱动的。里程表的计数滚轮是齿轮传动的，因此当任何一个计数滚轮转完一整圈时，在其左侧的计数滚轮将转动1/10圈。

电子式里程表从VSS接收所用的信息。对应于每40000个来自车速传感器的脉冲，单行程和总里程表都将增加1mile。在某些系统中，使用步进电动机驱动里程表（图4-19）。该电动机接收来自PCM的信号并使里程表按步节移动。

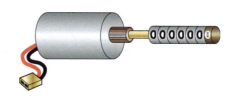

图4-19 步进电动机控制里程表计数滚轮的转动

里程表显示七位数字，最后一位数字为一个计量单位（1mile或1km）的十分之一。数显里程表的累计里程值存储在非易失性电子可擦除编程只读存储器（EEPROM）中，即使断开蓄电池，该存储器也能保留里程数。

由于里程表记录车辆已经行驶的英里数或千米数，因此，联邦法律要求，如果更换车速表，新的里程表必须设置到旧里程表上已显示的相同里程数。随着电子里程表显示器的使用，里程表的读数通常存储在多个模块中。这可使更换PCM或仪表板后仍能显示正确的里程数。

（2）单行程里程表 单行程里程表是标准里程表的一部分。它记录一个旅程中行驶的距离。驾驶员启用该仪表并可在驾驶员希望的任何时候将其重置为零。

（3）诊断 如果车速表或里程表不工作，在做任何操作之前，应先检查VSS（图4-20）的工作状况。可以使用诊断仪、示波器和 DMM 检查 VSS。VSS 不良也可以导致车速表读数不稳定。

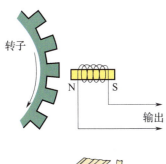

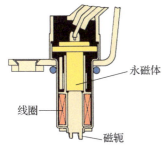

图 4-20 车速传感器（VSS）

连接诊断仪并查看车速传感器的数据。快速转动轮胎或路试车辆来检查传感器的输出。如果 VSS 的信号正确但车速表不显示读数，则使用诊断仪指令控制车速表进行自检。如果车速表没有反应，则很可能需要更换该组合仪表。也可以将示波器或电压表连接到该电路上并用小螺丝刀拨动 VSS。如果电压表读数变化，则可能是电路的连接线有问题。如果电压表读数没有变化，则 VSS 或相关的连接线有故障。

如果传感器工作良好，则检查从传感器到仪表的连接线。如果所有检查已完成还有问题，则更换车速表/里程表总成。

▶ 参见

有关检查车速传感器（VSS）的详细信息参见《汽车发动机检修技术（原书第 7 版）》第 9 章。

3. 机油压力表

机油压力表显示发动机机油压力。当发动机以规定的转速和工作温度运转时，发动机的机油压力通常应在 45~70psi（约 310~482kPa）之间。

在机油压力低（或发动机熄火）时，机油压力开关断开，因此没有电流流过仪表绕组。指针将指向低（L）的位置。当机油压力高于特定限值时，该压力开关闭合，电流通过仪表绕组接地。一个电阻器限制了通过绕组的电流，并确保指针在正常机油压力时指向大约中间的刻度。

压阻型传感器（图 4-21）被拧入发动机中的机油输送通道中。机油的压力导致柔性膜片移动。这个运动被传给触点臂，它向下滑动电阻器。臂的位置决定了流过仪表的电流大小。

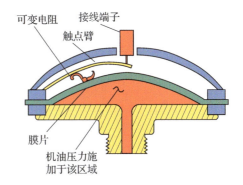

图 4-21 用于测量发动机机油压力的压阻型传感器

诊断：为了测试压阻型发送单元，将欧姆表连接在发送单元的端子和接地之间（图 4-22）。在发动机关闭时检查发送单元的电阻并将其与规范值比较。然后起动发动机并使其以怠速运转。检查此时的电阻值并将其与规范值比较。在更换发送单元之前，连接一个车间用的机油压力表以确认发动机可产生足够的机油压力。

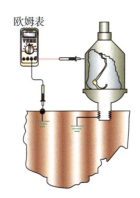

图 4-22 使用欧姆表测试压阻型传感器

4. 冷却液温度表

冷却液温度表显示发动机的冷却液温度（Engine Coolant Temperature，ECT）。它显示 C（冷）和 H（热）之间的温度读数。发送单元通常是一个负温度系数（Negative Temperature

Coefficient，NTC）的热敏电阻。在冷却液温度低时，传感器的电阻高，因而流向温度表绕组的电流小（图4-23），仪表指针指向 C。当冷却液温度升高时，发送器的电阻降低，因而电流增加，指针移向 H。

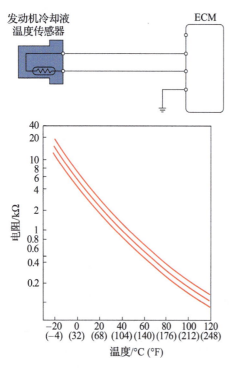

图 4-23 大多数发动机冷却液温度传感器使用 NTC 热敏电阻，其阻值随温度升高而降低

在数字式仪表板上，温度表通常是带有许多条带的柱形。当冷却液温度较低时，少量条带点亮。随着冷却液温度升高，点亮的条带数量增加。

根据车辆的不同，有的车辆中可能有不止一个冷却液温度传感器。一个传感器可能专用于冷却液温度表，而第二个传感器被 PCM 用来监测冷却液温度和控制冷却风扇的工作。在尝试诊断温度表的问题之前，应确保已正确识别到温度表所用的传感器。

诊断： 为了测试冷却液温度的发送单元，使用欧姆表测量该发送单元两端子之间的电阻值（图4-24）。NTC 热敏电阻的电阻值随温度升高而降低。将测量结果与制造商的规范值比较。在大多数新型车辆上，可以用诊断仪监测 ECT 的情况。

5. 燃油量表

燃油量表显示燃油箱中的燃油液面或燃油量。显示可以用模拟方式（仪表）或数字方式（条带）显示。几乎所有燃油量表的电路都使用相同类型的燃油箱发送单元。

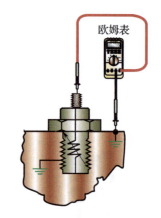

图 4-24 用欧姆表测量温度传感器

燃油液面发送单元与燃油泵组合在一起，并包含一个由浮子控制的可变电阻器，浮子根据燃油箱中燃油的液面确定自己的位置（图4-25）。当燃油的液面低时，发送器的电阻高，仪表的指针移动量或点亮的条带数较少（从空的位置起）。当燃油的液面高时，发送器的电阻低，仪表指针的移动量（从空的位置起）或数字显示上点亮的条带数较多。

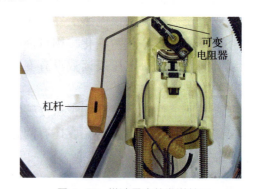

图 4-25 燃油量表的发送单元

在一些燃油量仪表系统中，使用一个防晃动/燃油量不足警示（Low Fuel Warning，LFW）模块来减少燃油箱中燃油的晃动所引起的燃油量表指针波动，并在燃油箱内油量在满箱的 1/16～1/8 时提供燃油不足的警示。

6. 转速表

转速表显示发动机的转速（r/min）。给转速表的电脉冲通常来自点火模块或 PCM。使用平衡线圈式仪表的转速表将这些脉冲转换为可读的转速值（r/min）。发动机转动越快，来自线圈的脉冲数就越多，因此，显示的发动机速度就越高。在配备数字式转速表的车辆中，条带系统与数字段一起使用。每个数字乘以1000即为发动机的转速。

如果转速表从数据总线接收信号，应使用诊断仪查看该信号是否正在正确发送。如果信号发送正确，则问题出在转速表或组合仪表上。

7. 充电仪表

充电仪表可使驾驶员监视充电系统。一些较旧的车型使用电流表，而大多数充电系统仪表都使用一个电压表或一个指示灯。当来自充电系统的电压低于蓄电池电压时，指示灯将点亮。如果充电系统出现故障，发动机控制模块（ECM）会指令点亮充电系统的警告灯或显示一个信息。在诊断充电系统问题或警告灯点亮的问题时，连接诊断仪检查是否有DTC。

 参见

有关充电系统的详细信息参见本书第2章。

4.5 指示和警示装置

大多数车辆都会配备一些警示装置提醒驾驶员车辆出现了问题。其中大部分是与安全或排放相关的。这些装置都由简单的on/off开关式发送单元控制。发送单元可以是常开或常闭式开关。警告灯告知驾驶员该系统中的某些功能不正常或存在必须纠正的问题。对于某些系统的问题，可能除点亮警告灯外，系统还会发出可听到的警示音。仪表和警告灯通常一起工作，以提醒驾驶员出现了问题。

指示灯告知驾驶员的通常是常闭的某些功能现在已开启或关闭。例如后风窗玻璃除雾器，当它被启用时，指示灯点亮。另一个例子是牵引力控制，该系统通常是开启的，当被关闭时，其指示灯点亮。

1. 诊断

发动机刚被起动时，警告灯会短暂点亮，这是一次对灯泡检查（图4-26）。不太可能所有灯泡都是坏的，所以如果一个灯泡在灯泡检查期间不亮，应检查其电路的熔丝。如果熔丝没有问题，接着在最后一个公共连接点检查是否有电压。如果没有，应沿着该电路朝蓄电池的方向检查所有可触及的接点是否有电压。如果在公共连接处有电压，则测试每个电路分支。

图4-26 大多数警示和指示灯在打开点火开关时都会进行灯泡检查

拔下至发送单元的电气插接器会使警告灯点亮或熄灭，这取决于发送单元是常闭式的还是常开式的。如果将断开的连接线短暂接地，情况也是如此。如果一个灯泡没有按照应有方式做出响应，应仔细检查其电路。如果灯泡响应正常，则应更换其发送单元。

计算机控制的警告灯可用诊断仪诊断。诊断仪可用来强迫一个灯泡点亮。如果该灯泡在指令点亮时不亮，则可能灯泡、电路板或仪表板模块不良。如果灯泡点亮，则应检查至组合仪表的信号。表4-5给出了警告灯的常见问题及其可能的原因。

表4-5 警告灯的常见问题及其可能的原因

现象	可能的原因
警告灯一直点亮	发送单元电路接地 发送单元开关故障
警告灯间歇性不工作	发送单元电路连接松动 发送单元故障
一个或所有警告灯不工作	熔丝熔断 灯泡烧毁 电路开路 发送单元开关有问题

⚠ **警告** 注意当今车辆上的许多警告灯和指示灯都是由 PCM 或 BCM 触发的。它们通常是多路传输系统的一部分。考虑到这一点，在测试这些系统之前，始终应参考制造商推荐的测试方法。在计算机化的系统上使用传统的测试方法可能会损坏系统的一部分或整个系统。

2. 与发动机相关的警告和指示灯

（1）检查发动机灯 检查发动机灯也可能被显示为"立即维修发动机（Service Engine Soon）"（图 4-27）。该警告灯是一个主要与排放相关的警告灯。如果出现将导致车辆产生较高排放的情况，PCM 将显示此警示信息。该警示也可能由机油压力或冷却液温度触发。当计算机在其存储器中存储了一个故障或 DTC 时，可能会点亮该警告灯。

图 4-27 典型的"立即维修发动机"警告灯

（2）机油压力灯 机油压力灯由位于发动机润滑系统中的机油压力开关控制。有些车辆会以黄色或红色来点亮该灯以提示驾驶员应采取的行动，红色意味着发动机机油压力有问题，应关闭发动机，而黄色表示机油液面低，应尽快补充。

（3）充电指示灯 如果充电系统出现问题，充电指示灯在发动机运转时会点亮。在某些情况下，该灯可能在发动机关闭后仍然保持点亮，这也表明充电系统有故障。

（4）检查加注口盖 当汽油加注口盖未拧紧或脱落，以及发动机控制系统检测到燃油系统有问题时，该灯将被点亮。

（5）添加冷却液灯 添加冷却液灯的目的是告知驾驶员冷却系统中的冷却液液面低。

3. 电子节气门控制灯

配备电子节气门控制的发动机有一个警告灯，当检测到该系统中有故障时将会点亮。如果发生这种情况，作为安全防范措施，通常会限制发动机和车辆的速度。这种受限的运转提供一种"跛行"功能，以使车辆能开到维修厂。

4. 与安全相关的警告和指示灯

（1）电动转向故障灯 如果电动转向辅助系统出现故障，将点亮该灯。由于转向仍然与转向机存在机械连接，因此仍可保持转向控制，但动力转向辅助将被减小或完全没有。

（2）气囊（SRS）就绪灯 气囊就绪灯让驾驶员知道气囊系统正起作用并且其功能已准备就绪。打开点火开关时，它会短暂点亮。气囊系统中的故障将会使该警告灯一直点亮或闪烁。

（3）乘客侧或侧面气囊关闭灯 有些车辆有一个乘客侧或侧面气囊关闭指示灯，用于提醒驾驶员乘客侧的气囊或侧面碰撞气囊被停用。这通常发生在乘客侧座椅上出现质量不足的物体时。当座椅中的乘员检测系统识别到该物体质量不够一个成年人的质量时将停用此气囊。

（4）系好安全带警告灯 系好安全带警告灯在驾驶员和/或乘客未系好安全带时会点亮（图 4-28），通常还会伴有谐音。谐音和指示灯会一直点亮直到安全带系好。当点火开关处于 ON 位置时，无论驾驶员安全带是否扣好，该系统将被激活约 5s。

图 4-28 典型的"系好安全带"警告灯

（5）制动警告灯 当制动警告灯点亮时，它表示驻车制动器已启用或制动系统有问题。为加拿大生产的车辆可能有一个单独的警告灯，它用来表示驻车制动器已被启用。

（6）制动液液面警告灯 制动液液面警告灯与制动液储液罐中制动液的液面传感器相连接。如果制动液降到低于规定的液面，传感器被激活并在发动机运行时点亮该指示灯。

（7）防抱死警告灯　如果防抱死制动系统出现故障，防抱死制动模块将使指示灯的电路接地，从而点亮防抱死警告灯（图4-29）。为加拿大生产的车辆在其警告灯上会有不同的符号。

图4-29　典型的"制动和ABS"警告灯

（8）牵引力/稳定性控制灯　牵引力/稳定性控制灯通常与ABS警告灯同时用来表示牵引或稳定性控制系统中有故障。ABS故障，例如轮速传感器故障，将同时点亮ABS和牵引力/稳定性控制警告灯。当该系统被关闭时，还会点亮红色的警告灯。当系统主动调节驱动转矩和制动力时，会点亮黄色的警告灯。

（9）制动摩擦块指示灯　当车轮制动装置上的传感器感知到制动摩擦块过薄时，将点亮此指示灯。该传感器通常被嵌入摩擦块中，因此，当它们接触到金属的制动盘时，会接通警告灯的电路，从而点亮该警告灯。

（10）车灯熄灭警告灯　车灯熄灭警示模块是一种电子装置，它被设计成可测量电压的微小变化。在灯泡熄灭时，模块中的一个电子开关闭合以接通该警告灯的接地电路。该系统能够在多灯泡系统中检测出一个灯泡熄灭的关键是它使用了特殊的电阻线。在灯泡工作的情况下，该电阻线向车灯熄灭警示模块提供0.5V的输入。如果特定系统中的一个灯泡熄灭，来自该电阻线的输入将下降到0.25V左右。车灯熄灭警示模块检测到这个差异并接通该受影响电路警告灯的接地路径。

（11）停车灯警告灯　停车灯警告灯由停车灯（制动灯）检查器控制。该检查器有一个簧片开关和两个电磁线圈。当制动灯开关接通时，流经每个灯的电流都会围绕其线圈形成磁场。由于这两个线圈缠绕方向相反，因此它们的磁场相互抵消，导致簧片开关和警告灯是未接通的。如果一个制动灯失效，电流仅流过一个线圈，产生的磁场使簧片开关闭合，并在踏下制动踏板时，点亮该警告灯。

5. 驾驶员信息警告和指示灯

（1）盲点监测、倒车和车道偏离警示信息　盲点监测和车道偏离警示系统的应用在当前的汽车上已日益普遍。这些系统一般结合视觉、听觉等警示使用，例如后视镜中的闪烁灯光、仪表板或驾驶员信息中心（DIC）上显示的来自摄像头的视频、可听见的声音警报或座椅振动。这些警示用来告知驾驶员在传感器视野范围内检测到一个物体。

（2）燃油量不足警告灯　当燃油液面低于满箱的1/4时，将点亮此灯。一个电子开关闭合，为点亮该灯提供电源。

（3）维护提示灯　维护提示灯点亮以提醒驾驶员需要对车辆进行维护（图4-30）。该灯是根据计算来控制的，它综合考虑了自上次维护以来的行驶里程以及行驶和操作情况。在一些较旧的系统上，仅使用行驶里程来决定下一次的维护时间。这不是一个警示信息，而仅是一个提示。如果车辆在规定的时间间隔内完成了维护，该灯一般会在汽车起动后点亮2s左右。通常所需的维护是更换发动机机油。该指示器的名称在许多车辆上会含有"oil（机油）"一词。当该灯在规定的里程内未被重置时，则在发动机起动后将闪烁。如果在大约两次的建议里程内未进行维护，则该灯将一直点亮直到它被重置。重置此提示灯的步骤随制造商不同而不同。

图4-30　仪表上的小扳手表示维护时间已到

（4）变速器指示灯　变速器指示灯是自动变速器控制系统的一部分。如果系统检测到故障，它可能在失效-保护模式下运行变速器并点亮该警告灯以告知驾驶员出现了问题，并警告驾驶员该变速器可能无法正常工作。

（5）驱动模式指示灯　一些四轮驱动的车辆有一个驱动模式指示灯，当它点亮时表示车辆处于四轮驱动模式中。

（6）O/D 停用指示灯　当驾驶员关闭了自动变速器的超速档功能时，此灯点亮。

（7）Eco（经济模式）指示灯　为了帮助驾驶员节省燃油，一些车辆有一个 Eco 指示灯或显示。根据车型的不同，当以一种比其他驾驶方式更省油的方式驾驶时，该灯会点亮。某些车辆可能会显示树叶或类似的图案，它们会随着行驶效率的提高而增长。

（8）后除霜指示灯　当该灯点亮时，表示除霜或除冰装置正在工作。

（9）远光灯指示灯　当打开前照灯且灯光主开关的变光开关处在远光灯位置时，该指示灯点亮。

（10）左转向和右转向指示灯　当多功能开关处于左转向或右转向位置时，电压施加给电路以点亮左转向或右转向指示灯。该转向指示灯与外部转向信号灯同步闪烁。

（11）雾灯指示灯　当打开雾灯时，该灯点亮。

（12）轮胎压力监测器警告灯　当发现轮胎充气不足或漏气时，将点亮轮胎压力监测器（Tire Pressure Monitor，TPM）警告灯。某些系统会以红色或黄色点亮这个指示灯。红色表示轮胎气压过低或漏气，而黄色表示轮胎气压低（图4-31）。一些系统还会发出声响以提醒驾驶员。要想使 TPM 警告灯熄灭，应始终遵循制造商要求的步骤。

图 4-31　TPM 警告灯用车辆外轮廓图形显示右侧轮胎压力有问题

> 参见
>
> 有关 TPM 的详细信息参见《汽车底盘检修技术（原书第7版）》第9章。

（13）巡航控制指示灯　只要打开巡航控制功能，就会点亮该指示灯。

（14）空气悬架指示灯　空气悬架指示灯上始终存在电压。如果空气悬架存在故障，则该指示灯电路的接地线路将会闭合，使该指示灯点亮。

（15）车门未关好警告灯　车门未关好警告灯在点火开关打开且车门处于打开或半开状态时被点亮。

（16）添加洗涤液指示灯　添加洗涤液指示灯的目的是告知驾驶员风窗玻璃洗涤液储液罐中的液面低。

6. 声响警示装置

声响警示装置包括蜂鸣器、谐音和语音合成器等各类音频发生器，用来让驾驶员知道车辆当前的工作状况。这些警示会包括系好安全带、气囊控制、钥匙留在点火开关中、车门未关好和车灯仍点亮等内容。

驻车距离控制（Park Distance Control，PDC）功能使用传感器测量车辆前部/后部与物体之间的距离（图4-32）。听觉信号的频率随着车辆与物体间的距离而变化。当车辆和物体之间距离减小时，声调之间的间隔变短。当物体非常接近时，将发出连续的声调。该系统使用位于车辆后部和前部的四个超声波传感器。除了听觉的警示之外，一些系统还包含与障碍物距离的视觉指示。

图 4-32　这些传感器测量汽车后部与障碍物间的距离并触发车辆内部的警示系统

一些系统允许在特定情况下人工关闭车辆前部的传感器，例如停停走走的交通状况。当变速器置于倒档时，后部的传感器将自动启动。

4.6 驾驶员信息中心

各种仪表、警示装置和舒适性控制器可以组合到一个驾驶员信息中心或组合仪表中。这可能是一个简单的或包罗万象的信息群集。该信息中心让驾驶员获得可用的警示信息。此信息的类型和内容因系统而异。

除了标准的警示信号之外，信息中心还可以提供其他重要数据，例如剩余燃油的行驶距离、平均或瞬时的燃油经济性、自重置后使用了的燃油量、时间、日期、预计到达时间（Estimated Time of Arrival，ETA）、到目的地的距离、自重置后过去的时间、平均车速、机油寿命剩余的百分比以及发动机运转的各种参数。

1. 图形显示

图形显示是一个半透明的车辆图形。它们使用位于图形中不同位置的小灯泡。当一个灯泡点亮时，表示该灯泡指示的区域有问题。这些指示器可以指出诸如行李舱打开或某个车灯不工作的情况。

2. 混合动力汽车的信息显示

混合动力汽车有一些独特并引人关注的警示信息、指示器和显示器。这类车辆也会有发动机和其他系统的标准显示器。下面简要介绍一下这些车辆所具有的独特之处。

▶ 参见

有关混合动力汽车的更多信息参见《汽车维修技术基础（原书第7版）》第10章。

（1）本田　大多数本田混合动力汽车的仪表板除显示汽油发动机典型工况外，还可以显示IMA混合动力系统的运行情况和燃油效率。此外，在配备手动变速器的车辆上，其仪表板还有升档和降档指示灯，它们由PCM触发以提示驾驶员最省油的换档时刻。

仪表板上有一个显示高压蓄电池和IMA系统状态的仪表（图4-33）。一个充电/辅助指示装置显示系统的电动机在什么时候辅助发动机。辅助的程度用条带表示。点亮的条带数量表示正在提供多大的辅助。同样的显示还反映了给高压蓄电池的充电量。当有更多条带点亮时，表示蓄电池正以较高的速率充电。组合仪表的这一侧还有一个蓄电池模块荷电状态的指示装置。整个组合仪表设计的目的是帮助驾驶员实现最大的燃油经济性。

图4-33　本田混合动力汽车的组合仪表中有一个显示高压蓄电池和IMA系统状态的仪表

（2）丰田　大多数丰田混合动力汽车的中央仪表板都有一个多信息显示器。这个带有压感触摸屏的7英寸显示器可用于多种功能。其中的许多功能是普通的，但有些是混合动力技术所独有的。一个是燃油消耗的界面。此界面展示出平均的燃料消耗量、当前的燃料消耗量和当前回收的能量数量。

另一个独特的界面是能量监测界面（图4-34）。它可以实时显示能量流过该系统的方向和路径。通过观察这个显示，驾驶员可以改变他们的驾驶方式以实现系统在当前条件下的最高效率运行。

像其他车辆一样，这些车辆配备了各种警告灯和指示灯。以下是一些独特的指示灯：

1)"就绪"指示灯：当点火开关转到START（起动）位置时，该灯点亮，它表示该车已准备好行驶。发动机此时可能在运转，或虽未运转但已准备好必要时起动。

图 4-34 丰田普锐斯（Prius）能量监测界面

2）输出控制警告灯：当高压蓄电池（HV）的温度过高或过低时，该灯点亮。当该灯点亮时，表示已限制了系统的功率输出。

3）高压蓄电池警告灯：当高压蓄电池的电量过低时，该灯点亮。

4）混合动力系统警告灯：当 HV 控制单元检测到电动机/发电机、逆变器总成、高压蓄电池包、电子控制单元（ECU）本身有问题时，该灯点亮。

5）故障指示灯：该灯与发动机控制系统捆绑在一起，并在 PCM 检测到该控制系统内有故障时点亮。

6）放电警告灯：该灯与 12V 系统和 DC/DC 变换器捆绑在一起。当该电路有问题时，它将点亮。

混合动力四轮驱动的 SUV 会显示更多信息，并包括四轮驱动选项的指示灯。后者的状态是通过一个四轮驱动指示灯来观察的，它告知驾驶员在电动机/发电机－后桥（Motor/Generator-Rear，MGR）和后变速驱动桥内检测到的任何故障。当该灯点亮时，警示蜂鸣器也会被启用。

> **车间提示**
>
> 混合动力汽车的起动与驱动是不同的概念。当汽车已准备好被驱动时，发动机可能没有运转，但此时"就绪"指示灯会点亮，这意味着电动机已准备好驱动车辆。如果"就绪"指示灯不亮，将不可能驱动车辆。

4.7 总结

- 仪表板显示器的两种基本类型是模拟式和数字式。在模拟式显示器中，指针在固定的刻度前移动以指示状态。数字式显示器使用数字代替指针或图形符号。
- 当前使用的三种数字式电子显示器类型：发光二极管、液晶二极管和真空荧光灯。
- 抬头显示通过真空荧光光源将视觉图像投射在风窗玻璃上，以补充现有的传统仪表板。
- 一个仪表电路通常由其仪表、一个发送单元和一个仪表电压调节器（IVR）组成。
- 磁力式和热敏式这两类电动模拟仪表通常与传感器或发送单元一起使用。
- 指示灯和警示装置通常由开关的闭合来激活。
- 包括蜂鸣器、谐音和语音合成器的各种类型的音频发生器被用于告知驾驶员车辆的状况。
- 驻车距离控制使用传感器来测量车辆前部/后部与物体之间的距离，当车辆接近物体时发出听觉警示音。
- 各种仪表、警示装置和舒适性控制器可以

3C：问题（Concern）、原因（Cause）、纠正（Correction）

维修工单					
年份：2007	制造商：丰田	车型：FJ Cruiser		里程：133502mile	RO：17899
问题：	客户表示燃油量表的读数总是低于燃油量已空的值。				
技师验证了此问题，并随后查阅了该电路如何工作的维护信息。燃油液面发送单元中较高的电阻意味着较低的燃油液面，而较低的电阻对应于较高的燃油液面。由于该燃油量表的读数为空，因此怀疑燃油箱或发送单元处存在电阻方面的问题。					
原因：	发现燃油量表始终低于空的位置。检查燃油液面发送单元的连接并测量了发送单元的电阻值。确定被测试的发送单元开路。				
纠正：	更换了燃油液面发送单元。燃油量表现在可读取到正确的燃油量。				

组合在一个驾驶员信息中心或仪表板中。

• 仪表、指示器和警告灯的诊断应从对电路进行认真的目视检查开始。检查所有的传感器和执行器，到传感器、执行器、控制模块和接地点的连接和线路，以及所有真空软管。

4.8 复习题

1. 思考题

1）IVR 的作用是什么？
2）空芯式仪表是如何工作的？
3）给车速表提供输入的两种方式是什么？
4）两种类型的仪表板显示器都是什么？
5）某些燃油箱中的什么装置可以防止因粗糙路面导致的燃油量表波动？
6）检查冷却液温度传感器的正确方法是什么？
7）通常使用什么类型的发送单元来监测机油压力？
8）指示灯和警告灯的主要区别是什么？

2. 判断题

1）驾驶员信息中心将指示灯和警告灯投射在风窗玻璃上，而不是在仪表板上点亮它们。对还是错？（　　）
2）每当系统主动调节驱动转矩和制动力时，ABS 灯就会点亮。对还是错？（　　）

3. 单选题

1）车速表上的指针通过（　　）被保持在零位。
　A. 磁力　　　　　　B. 指针的重量
　C. 车速表软轴　　　D. 游丝
2）以下哪种仪表使用一个永磁体和两个电磁体。（　　）
　A. 空芯式仪表
　B. 平衡线圈式仪表
　C. 石英式模拟仪表
　D. 达松伐耳（D'Arsonval）式仪表
3）哪种类型的存储器用于存储电子里程表中的累计里程？（　　）
　A. RAM　　　　　　B. ROM
　C. PROM　　　　　 D. 以上都不是
4）下列哪个关于车灯熄灭警告灯的说法是不正确的？（　　）
　A. 车灯熄灭警示模块测量电压水平的微小变化
　B. 在灯泡熄灭时，模块中的电子开关接通该指示灯的接地路径
　C. 多灯泡系统中使用了一种特殊的电阻线
　D. 当灯泡烧毁时，模块检测到电压降的增加，从而点亮该警告灯
5）下列哪个关于机油压力表电路的说法是不正确的？（　　）
　A. 可以使用一个开关
　B. 可以使用一个热敏电阻
　C. 可以使用一个压阻型传感器
　D. 机油压力表可能不显示实际的机油压力

4. ASE 类型复习题

1）在讨论基于时间计算的下一次保养提醒时：技师 A 说下一次保养是基于车辆上次保养以后的驾驶类型；技师 B 说下一次保养的间隔可能仅基于上次保养后行驶的英里数或千米数。谁是正确的？（　　）
　A. 仅技师 A 正确
　B. 仅技师 B 正确
　C. 技师 A 和 B 都正确
　D. 技师 A 和 B 都不正确
2）发动机的仪表都不工作，技师 A 使用诊断仪测试仪表的运行；技师 B 从检查熔丝开始，然后在所有故障仪表的最后一个公共点上检查电压。谁是正确的？（　　）
　A. 仅技师 A 正确
　B. 仅技师 B 正确
　C. 技师 A 和 B 都正确
　D. 技师 A 和 B 都不正确
3）只要发动机运转，机油压力灯就一直点亮，但已检查过机油压力并且机油压力符合技术规格，技师 A 说指示灯和压力开关之间的电路中有接地可能是其原因；技师 B 说压力开关开路可能是其原因。谁是正确的？（　　）
　A. 仅技师 A 正确
　B. 仅技师 B 正确
　C. 技师 A 和 B 都正确

D. 技师 A 和 B 都不正确

4）数字式车速表一直显示 0 mile/h，技师 A 说问题可能在车速传感器上；技师 B 说问题可能在节气门位置传感器上。谁是正确的？（　　）
A. 仅技师 A 正确
B. 仅技师 B 正确
C. 技师 A 和 B 都正确
D. 技师 A 和 B 都不正确

5）所有仪表都工作，但读数都低于正常值，技师 A 说与组合仪表的连接可能被腐蚀了；技师 B 说该组合仪表的 IVR 可能开路了。谁是正确的？（　　）
A. 仅技师 A 正确
B. 仅技师 B 正确
C. 技师 A 和 B 都正确
D. 技师 A 和 B 都不正确

6）在测试发动机温度传感器时，技师 A 使用欧姆表测试其热敏电阻；技师 B 说热敏电阻响应空气压力，并将其施加给传感器的背面。谁是正确的？（　　）
A. 仅技师 A 正确
B. 仅技师 B 正确
C. 技师 A 和 B 都正确
D. 技师 A 和 B 都不正确

7）在发动机已经起动并运转直到变热后，冷却液温度表都停留在低（冷）的位置，技师 A 说到发送单元的线路可能短接在一起；技师 B 说发送单元可能电气上有开路。谁是正确的？（　　）

A. 仅技师 A 正确
B. 仅技师 B 正确
C. 技师 A 和 B 都正确
D. 技师 A 和 B 都不正确

8）在讨论丰田混合动力汽车的仪表时，技师 A 说在车辆能够移动前，"就绪"指示灯必须点亮；技师 B 说在"就绪"指示灯点亮之前发动机必须是在运转的。谁是正确的？（　　）
A. 仅技师 A 正确
B. 仅技师 B 正确
C. 技师 A 和 B 都正确
D. 技师 A 和 B 都不正确

9）TPM 警告灯点亮，技师 A 说其原因可能是充气气压低；技师 B 说该客户可能曾使用过轮胎密封剂来密封被刺穿的小孔。谁是正确的？（　　）
A. 仅技师 A 正确
B. 仅技师 B 正确
C. 技师 A 和 B 都正确
D. 技师 A 和 B 都不正确

10）黄色的电子节气门控制警告灯在车辆行驶中偶尔点亮，技师 A 说这意味着该系统有问题；技师 B 说当该警告灯点亮时，表示系统正在主动调节驱动转矩和发动机功率。谁是正确的？（　　）
A. 仅技师 A 正确
B. 仅技师 B 正确
C. 技师 A 和 B 都正确
D. 技师 A 和 B 都不正确

第 5 章
灯光系统

学习目标

- 能说明各种灯光系统的工作原理。
- 能描述不同类型的前照灯以及如何控制它们。
- 能解释汽车辅助灯光的作用。
- 能描述汽车各种车灯的工作原理和结构。
- 了解转向信号灯、停车灯和危险报警闪光灯的作用。
- 了解倒车灯是如何工作的。
- 能更换前照灯和其他烧坏的灯泡。
- 能说明如何校准前照灯。
- 能诊断灯光方面的问题。

3C：问题（Concern）、原因（Cause）、纠正（Correction）

维修工单				
年份：2005	制造商：福特	车型：福克斯	里程：115209mile	RO：17947
问题：	客户陈述转向信号灯工作不正常，已安装了新的灯泡，该灯仍闪烁过快。			
根据该客户的问题，应用本章所学的内容，确定该车故障的可能原因、诊断方法以及必要的维修步骤。				

灯光系统为外部和内部灯光提供电力。它由前照灯、停车灯、标志灯、尾灯、转向信号灯、危险报警闪光灯、倒车灯、制动灯、礼宾灯、座舱顶灯/地图灯、仪表照明或仪表台灯、前照灯开关和其他各种控制开关组成（图5-1）。在一些车辆上使用的其他灯，如化妆镜灯、发动机舱盖灯、杂物箱和行李舱灯，也是灯光系统的一部分。

图5-1 汽车灯光系统

5.1 汽车灯具

灯具是为某些东西提供光线或照明以使其可见的一种装置。术语"灯"也指为住宅、商业场所或室外提供光线的照明器具。最常用的灯具有白炽灯、卤素灯、高强度灯和发光二极管。

车间提示

由于灯光系统在很大程度上受到美国联邦法律的控制，所以各个制造商的灯光系统是相似的，但也有许多变化。在尝试对不熟悉的系统进行任何维修前，应始终参考制造商的维修信息。

1. 白炽灯

尽管白炽灯正在被逐步淘汰并被其他类型的光源所取代，但或许当今最常用的光源类型仍是白炽灯（图5-2）。当电流通过由钨制成的灯丝时，这类灯具产生光。灯丝被加热到某个高温，使它发红并发出光。从根本上来讲，这是电能在金属灯丝中被转化为热能。

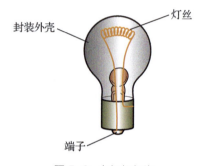

图5-2 白炽灯灯泡

灯丝被封装在一个已清除空气的玻璃泡中，因此，灯丝在真空中"发光"。如果空气进入灯泡，氧气会使灯丝氧化并烧毁。当灯丝发光时，玻璃灯泡上留下黑色的沉积物。这种沉积物的存在表明灯泡已经坏了或者只剩下很短的寿命。

白炽灯比其他类型的灯使用更多的能量来提供光。在白炽灯中，大约95%的能量消耗是通过热量损失的。如今，这些灯正被包括冷阴极荧光灯（Cold Cathode Fluorescent Lamp，CCFL）、紧凑型荧光灯（Compact Fluorescent Lamps，CFL）、发光二极管和高强度放电灯等各种灯所取代。

2. 卤素灯

卤素灯实际上是白炽灯。该灯由一根钨丝组成，钨丝被封装在一个由耐高温玻璃制成的充满卤素的灯泡里。卤素这个名字是用来识别一组与化学有关的非金属元素，如碘、氯及氟的。大多数卤素灯使用碘的蒸气。这些灯可提供更亮的光线，因为灯泡中存在卤素，所以灯丝能够在更高的温度下发光。卤素灯的另一个优点是灯丝不会像在白炽灯泡中那样分解，这是由于发热的钨丝和卤素发生反应，结果是发热产生的金属蒸气被重新沉积在灯丝上。

3. 荧光灯

和霓虹灯一样，荧光灯是一种气体放电灯。灯中所激发的气体一般都是水银蒸气。灯的外壳涂有荧光粉（图5-3）。当电流通过水银蒸气时，汞原子产生短波的紫外光，使荧光粉发出荧光，从而提供可见光。与传统白炽灯相比，使用荧光灯的优点是可使用更少的能量。但它们的购买成本较高，因为它们需要一个电子镇流器部件来调节通过灯管的电流。

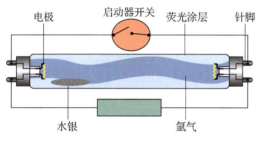

图5-3 荧光灯的结构

4. 高强度放电灯

高强度放电（High-Intensity Discharge，HID）灯与荧光灯和白炽灯相比，在同等耗电量时，它可提供更多的可见光。这是因为当其点亮时损失的热量更少。当电弧跳过在充满气体和金属盐的透明或不透明灯管内的钨丝电极时，会发出光。气体帮助电压跳过两电极之间的间隙。一旦电弧跳过该间隙，电弧的热量就会与金属盐反应并形成高度电离的气体，从而提供大量的光。气体的存在还减少了提供光所需的能量。这类灯具需要一个镇流器装置来启动并维持HID灯中的电弧。

HID灯有以下多种类型。

1）水银蒸气灯：这类灯安装在大型停车场或会议厅。像荧光灯一样，它们也需要一个镇流器来启动。旧的设计产生蓝绿色的光，但目前版本的光线几乎没有颜色。由于照明不足、能源成本和镇流器的噪声，水银蒸气灯正在被其他设计所取代。

2）钠蒸气灯：这类灯有低压和高压两种类型，两者都相当节能，而且高压的钠蒸气灯可提供更白的光照。

3）金属卤素灯：金属卤素灯和陶瓷金属卤素灯与水银蒸气灯相比，能以更低的成本和噪声发出白光。

4）氙灯：它是充满氙气的金属卤素灯。氙气几乎在电弧开始跨越灯丝电极时就立即发出光。氙灯可提供在电弧建立后立即提高亮度的光线。

5. 发光二极管

发光二极管是一种半导体，它在电流通过时发光（图5-4）。LED产生的光比热量更多，并且在尺寸上比其他类型的灯要小得多。LED的亮度取决于它的温度。当LED在低电流和低温度下工作时，会产生更多的光。另外，为了使LED提供恒定的光输出，它需要由恒流电源提供电力。恒流电源有助于使LED保持在理想的温度范围内。

图5-4 LED

LED不会像其他灯那样散发太多的热量，但会在灯总成的安装底座上产生大量热量，这个热量必须加以控制以提供稳定的光照并保护LED。使LED保持低温的要求需要使用散热片、通风系统或冷却风扇，这通常是相当昂贵的。

LED灯具通常都是以集群的方式来使用的，因为单个LED无法提供普通灯具的亮度。对于新型车辆来说，LED正成为车内灯光、制动、驻车、转向信号、日间行车灯和前照灯的首选灯具。

6. 有机发光二极管

有机发光二极管（Organic LED，OLED）是由有机（碳）化合物加上其他成分制成的。随着OLED生产成本的降低，它可能在未来会应用于汽车灯光或显示器上。OLED 显示器的刷新速度比 LCD 显示器快近 1000 倍，这使得它们更适用于仪表板、显示屏和汽车的其他应用。

5.2 前照灯

前照灯安装在车辆的前部，用以在黑暗或下雨等能见度低的情况下照亮前方的道路。前照灯的设计和结构受到技术和安全法规的影响。过去所有汽车都有两个或四个圆形或矩形的前照灯。现在的前照灯是车辆整体设计的一个组成部分（图 5-5）。

图 5-5 当前的前照灯已成为车辆外观不可分割的一部分

前照灯系统必须能提供低的和高的光束。车辆每一侧的两个光束可能是两个单独的灯具或是可发出两种光束的单个灯具提供的。低的光束是为了在有其他车辆位于本车前方或从对面方向接近本车时使用的。该低光束旨在向车辆前方提供足够的照明，同时将一些光线散射到向前光束的两侧。但因为可能会暂时使其他驾驶员目眩，所以已将能照射到其他驾驶员眼睛的光量调整到最小。低光束通常被称为"下沉"的光束（近光灯），因为它们的光束角度比起高光束更低且更偏向右侧。低光束的前照灯从正直向前的方向向下和向右偏移 0.5°~3°。

当没有其他接近的车辆和期望得到更多的照明时，应使用高光束（远光）灯。远光灯旨在使光束平行于道路表面并尽可能照亮道路。这意味着该光束可以直接射向迎面驶来的驾驶员的眼睛，使他们暂时目眩。

1. 灯芯密闭式前照灯

直到 20 世纪 80 年代后期，所有车辆都装有灯芯密闭式前照灯。这种前照灯是一个带有灯丝、反光面和透镜的气密总成。弯曲的反光面用汽化铝喷涂，并且在灯的内部通常充满了氩气。反光面强化了灯丝产生的光线，而透镜引导光线形成宽阔的扁平光束（图 5-6）。为了引导光线，玻璃透镜的表面有许多凹面的棱镜。

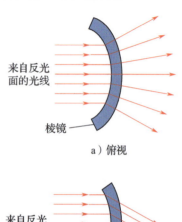

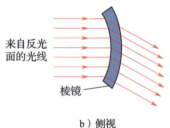

图 5-6 反光面强化了灯丝产生的光线，棱镜引导光线形成宽阔的扁平光束

有各种方法可以辨别灯芯密闭式前照灯，例如 #1、#2 和模压在前照灯透镜前部的"卤素（halogen）"或"H"标记。#1 型仅为远光灯，而且有两个电气端子。#2 型则有近光灯和远光灯，并有三个电气端子。当 #2 型切换到近光灯时，只有其中一根灯丝点亮。当选择远光灯时，除近光灯外，第二根灯丝也会点亮。

2. 卤素前照灯

卤素前照灯（图 5-7）是一个里面含有一根钨丝且充满卤素的玻璃灯泡，也被称为石英卤素的钨-卤素组合，它可以提高钨丝发出的光线。换句话说，从产生光所用的功率上考虑，钨-卤素灯可比其他灯具有更高的光通量。或许你还记得，光通量是一个光源发出的可见光总量的简单度量，以流明为单位。卤素密封的前照灯提供的灯光效果比传统灯泡高约 25%。

组合式前照灯：许多车辆都使用可更换卤素灯泡的组合式前照灯系统（图 5-8）。美国在 1983 年已经允许可更换卤素灯泡的使用，可更换卤素灯泡迅速普及。组合式前照灯使制造商可生产他们想要的任何款式的前照灯透镜。这改善了车辆的空气动力学、燃油经济性和造型。

图 5-7 插入式卤素前照灯

图 5-8 采用可更换卤素灯泡的组合前照灯

灯泡被插入组合式前照灯的壳体中。由于卤素的存在，灯丝能够承受高的温度。因此灯丝可以在更高的温度下工作并且可以发出更明亮的光。

组合式前照的壳体通常会通过通气孔来释放灯泡产生的一些热量。该通气孔会使凝结的水珠聚集在透镜总成的内部。凝结的水珠不是一个问题，它不会影响前照灯的工作。当前照灯接通时，卤素灯泡产生的热量会迅速使已凝结的水珠消散。福特公司使用集成的非通气式组合前照灯。在这类车辆上，凝结现象被认为是不正常的，应更换该总成。

⚠️ **注意** 每当更换卤素灯泡时，注意不要用手指触摸灯泡的封装玻璃。皮肤的油脂粘在灯泡上会大大缩短灯泡的使用寿命。只能握住灯泡的底座。

3. 高强度放电前照灯

（1）高强度放电（氙气）前照灯　高强度放电（HID）（氙气）前照灯通过产生并保持穿越灯泡两电极间的电弧来产生光亮（图 5-9）。该电弧激发灯泡内的气体和盐分以使电弧持续发光。这类车灯可通过它们略带蓝色的光束加以识别（图 5-10）。它们发出这种颜色的光是因为灯泡内部充满了与汞或铋混合的氙气，可以实现比其他灯泡的光线更接近自然日光。

图 5-9 HID 前照灯灯泡

图 5-10 凭借蓝色的光可很容易地识别 HID（氙气）前照灯

这种灯具使用 AC 电压，而且需要至少 30000V 的电压来跳过两电极之间的气隙。一旦电压跨越了气隙，就只需要大约 80V 的电压来保持流过该气隙的电流。

每个 HID 前照灯总成都包括一个灯泡、一个镇流器装置和启动器（点火器）（图 5-11）。点火器可以是车灯总成的一部分，也可以安装在外部（图 5-12）。镇流器装置（图 5-13）包括一个 DC/AC 变换器和一个调节电压的 ECU 以向灯泡提供逐渐的温升，并可在需要时立即重新启动。该控制单元还监测灯光系统。如果它检测到一个灯有故障，将会关闭该灯的电源以消除高电压泄漏的危险情况。

当接通该前照灯时，大约需要 15s 才能达到最大亮度。然而这种灯在其启动期间可提供远超过安全驾驶所需的足够照明。

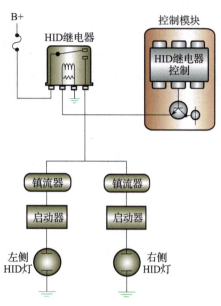

图 5-11 包括灯泡、镇流器和启动器的 HID 前照灯示意图

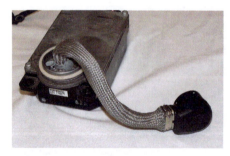

图 5-12 点火器通过电缆连接至镇流器

图 5-13 HID 镇流器

> **车间提示**
>
> 由于灯丝在前照灯内部的灯泡内，因此灯的壳体或透镜的裂缝或破碎并不妨碍灯泡工作。只要灯丝的封装没有被破坏，灯丝将继续工作。但是损坏的透镜会导致光线质量变差，所以应更换前照灯总成。

氙气前照灯用比卤素灯所产生的光更亮（两倍）和更一致的光束来照亮车辆前部和侧面的区域（图 5-14），可使夜间驾驶更为安全。这类灯的光线输出可使前照灯总成更小和更轻。氙气灯还明显地减少了热量，因为它们使用的功率比传统灯减少约三分之二，因而其使用寿命是传统灯的 2~3 倍。

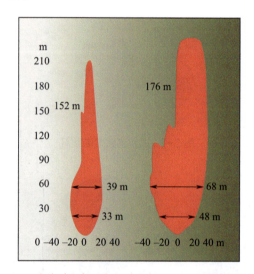

图 5-14 卤素（左）和氙气（右）前照灯光带和亮度的对比

（2）双氙气前照灯 一些车辆配备近光和远光都使用氙气灯光束的双氙气前照灯。这些车辆也可能装有卤素灯，它用于闪光 – 示意通过（超车）的功能。双氙气前照灯光束依靠步进电动机或电磁阀控制遮光板或百叶窗，从而在物理上遮挡电弧发出的整个光束的一部分。当驾驶员选择了远光灯时，百叶窗做出响应以允许前照灯投射出完整的、未被遮挡的光束。

（3）圆柱形外壳 为了提供更精确的光束带，许多制造商正在采用具有圆柱形灯泡外壳的前照灯总成（图 5-15）。这些外壳是前照灯投射光束的主要部件，它通常与 HID 灯同时使用。光束基本

图 5-15 具有圆柱形外壳的前照灯总成

上从圆柱形外壳中射出。圆柱形的目的是通过透镜投射光束，使光线向前射出且没有太多的散射（图5-16）。

图5-16 用圆柱形的灯总成将光线聚焦在指定区域

车间提示

HID灯能够提供非常好的能见度，但当驾驶员接近装有HID车灯的车辆时经常会因氙气灯的眩光或亮度而恼怒。为了消除这些问题，HID系统通常都配有自调平和清洗系统。这两项功能在欧洲是必须具备的，而且大多数在美国销售的带有HID车灯的欧洲车辆也都具备这些功能。

4. LED前照灯

目前在某些车辆上采用LED前照灯。单个LED产生的光线不足以用作前照灯。足够的前方照明需要10~20个LED（图5-17）。在前照灯中使用LED的原因有很多。

图5-17 使用HID灯泡和LED的前照灯总成

1）LED不需要真空灯泡或高压来工作。
2）基于LED的照明光源比传统照明光源所需的功率减少多达40%，因而改善了车辆的燃油经济性。
3）LED提供了比氙气灯更白的光线。
4）LED不含汞，因此与某些HID/氙气灯系统不同，它们更环保。
5）LED的平均使用寿命是车辆本身寿命的2倍，这意味着前照灯可能永远不需要更换。
6）LED可抗冲击和振动。
7）LED前照灯可减少迎面驶来的驾驶员的眩目感觉。
8）基于LED的前照灯比其他设计要薄55%以上，从而为设计师提供了更大的灵活性和自由度。

将LED技术应用到前照灯出现了一个所有半导体都会面临的共同问题，即热量。来自发动机舱和车灯后部的热量会导致车灯故障。因此，LED需要温度控制并且必须安装在阻热材料上。LED灯泡只释放很少的热量，事实上它们的透镜永远不会暖到足以融化雪和冰。因此必须在前照灯总成中并入一个透镜加热器风扇。

LED还需要精确的电流控制，这需要复杂的电子电路。尽管存在这些障碍，但LED前照灯可以为实现与前照灯有关的其他安全功能而开启一扇大门。实现自动适应实时路况的光束是可能的。这可以通过改变被上电的LED数量或通过在一组特定LED的前面放置特殊透镜来实现。

当前采用LED前照灯的车辆将数个LED用于近光光束，而为远光光束则设计了更多的LED（图5-18）。灯具的布置由希望实现的光带和前照灯总成的设计所决定。许多总成使用投影仪灯泡或透镜来引导和对准光束。

图5-18 近光和远光都使用LED灯

5. 激光前照灯

宝马（BMW）已经推出了一种激光前照灯系统，该系统实际上并不是从前照灯中发射激光，但它使用激光为车灯提供能量。蓝色激光发射出非常强的光束，它被反射到充满黄磷的透镜中。被激发的磷发射出非常强的白光，随后，在聚焦后离开反光面并射向前照灯壳体外。宝马声称该激光前照灯可将照明范围增加到车辆前方 650 yd（594 m），是 LED 远光光束范围的 2 倍。

该系统还可以与车辆的导航系统配合使用，以提前照亮拐角处并向驾驶员提示 330ft（100 m）距离以内的动物、人员和其他障碍物。传感器和摄像头用于发现迎面而来的车辆并防止激光前照灯光束直照接近的行驶车辆。

6. 日间行车灯

许多车辆为了更加安全而装有**日间行车灯**（Daytime Running Light，DRL）。该系统通常使用远光灯的电路。该控制电路直接连接到点火开关，这样每当车辆行驶时即可打开该灯。该电路有一个将蓄电池电压降低到 6V 左右的控制模块。这个降低的电压可以使远光灯以较低的强度发光以延长灯泡的使用寿命。当前照灯开关移动到前照灯（HEADLIGHT）位置时，DRL 的电路关闭，前照灯以其正常强度和亮度工作。启用了驻车制动器也会停用 DRL 系统，以确保该灯在车辆停车但发动机仍运转的情况下不会点亮。

LED DRL 系统：许多汽车现在都使用 LED 日间行车灯（图 5-19）。该灯接在一个单独的电路上，它不依靠电阻器来降低正常的前照灯电压。这意味着浪费的能量更少，从而降低了车辆的燃油消耗。据估计，这类灯消耗的功率比通常的 DRL 少 50% 以上。此外，它们占用的空间更少。

图 5-19　LED 日间行车灯

7. 辅助灯光

只有当车主感到需要在已有的照明设备外增加照明效果时，辅助照明才是技师关心的事情。尽管前照灯提供了在正常驾驶条件下足够的道路照明，但有些人想要在特殊情况下的额外照明，

例如在浓雾中驾驶。普通光线不能很好地穿透雾气。当强烈的光束照在部分雾气上时，驾驶员看到的只是眩光。为了在穿过浓雾时能提供一些光线，**雾灯**（图 5-20）被设计成可发出在雾层下面的一束平且宽的光束。因此，它们都被安装得比较低并对准和平行于路面。由于雾面往往会将光线反射给驾驶员，因此，雾灯通常采用黄色或琥珀色透镜以减少眩光引起的不适。一些车辆配有原装的雾灯，它们是正常照明电路的一部分。

图 5-20　雾灯

行车灯通常使用 H3 或 H4 石英卤素灯泡以及高质量的反光面和透镜，将强烈的、笔尖形的光束向下投射到远处的道路上。这类灯光的正确对准是极其重要的。它们用于补充远光光束，因而应与远光灯协同使用。行车灯的电路连接应能使其在远光灯关闭时被关闭。这样做的一种方法是使向其控制开关提供的电流来自远光灯电路，而不是来自任何时候都带电的电路。

> **车间提示**
>
> 在考虑了所有事情后，辅助灯是很容易安装的。在开始之前，应熟悉并遵守当地对辅助灯光的规定。这些规定可从所在地区的交通运输部门获取。此外，在校准前照灯、雾灯和行车灯时，应始终遵守当地的法律。

> **车间提示**
>
> 添加辅助灯光时，要确保发电机和连接线路强大到足以应付增加的功率需求。建议安装更高输出的发电机，特别是在还加装了其他电气附件的情况下。导线尺寸的选择应根据负载的电流而定。大多数照明灯的套件都包含一个继电器作为保护装置。使用继电器是因为这些灯（特别是卤素灯）所需的电流可能非常高。它们需要多达 25A 的电流，这并非是罕见的。

5.3 前照灯开关

前照灯是通过电源输入或接地输入控制的。前照灯的开关要么安装在仪表板上（图 5-21），要么是转向柱上多功能开关的一部分。该开关控制车辆的大部分外部灯光。大多数开关有三个位置：OFF（关闭）、PARK（驻车）和 HEADLIGHT（前照灯）。大多数车辆都有警示系统来提醒驾驶员停车灯或前照灯已点亮或驾驶员的车门是打开的。各种开关可以控制给车灯的蓄电池电压，而灯泡有固定的接地。但许多系统依靠接地侧的开关来控制前照灯。在这些系统中，前照灯上始终有电压。前照灯开关接通接地电路，从而使前照灯点亮。在这些系统中，变光开关也是一个控制接地的开关。

当前照灯开关处于 OFF 位置时，断开的触点防止蓄电池电压向车灯供电（图 5-22）或保持接地电路断开。当开关位于 PARK（驻车）位置时，接地电路接通或蓄电池电压被施加给驻车灯、侧标志灯、尾灯、牌照灯和仪表板灯。该电路通常由一个单独的熔丝保护。当开关位于 HEADLIGHT（前照灯）位置时，接地电路接通或蓄电池电压被施加给前照灯。由 PARK 位置点亮的车灯仍保持点亮。

图 5-21　前照灯开关

继电器或自复位断路器有时安装在蓄电池供电和前照灯之间。如果故障导致断路器断开，则灯将熄灭，直到断路器复位，然后灯会重新点亮。如果电路中存在严重问题，则前照灯可能会随着断路器断开-复位的循环而闪烁。有些车辆为每一侧前照灯配有单独的熔丝。这可使车辆在一侧的电路出现问题时，仍有一个前照灯工作。继电器借用一个小电流电路来接通前照灯，如果电路中有过大的电流，则该继电器将循环打开和关闭该车灯，直到问题得到纠正。

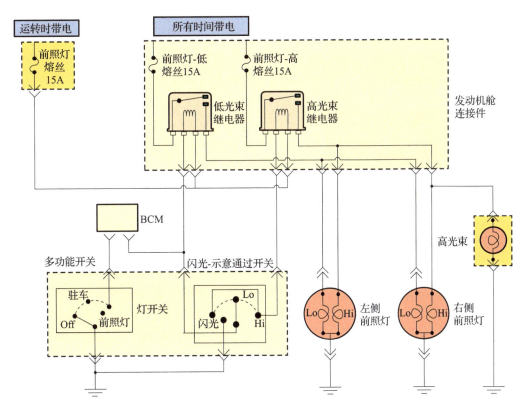

图 5-22　前照灯电路和开关示意图

前照灯开关通常作为车身控制模块（BCM）或灯光模块的一个输入。当驾驶员选择自动或近光灯的操作时，该开关接通来自 BCM 的电路，然后 BCM 直接向前照灯提供电源或接通前照灯继电器的控制电路。

只要前照灯开关处在 PARK（驻车）或 HEADLIGHT（前照灯）位置，仪表板的灯就会点亮。这些灯的亮度是可调节的。使用一个变阻器可使驾驶员来控制这些灯泡的亮度。这个控制可能是前照灯开关的一部分，这样可使驾驶员简单地旋转前照灯开关旋钮即可调节仪表板灯的亮度。大多数车辆都有对仪表板灯亮度的单独控制（图5-23），其中一些会在仪表板上显示一个亮度标尺（图5-24），以显示驾驶员在可调节的亮度范围内已调整的亮度。

图 5-23　一种仪表板灯光控制开关，它还可以复位单行程里程表

图 5-24　一些车辆在改变照明亮度时会在仪表板上显示一个亮度标尺

1. 变光开关

变光开关为驾驶员提供了一种在远光灯和近光灯之间切换的方式。变光开关可以作为灯光模块的输入请求，也可以与前照灯电路串联而控制前照灯电路的电流路径。许多变光开关将电路连接到一个良好的接地点。当选择近光灯时，电流仅流过近光灯电路，同样，当选择远光灯时，电流流过远光灯电路。近光灯与远光灯分开布线。通常，远近光分别有一个继电器。较新型的车辆有一个安装在转向柱上的变光开关（图5-25）。

图 5-25　大多数新型车辆的变光开关安装在转向柱上

当前照灯开关处在 HEADLIGHT（前照灯）位置时，电流流过变光开关。如果变光开关在 LOW（近光）位置，电流流过近光灯电路。当变光开关处在 HIGH（远光）位置时，电流流向远光灯电路（图5-22）。

2. 闪光－示意通过

大多数安装在转向柱上的变光开关都有一个被称为"闪光－示意通过"的功能。该电路即使在前照灯开关处在 OFF（关闭）或 PARK（驻车）位置时，只要拉动或推动多功能开关的操作杆就可点亮远光灯。当驾驶员推动或拉动多功能开关的操作杆时，只要驾驶员将操作杆保持在闪光－示意通过位置，该开关的触点就会接通远光灯的电路。

5.4　自动灯光系统

正如许多其他系统一样，车外灯光由电子控制模块控制。这使得远光灯自动变光、自动 on-off、防眩目远光灯、前照灯调平系统、定向前照灯、智能照明系统、自适应前照灯、动态光束控制和高级正面照明系统成为可能。摄像头和各种光学传感器已经应用在这些计算机控制的灯光系统中。

这些系统通常由一个传统的前照灯开关控制（图 5-26）。它们一般都配有光电传感器/放大器和控制继电器。

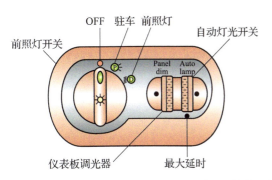

图 5-26 前照灯开关、仪表板灯光和自动灯光控制开关

1. 自动前照灯

自动前照灯系统在车外光线变暗时将自动打开前照灯，而在自然光可提供良好照明时将其关闭。位于仪表板上的电感光器（图 5-27）检测当前的照明状况并启用前照灯控制继电器，从而打开和关闭前照灯。随着光线亮度的降低，感光器的电阻增加。当电阻达到预设值时，感光器的放大器向前照灯继电器供电。除非系统被关闭或车外光线足够明亮，否则该灯会一直点亮。

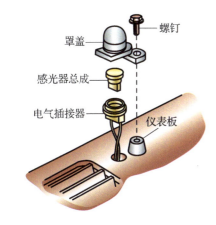

图 5-27 大多数自动前照灯系统在仪表板上有一个监测外部光线亮度的感光器

（1）远光灯光束检测 远光灯光束检测系统也可根据情况自动打开或关闭远光灯。后视镜上的光敏元件（通常称为摄像头）监测车辆前方的光线（图 5-28）。当车辆前方足够暗时，系统会打开远光灯，它们将持续点亮，直到该光敏元件检测到另一辆车的前照灯或尾灯时，系统将关闭远光灯，并直到检测不到其他车辆的灯光后重新切换回远光灯。该系统还弱化了从近光到远光的变化以防止照在前方道路上的光线突变。

图 5-28 用于自动灯光系统的感光器

（2）延时系统 一些自动前照灯系统允许驾驶员设置车辆外部灯光在乘客下车后保持点亮的时长。通常可以调节可变开关来使车辆前照灯在点火开关关闭后仍保持点亮几分钟。当然，驾驶员可以关闭该延迟系统，从而使前照灯在点火开关关闭后立即关闭。

2. 自适应远光灯辅助系统

自适应远光灯辅助系统连续地调整前照灯的照明范围，使光束仅延伸至车辆前方。这样做可实现最大范围的照明，又不会给其他驾驶员的眼睛造成过度的眩光。许多制造商都在提供这类系统，而且每个制造商都用不同的名称来命名这类系统。然而这些系统所做的大多数事情是基本相同的。有些系统除了基本的套装功能外还具有一些额外的功能。

这些系统提供连续变化的照明范围。从近光到远光没有明显的转变。灯光的强度和目标随着环境的变化而逐渐变化。当没有接近到足以引起眩目的行驶车辆时，系统提供全部的远光光束。当系统检测到接近的车辆时，远光灯将关闭。大多数这类系统允许前照灯大约每 40ms 调整一次。

摄像头和/或光敏元件位于车内后视镜前面的模块内（图 5-29）。该光敏元件分析光线的颜色、强度和运动以区分车辆灯光和其他光源。该系统被设计成可忽略非来自车辆的光源。

图 5-29 安装在后视镜上的数字摄像头模块

> **客户关怀**
>
> 如果客户的汽车配备了自动灯光控制系统，应告知客户穿孔或插槽的位置。警告客户不要放置任何有可能遮挡来自传感器/放大器总成光线的物品。遮挡会导致系统运行不稳定。感光器必须始终暴露在外部光线下以便正常工作。

3. 防眩目远光灯

防眩目远光灯系统使用摄像头驱动的照明控制策略。该系统有选择地查看与车辆前方照明区域相关的背阴地方，并从远光灯光带中切去部分光线以保护其他驾驶员不会感受到眩光。同时，该系统力图向驾驶员提供最大的视野范围。该动态遮蔽是通过将可移动的遮板移动到前照灯正常光路中来实现的。该动态光束控制自动调整光束以适应当前的交通和环境照明状况。

当该系统被启用时，前风窗玻璃上的或其周围的摄像头通过其图像处理系统识别车辆，然后计算最佳的光束分布并向前照灯发送相应的指令。

4. 自适应前照灯

自适应前照灯系统（Adaptive Headlight System，AHS）在车辆转弯时跟随道路正前方的方向来对准前照灯光束（图 5-30）。这类系统用一个模块和来自转向系统及车速的输入进行电子控制。

一些车辆配有与转向联动装置直接连接的前照灯系统，它可使车灯随前轮的转向运动而运动。例如，1948 年的 Tucker Sedan 配备了第三个前照灯，它位于汽车前部的中央，并响应于转向系统的运动。当前的系统依靠来自各种传感器和执行器的输入来移动各前照灯。

如今有很多种自适应前照灯系统被应用在汽车上，每一种都用它们自己的方式在预期的转弯

中来"弯曲"光束。无论系统的部件是什么，该系统都由 BCM 控制以响应车辆当前的转向角、横摆率和行驶速度。

a）传统前照灯系统

b）自适应前照灯系统

图 5-30 传统前照灯系统和自适应前照灯系统照亮道路的对比

一种设计是用安装在灯总成底座上的电动机旋转整个前照灯总成（图 5-31）。该电动机最多可将左侧前照灯向左移动 15°，向右移动 5°，将右侧前照灯向左移动 5°，向右移动 15°。除了在近光和远光之间切换外，该系统还可以响应悬架位置传感器并操控电动机来保持前照灯光束相对于道路的水平高度。

图 5-31 用于自适应前照灯系统的前照灯总成

一些制造商通过旋转光源的投影器、反射器或透镜来调整光束。这种系统使用一个电动机来旋转灯总成内的支架鼓。该支架鼓将改变光带来

为当前路况提供最佳的照明。使用这类系统，光束的目标可以根据状况通过移动灯总成或通过调整灯在反射器内的位置来进行调节。

另一种设计是使用额外的灯具，它们根据转向角来点亮。例如，较新的系统以不同的强度循序点亮各个 LED。这些 LED 可以被封装在前照灯或雾灯总成中，也可以是一个单独的单元。它们通常只在低速转弯时被点亮。

自适应前照灯还可以通过全球定位系统（GPS）和数字道路地图控制。道路前方的相关信息可使系统预测弯道的弯曲形状并旋转前照灯，从而在驾驶员开始转动转向盘之前照亮这些弯道。

5. 前照灯调平系统

由于欧洲和北美洲地区安全法规的差异，前照灯调平系统在欧洲车辆上更为常见。前照灯的对准度在欧洲曾是一个令人担忧的问题，1948 年的雪铁龙（Citroen）2CV 车型上配有一个前照灯调平系统，该系统是通过连接到转向杆联动装置上的旋钮人工控制的；而该系统没有考虑灯光对迎面驶来的车辆的影响。因此，在 1954 年，一种系统被推出，该系统不论车辆的载荷如何，都会响应悬架系统的运动并正确地保持前照灯的对准度，而且不需驾驶员来调整。

在 20 世纪 70 年代，一些欧洲国家要求配备能使驾驶员通过控制杆或仪表板上的旋钮来降低前照灯指向的灯光调平系统。如果乘客的体重或车辆的载荷较高，车辆的后部将下沉，这导致来自前照灯的光束被抬高，从而使前方驾驶员眩目。

在北美洲地区销售的车辆不需要前照灯调平系统。但最近的研究强烈建议在所有前照灯上使用自动调平装置。前照灯的调平依赖许多传感器和一个由 BCM 控制的电动机。在欧洲，无论车辆的载荷如何，都必须保持前照灯的垂直指向。如果车辆未配备自适应悬架，则需要一个对前照灯进行调平的系统以保持前照灯的正确指向。

带有氙气灯和一些大功率卤素灯的车辆必须配备前照灯自动调平系统。这些系统检测由载荷和道路倾斜引起的车辆倾斜状态，然后在没有驾驶员任何介入的情况下，自动调整前照灯的垂直目标以保持其正确指向。

5.5 前照灯维修

前照灯失效通常是由灯泡或灯具烧坏所引起的，尤其是只有一个灯失效时。然而，也有可能是该灯的电路开路或存在过高的电阻。在更换灯泡前应检查灯泡上的电压。如果没有电压，则需要检查电路，而原来的灯泡有可能仍然是完好的。如果不止一个灯（包括尾灯）不工作，应仔细检查其电路。电路问题的可能性要比许多灯泡同时烧坏的可能性大得多。当然，如果充电系统调节不当，高的电压将导致车灯过早烧坏。表 5-1 展示了前照灯的常见问题及其可能的原因。

表 5-1 前照灯常见问题及其可能原因

问题部件	现象	可能原因
前照灯	一个近光灯不工作	灯泡损坏 电源或接地电路电阻高
	两个近光灯都不工作	电源或接地电路开路 （控制）开关损坏 熔丝烧熔 过度充电导致灯泡损坏
	一个远光灯不工作	灯泡损坏 电源或接地电路电阻高
	两个远光灯都不工作	电源或接地电路开路 （控制）开关损坏 熔丝烧熔 过度充电导致灯泡损坏
	前照灯亮度昏暗	接地不良 前照灯插座腐蚀 蓄电池电缆连接不良 发电机输出低 发电机传动带松弛或断裂
	灯光比正常的暗	电路电源侧或接地侧的电阻过大 发电机输出低、灯泡或接线错误
	灯光比正常的亮	发电机输出高于规定值 使用的灯泡不适当 变光开关卡在远光灯位置
	前照灯断续工作，前照灯闪烁	断路器不良 电路过载 连接不当 开关不良 接地不良 电阻过大

（续）

问题部件	现象	可能原因
前照灯	前照灯不工作或错误	前照灯烧坏 前照灯开关不良 电路开路 断路器不良 电路过载 连接错误或不良 接地不良 电阻过大 继电器不良 熔丝烧熔 变光开关故障 绝缘电路短路 使用灯泡不当 前照灯目标瞄准不当
自动前照灯	前照灯无法点亮	前照灯开关故障 供给继电器的电源 继电器故障 继电器控制电路开路、短路或电阻高 电机控制电路 前照灯电路故障 前照灯元件烧毁 控制器电源和接地电路 控制器故障
自动前照灯	前照灯在自动模式下无法打开，但可在手动模式下工作	从开关到控制模块的输入电路开路 模块故障 开关故障
自动前照灯	开关在自动模式时，前照灯在白天点亮	感光器故障 感光器电路开路 感光器电路短路 控制模块故障 总线通信错误 防盗系统不工作
自动远/近光	前照灯无法自动切换到远光	摄像头前有障碍物 前照灯瞄准不当 系统未初始化 摄像头校准 到模块的系统电压 模块接地电路 总线网络故障 控制器故障
日间行车灯	DRL 无法打开	前照灯开关输入或电路故障 DRL 继电器或继电器模块的电源电路 继电器或继电器模块故障 驻车制动开关或电路 到模块的系统电压 模块接地电路 总线网络故障 控制器故障
前照灯水平调节系统	大灯无法正确调平	大灯瞄准不当 开关输入或电路故障 前照灯水平传感器或传感器电路故障 至前照灯水平传感器的连接断开 电动机电路 电动机不良 到模块的系统电压 模块接地电路 总线网络故障 系统未校准 控制器故障

1. 修复前照灯透镜

客户关怀

修复前照灯的透镜是一个简单的工艺。有许多产品可用于修复前照灯的透镜。它们可能是特殊的磨光片或专门设计的化学混合物。大多数被损伤的前照灯罩都需要用水磨来去除最严重的损伤，然后才能在前照灯透镜上使用抛光剂。一些修复套件包括密封剂，用来防止透镜的进一步损坏。

许多透镜是由塑料（聚碳酸酯）制成的，因而会受环境影响而老化。其结果是浑浊的透镜减弱了车灯的光线。这种浑浊是透镜制造商安装的透镜保护涂层被氧化所导致的。透镜也可能被道路上的污物和砂砾损伤，造成麻点和裂缝，裂缝会使水进入前照灯总成并缩短其使用寿命。

如果透镜的损伤较小，有可能使用汽车抛光膏来修复。在更严重的情况中，老化实际上比外部塑料材料的损伤更重，这种损伤只能通过更换整个前照灯透镜来修复。

对透镜进行磨光或强力抛光可以提供暂时的修复。但会除去透镜上的保护涂层，这会导致透镜更快和更严重地老化。

反光面是在金属、玻璃或塑料结构体上的一层薄薄的汽化铝涂层，它会变脏、氧化或烧损。当水进入前照灯总成、使用高于规定功率的灯泡或到达寿命和使用时长时，都会发生这种情况。如果无法清洁已经老化的反光面，则必须更换它们。

2. 透镜清洁装置

如果透镜脏污了，前照灯发出的光束会散射。散射增加了前方车辆驾驶员的眩目感，尤其是当车辆配备了 HID 前照灯时。尽管在欧洲要求所有配备了 HID 灯的车辆都要有透镜清洁装置，但美国并没有这类法规。但有些车辆确实装有透镜清洁装置。目前车辆上使用两种基本类型的清洁装置：小型的电动刮水器和固定式或弹出式高压喷嘴，它们都用持续喷射的风窗玻璃洗涤液来清洁透镜。

5.6 前照灯更换

更换前照灯时，不同型号前照灯的更换步骤可能略有不同。例如，在某些车型上，在更换前照灯之前必须先拆下转向信号灯总成。但总地来说，该过程与下述的典型说明没有太大区别。应确保更换的灯泡与被更换灯泡的类型和零件号相同。

1. 更换密封光束式前照灯

更换密封光束式前照灯非常简单。这种灯通常是用边框或卡环来固定的，需要先拆下它们，然后将前照灯从其安装处部分拉出。断开灯背面的电气插接器（图 5-32）。仔细检查插接器是否有损坏或被腐蚀的痕迹。一些制造商建议在新前照灯的端子和底座上涂上电介质滑脂以防止腐蚀。将新的前照灯连接到电气插接器上，再将其放入安装处。在放置前照灯时，应使其透镜上的凸起数字位于上端。安装前照灯的边框，用固定螺钉将其固定。检查前照灯的指向并在必要时进行调整。

图 5-32 拔下旧车灯后，在安装新灯前检查并清洁插接器中的接触件

2. 更换组合式前照灯

> **车间提示**
>
> 由于涉及极高的电压，有关氙气照明的任何作业都应小心操作并遵循制造商的建议。

尽管更换组合式前照灯灯泡通常非常容易，但着手处理往往很难。灯泡以以下三种方式之一固定：采用固定锁圈（图 5-33a）、通过转动并锁定到壳体中（图 5-33b）或通过钢丝卡子固定（图 5-33c）。在准备更换灯泡之前，应参考维修信息的说明。如果灯泡是可以从发动机舱中拆下的，应在车辆上放置翼子板防护罩，并从车灯壳体的背面取下所有保护盖，然后取出灯泡。

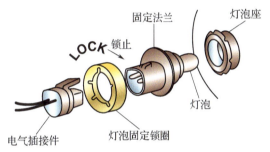

a）转动并解锁固定锁圈以拆下灯泡

b）逆时针转动灯泡以从壳体中取出

c）按下并滑出钢丝夹以取出灯泡

图 5-33 灯泡的固定方式

在某些车辆上，为了拆卸灯泡，需要拆下保险杠饰板覆盖件才能接近固定前照灯总成的螺栓。拆卸保险杠饰板覆盖件时，可能不得不更换固定覆盖件在位的塑料夹子。在某些车辆上，要拆下翼子板内衬才能接触到灯泡（图 5-34）。不管如何拆卸灯泡，在将新灯泡装入灯壳中时，都应避免接触新灯泡的玻璃。

3. HID 灯的诊断和维修

对这些系统的正确诊断依赖于理解其电路是如何工作的。如果只是近光灯为 HID 系统，那么前照灯包含一个电弧管和镇流器。镇流器提高电压，以建立跨过两电极间的电弧。当前照灯开关移动到HEADLIGHT（前照灯）位置时，控制计算机（BCM）接通近光灯继电器的接地电路，使继电器触点闭合，蓄电池电压施加给每个前照灯总成中的镇流器。镇流器提高电压并启动高压电弧来点亮灯泡。一旦电弧建立，则只需要很小的电压来维持电极间的电弧。

图5-34 为拆卸前照灯，可能需要先拆下翼子板内衬或保险杠覆盖件

在双氙气系统中，没有单独的远光灯灯泡，而是使用连接到遮光板的电磁阀或步进电动机使来自灯泡的光束改变方向。当前照灯变光开关移至远光灯位置时，通过该变光开关接地的信号给了BCM。为了响应此信号，BCM完成远光灯继电器的接地电路，使继电器通电。随之蓄电池电压被施加给移动左右远光灯遮光板的电磁阀。

当HID灯不工作时，不要自然而然地认为该灯有故障。可能镇流器总成是坏的，也可能是其电路有故障。为确保电路工作正常，先检查镇流器上的蓄电池电压，还要检查其接地。不要尝试测量提供给该灯泡的电压。这个启动电压可达30000V或更高。查看灯泡，烟灰色或发黑的灯泡表明灯泡可能已经烧坏。如果灯泡看上去是好的，但不点亮，则可能是镇流器或启动器有故障。

（1）正常的延迟 氙灯要等一段时间才能完全点亮的现象常常会被认为是一个问题，但这并不是故障，而是正常的。镇流器需要提供高电压来启动和保持灯的光亮。这需要一点时间，可能需要2s来建立电弧，然后再过30s才能完全点亮。当然，如果需要更长的时间，那就是有问题了。

（2）灯泡颜色 另一个合理的担心是光束的颜色。HID产生蓝白色光束，但有些是产生看似纯白色光束的。即便车辆一侧光束呈现的颜色看起来与另一侧的不同，这也不算是问题。光线的颜色取决于许多正常的因素。用旧了的灯泡可能会发出暗淡的粉红色光。通常更换的灯泡在点亮后的前5min内看起来是黄白色的。这些灯仍能提供与原车灯相同的光量，并且在工作约100h后将会发出带蓝色的光线。

（3）更换HID灯泡 HID灯泡一般不会突然停止工作。随着灯泡用旧，它会出现关闭后重新点亮的情况。当灯泡处于用旧的早期阶段时，这种情况极少发生。随着时间的推移，灯泡会频繁地熄灭并再次亮起，此问题可能会发展成闪烁，直到系统完全停止工作。每个灯泡制造商都有一套监测和诊断该系统的步骤，应始终遵循这些步骤。

随着时间的推移，灯泡两电极间的电阻会增加。这使得镇流器更难建立和维持电弧。当电弧消失时，系统将触发镇流器以重新建立电弧。这就是导致灯光闪烁的原因。最好在灯泡不断被点亮和熄灭之前就更换它。

每次灯泡熄灭时，镇流器都会使用高压来重新建立电弧。穿过电极的重复的高压浪涌会损坏镇流器。系统最终会停止向镇流器发送电流，因而灯泡将无法工作。当灯光已经持续闪烁过一段时间时，应同时更换新的灯泡和镇流器。

4. 自适应远光灯辅助系统

大多数自适应远光灯辅助系统都依靠一个LED将系统的任何故障告知驾驶员。沿着内后视镜的底面布置有绿色的LED。如果该LED缓慢闪烁，表示系统辨别出其摄像头需要正确校准。应始终按照制造商的步骤进行校准。如果LED相当快地持续闪烁，则表示已检测到系统有故障并设置了DTC。

5. 调整前照灯

为了获得道路前方最安全和最佳的光束，前照灯必须被保持在调整范围要求内。已正确调整的前照灯可提供正确的光照范围并向驾驶员提供合适的夜间视野。超出调整范围要求的前照灯会引起其他驾驶员的不适感,而且有时会造成危险情况。

在调整或校准车辆前照灯之前,先进行下述检查以保证车辆是水平的。下述情况中的任何一种都可能造成不正确的设置。

1)如果车辆被雪、冰或泥土覆盖,先清洁车辆,尤其是底部。额外的质量会改变车辆的行驶高度。

2)尽量在燃油箱的存油量为一半的情况下进行调整,这应该是车辆上的唯一载荷。

3)磨损或损坏的悬架系统部件会影响设置,因此应检查弹簧或减振器。

4)所有轮胎充气到推荐的气压水平。

5)调整前照灯前,确保车轮定位和后桥的跟随轨迹是正确的。

6)将车辆停放在前照灯测试位置后,向下推动前翼子板几次以使悬架正确落位。

前照灯总成配有调整螺钉(图 5-35),它可在前照灯总成内移动前照灯以获得正确的校准。通过转动前照灯侧面的调整螺钉进行横向或从某一侧向另一侧的调整。而垂直或上下的调整是通过转动前照灯顶部的螺钉实现的。

图 5-35 前照灯调整螺钉的示例

> **车间提示**
>
> 在调整前照灯光束时,应确保它们符合当地或行业的标准

为了正确调整密封光束式前照灯,可以使用校准设备。这些专用的校准设备使用带有分割图像的镜子(就像某些照相机上分割图像的取景器),以及水平仪来进行精确调整。在使用任何机械式校准工具时,应遵循制造商的说明。

当没有前照灯校准设备时,可以通过将每个灯的光束投射到前照灯前方约 25 ft(7.62m)处的屏幕或图上来检查和调整校准(图 5-36)。车辆必须与图面完全垂直(成直角)。

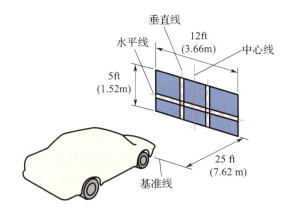

图 5-36 显示在墙幕上的可接受的光束图形

先测量两个前照灯中心点之间的距离。使用此测量值并在图上绘制两条对应于前照灯中心的垂直线。然后在这两条垂直线之间的中点绘制一条垂直中心线。测量从地板到前照灯中心点的距离。再将这个高度减去 2in(5.08cm),并在屏幕上的这个新高度处画一条水平线。

当前照灯是远光时,每个投射光束的亮点应集中在图上垂直线和水平线的交点处。根据需要可垂直和水平调整前照灯以获得正确的指向。

一些车辆在每个前照灯总成上都有一个水平指示器齿轮。在进行任何调整之前,建议将该指示器置于"0"。用螺丝刀将该齿轮调回"0"之后,前照灯可以被调整到规定范围。

此外,许多前照灯都有气泡水平仪来帮助校准。气泡水平仪(图 5-37)是按地球水平面校准的;因此,当校准前照灯时,车辆必须停放在水平地面上。如果前照灯光束投影对迎面而来的车

图 5-37 某些车辆在前照灯上配有气泡水平仪以帮助校准前照灯

辆显得偏高，应检查校准屏幕上的校准状态。如果光束的图形在屏幕上规定位置的上方或左侧，则调整前照灯，然后重新校准气泡水平仪和放大窗的状态。在理想情况下，如果前照灯是对正的，气泡水平仪和放大窗应居中。如果前照灯超出校准位置，切勿更改放大窗或气泡水平仪的标定。

6. 自动调平式前照灯

一些车辆，主要是那些配备氙气前照灯的车辆，具有前照灯自动调平系统。采用这个系统的车辆不需要调整前照灯。但如果该系统出现故障，前照灯将无法正确对准，因此必须对该系统进行诊断。在进行诊断之前，应先了解该系统是如何工作的。

诊断：诊断是使用诊断仪完成的。诊断仪可用来控制电动机上下移动。打开点火开关，执行此操作并观察前照灯。如果它们不移动，则测试电动机。如果电动机移动，则检查前后水平位置传感器的电压。该电压通常应在 0.5~4.9V 之间。如果读数不在技术规格内，应检查传感器。

诊断仪还可以检索该系统的故障码。针对下述内容可能会设置对地短路、开路/电阻高、对电压短路和异常信号表现的故障码：前照灯前后调平传感器、前照灯前后调平传感器的 5V 参考电压、两侧前照灯调平电动机的控制电路。

可用欧姆表检查电动机总成。关闭点火开关，断开每个前照灯调平电动机的电气插接器。获取插接器各个端子之间的电阻读数，并将读数与规定值进行比较。调平传感器用电压表检查。首先检查规定端子上的参考电压。如果电压高于正常值，则电路中存在对地短路、开路或过高的电阻。如果所有电路测试正常，则对应的前照灯调平传感器可能是坏的。

7. 诊断自动前照灯系统

自动前照灯系统响应于外部光线亮度的变化。通常在车辆仪表板中的光敏元件向 BCM 发送一个信号。BCM 在适当情况下接通近光灯电路。如果前照灯在其开关处于"ON"位置时可点亮，但在"Auto（自动）"位置时不亮，则问题出在"自动"这部分电路上。检查光敏元件周围的区域是否有任何可能阻挡光线照向该元件的物品。检查系统

中的所有连接。该电路随光敏元件通常还包含一个继电器和放大器。每个部件都应根据制造商提供的步骤进行测试。

光敏元件或摄像头必须正确校准，以便使系统能响应于对面车辆的灯光，而不是来自道路远端的灯光。这通常是一个非常复杂的步骤，因此必须遵循制造商提供的步骤。这包括许多测量和用诊断仪进行的测试（图 5-38）。

大多数系统在车辆驻车后还会保持车灯点亮一个短暂的时间。该功能的控制装置是集成在前照灯开关内的一个电位计。当该延迟功能不能正常工作时，应从定时器的控制开始测试。

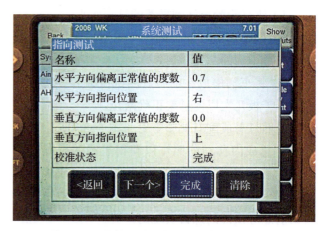

图 5-38 光敏元件的校准包含用诊断仪的检查

8. 诊断自适应前照灯

自适应前照灯系统的工作由前照灯控制模块控制。因此诊断应从使用诊断仪开始。由于该系统响应于许多输入，所以也应监测每一个输入。

前照灯控制模块接收来自发动机控制模块、变速器控制模块、电子制动控制模块和 BCM 的串行数据。前照灯控制模块计算所需的前照灯角度，并控制每个前照灯的执行器或电动机来移动前照灯。它还监测电动机控制电路的状况。如果检测到问题，将设置 DTC 并在仪表板上显示一条信息来提醒驾驶员出现了问题。

5.7 灯泡更换

当今的车辆使用了一些不同类型的照明灯泡（图 5-39）。每一种灯泡都其特定的目的和装入其

灯座的独特方式。在具体的设计中，不同的灯泡会有自己的额定功率。在更换灯泡时，应确保更换品是正确的。车灯的类型可以用车灯壳体上给出的标准的商业编号加以识别。

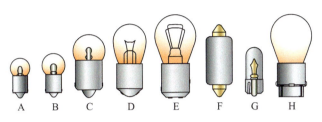

图 5-39　汽车灯泡的常见类型

A、B—用于指示器或仪表灯光的小型卡口灯泡　C—用于牌照和礼宾灯光的单触点卡口灯泡　D—用于行李舱和发动机舱灯光的双触点卡口灯泡　E—带错列导向凸耳的用于停车、转向和制动灯光的双触点卡口灯泡　F—用于车顶灯光的圆筒形灯泡　G—用于仪表灯光的楔形尾座灯泡　H—用于停车、转向和制动灯光的叶片式尾座灯泡

灯泡通常是以下两种类型之一：单灯丝灯泡或双灯丝灯泡（图 5-40）。双灯丝灯泡提供不止一种功能。它们可以用作制动灯电路、尾灯电路和转向信号灯电路中的单独灯泡，或用于这些功能的组合灯具。

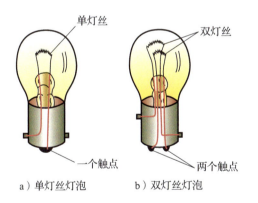

a）单灯丝灯泡　　b）双灯丝灯泡

图 5-40　单灯丝灯泡和双灯丝灯泡

注：注意触点数和灯泡接地侧定位销的位置，它们表明该灯泡的类型。

尾灯、转向信号灯、危险报警闪光灯、侧灯、停车灯和雾灯可能使用一个 LED 或一组 LED。当该灯不能工作时，在获取新的灯泡或开始诊断之前，应确保已知道该 LED 是否正被使用。

灯泡问题可以简单地通过更换来解决。也可以用通电的试灯或欧姆表快速检查一个灯泡。将欧姆表跨接在灯泡的两个端子上，如果存在导通，则该灯泡是好的。

当不是灯泡烧坏的问题时，腐蚀或连接线松动是另一个最常见的问题。所有线路的连接应清洁和紧固，为了提供良好的接地，车灯总成需要安装牢固。表 5-2 是对照明问题进行故障排查的基本指南。

表 5-2　照明系统基本故障排查表

问题类型	现象	可能原因
一般故障	一个车灯不工作	灯泡损坏 该电路开路
	一个车灯昏暗	电源或接地电路电阻过高
	一个电路中的所有车灯都不工作	电源或接地电路开路熔丝烧坏 （控制）开关不良
	一个电路中的所有车灯都昏暗	电源或接地电路电阻过高
	灯光闪烁	电气连接松动 因短路，一个电路的断路器正在被断开
	照明过亮，灯泡过早失效	发电机输出过高调光器开关有问题

较旧的灯光系统可能只使用一根连接车灯的导线，并利用汽车的车身或车架来提供接地。因为许多制造商现在使用塑料插座和安装底板（以及塑料的车身部件）来减轻质量，所以尽管许多灯泡只有单根灯丝，但现在大多数车灯都必须使用两根导线，其中第二根用来接地。

双灯丝灯泡实际上是一个壳体中的两个独立灯泡，因此，它们有两条带电线路。大多数灯泡都是通过它们的壳体需要用第三根导线接地的。许多车灯电路是在其电路的电源侧进行切换或控制的；但也有采用接地控制电路的。由于许多较新型的车辆使用 BCM 或灯光控制模块来监测和控制车灯的工作，因此，了解车灯的控制方式对于诊断是很重要的。

灯泡以多种方式固定在自己的插座中。一些灯泡仅是被简单地从插座中插入或拔出（图 5-41），而有一些则是被旋入和旋出的。一些灯泡必须先按下并逆时针转动来将其取下。

更换灯泡时，应检查灯泡插座。通常湿气进入灯泡插座会导致插座中的电气触点被腐蚀。这种腐蚀有时可以用砂纸去除。在不能清除的情况下，应更换插座或车灯总成。

图 5-41 许多车灯的灯泡采用拔出和插入其插座的方式固定

车灯的灯泡可能安装在一个总成中，因此，为了取下该灯泡，需要将手伸到该总成的后部并拆下其插座。其他类型的总成则需要拆下车灯外侧的透镜。取下透镜后，从车灯前面取下灯泡。在进行此操作时，应检查透镜和密封衬垫是否损坏并更换任何损坏的零件。如果透镜没有被密封，灰尘和湿气会进入总成并会在将来引起问题。

对于某些车灯固定装置，则必须先拆下车灯总成，再从总成后面拆下灯泡和插座。不要从该总成上拆下透镜，它是一个密闭的单元，而且灰尘和其他污染物会对反光面造成严重损坏。此外，切勿尝试清洁该反光面，擦拭其表面会严重降低车灯的亮度。

5.8 后外部灯光

车辆的后部有许多不同的车灯。其中包括尾灯、转向信号灯和危险报警闪光灯、制动灯、中间的高位制动灯、侧面的标志灯、倒车灯以及牌照灯。其中许多被合并在尾灯总成中。后部的车灯布置无疑是车辆整体风格的一部分，并且最能体现车辆的造型风格（图 5-42）。

1. 尾灯诊断技巧

如果所有尾灯都不工作，应先检查熔丝的状况。如果熔丝完好，则检查尾灯继电器的工作情况。可以使用试灯或电压表检查继电器各部分电路是否存在电压和接地。如果系统使用 BCM 或灯光控制模块，可用诊断仪检查是否有车灯开关的输入。如果在其中一个电路上未测量到电压，则该电路中可能存在开路。如果没有电压到达尾灯但前照灯工作正常，则更换开关。表 5-3 是典型的后部灯光电路诊断表。

图 5-42 时尚的使用 LED 技术的尾灯总成

表 5-3 后部灯光诊断表

故障区域	故障现象	故障可能的原因
停车灯/尾灯	停车灯/尾灯不亮或工作不良	前照灯开关有问题 开路 电路断路器有问题 电路过载 连接不正确或不良 接地不良 电阻过高 继电器有问题 熔丝熔断 绝缘电路短路 使用的灯泡不正确
转弯信号灯	转弯信号灯闪烁慢	闪光器损坏 电源或接地电路电阻过高 灯泡不正确
	一侧转弯信号灯不工作	灯泡损坏 电源或接地电路电阻过高
	转弯信号灯在任何方向都不工作	熔丝熔断 闪光器有问题或老化 转向信号灯开关有问题或错误 开路
	转向信号灯不亮	灯泡不正确 灯泡烧坏 开路 闪光器损坏
	转弯信号指示灯点亮但不闪烁	灯泡不正确 灯泡烧坏 开路 闪光器损坏

(续)

故障区域	故障现象	故障可能的原因
制动灯	制动灯断断续续工作	制动灯开关调整不当 接地不良 电阻过高 插座有问题 连接不良 转向信号灯开关触点故障 刹车灯开关有问题
制动灯	比正常制动灯昏暗	电路电阻过高 接地不良 使用的灯泡不正确 连接不当 转向信号灯开关触点故障
制动灯	制动灯不亮。施加制动时制动灯不亮	制动灯开关故障 电路开路 使用的灯泡不正确 转向信号灯开关故障 公共地线连接不良 灯泡损坏
危险报警闪光灯	当启用危险报警闪光灯时,危险报警闪光灯不工作	熔丝熔断 闪光器有问题或老化 危险报警闪光灯开关有问题或错误开路 转向信号灯开关有问题
倒车灯	倒车灯有时不工作	倒车灯开关调整不当 接地不良 电阻过高 插座故障 连接不良
倒车灯	比正常倒车灯昏暗	电路电阻过高 接地不良 使用的灯泡不正确 连接不良 倒车灯开关触点损坏
倒车灯	当变速器在倒档时倒车灯不亮	倒车灯开关损坏 倒车灯开关调整不当 熔丝熔断 电路开路 使用的灯泡不正确 公共地线连接不良 灯泡烧坏
倒车灯	当变速器在倒档时一个倒车灯不亮	灯泡烧坏 接线松动 至灯泡的电路开路

2. 转向、停车和危险报警闪光灯系统

（1）转向信号灯　对于较旧型的非计算机控制系统，当点火开关打开时，转弯（方向信号）、停车和危险报警闪光灯系统的电源是通过熔丝盒来提供的（图5-43）。每个系统都有一个开关，它必须被闭合才能点亮其电路中的车灯。危险报警闪光灯也是通过熔丝盒供电的。但无论点火开关处于什么位置，它们都会有电。危险报警闪光灯通常被称为4向闪光灯，因为当电路接通时，车辆四个角上的危险报警闪光灯都会闪烁。侧面标志灯与前停车灯和后尾灯灯丝的供电电路（来自前照灯开关）是并联的。

转向信号灯和危险报警闪光灯开关在当前许多车辆上是多功能开关的一部分。当启用转弯或转向信号开关时，只会闭合左侧或右侧的一组开关触点。但当启用了危险报警闪光灯开关时，所有触点都被闭合，因而所有转向信号灯和指示灯会同时闪烁。

多功能开关都控制什么取决于车辆的品牌、型号和年份。有些是控制转向信号并充当变光开关，其他的则是控制转向和危险报警闪光的信号，并充当前照灯、变光器、前后风窗玻璃刮水器和洗涤器开关。

这类开关是不可维修的，因此，如果有故障必须更换。图5-44中的步骤概述了拆卸多功能开关的典型步骤。这一系列步骤中展示的某些步骤可能不适用于所有车型，因此，在拆卸这类开关之前，务必参考维护信息，还要认真阅读每个步骤并确认应附带注意的任何特殊的警告信息，尤其是那些涉及气囊的警告信息。

（2）闪光器　闪光器是转向信号灯和危险报警闪光灯两个系统的部件。较老的系统使用热敏式的双金属片和加热元件。双金属片连接到一组触点的一侧，来自熔丝盒的电压连接到另一侧。当启用左转向信号灯的开关时，电流流过闪光装置流到转向信号灯的灯泡。该电流引起加热元件发出热量，进而导致双金属片弯曲并断开该电路。在没有电流流过时，金属片冷却并重新闭合该电路。电流的这种间歇性断开/闭合使所有左转向信号灯闪烁。右转向信号灯的工作原理与左转向信号灯相同。

新型车辆使用电子闪光装置或模块来控制车外灯的工作。电子闪光装置控制转向信号灯和危险报警闪光灯，并使用晶体管来控制信号灯的工

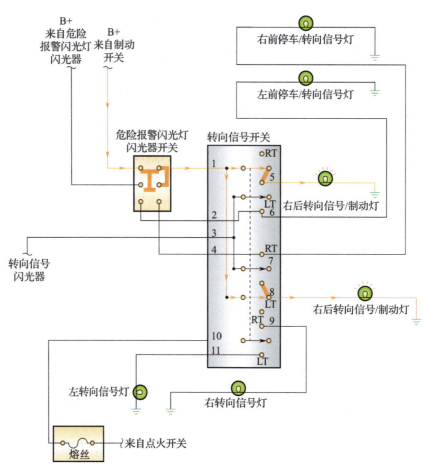

图 5-43 双灯泡系统的转向信号电路

1）测试和拆卸多功能开关所需的工具有翼子板护罩、蓄电池端子夹钳和拉拔器、各种扳手、内梅花螺丝刀套件和欧姆表

2）将翼子板护罩盖在车辆翼子板上

3）拆下转向柱护罩的固定螺钉并从转向柱上取下护罩

4）松开蓄电池负极电缆夹子的螺栓并取下。将电缆放置在不会接触蓄电池的位置

5）松开转向柱的固定螺母，但不要取下该螺母

6）将转向柱降低到刚好可取下上护罩的位置

7）通过只旋转转向信号控制杆的外端拆下该操作杆，然后将其正直拉出

8）剥离转向信号开关上的泡沫防护物

图 5-44 拆卸多功能开关的典型步骤

9）断开转向信号开关的电气插接器

10）拆下该开关与锁芯总成的连接螺栓

11）从锁总成上拆下该开关

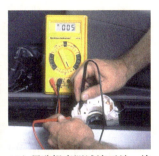
12）用欧姆表测试该开关，检查变光开关，其在近光灯位置时应是导通的

13）当开关处于近光灯位置时，远光灯端子之间的电路是应断开的

14）还应检查其他端子和电路，在变光开关处在近光灯位置时是应断开的

15）当开关处在远光灯位置时，远光灯电路两端间应导通。还应检查其他电路，它们在开关处在远光灯位置时应是断开的

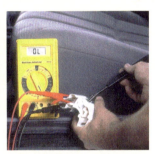
16）当变光开关处于闪光－示意通过位置时，各指定端子之间应是导通的，而其他端子之间是断开的

图 5-44 拆卸多功能开关的典型步骤（续）

作。如果使用 BCM 或灯光控制模块，则转向信号灯开关、制动灯开关和危险报警闪光灯开关是该模块的输入（图 5-45）。当驾驶员移动转向信号控制杆时，该输入信号通过多功能开关接地。这将导致模块切换电源给需要点亮的转向信号灯灯泡。转向信号的提示音则由音响系统和车门上的扬声器提供。

（3）闪光器诊断技巧　闪光器的闪烁速率偶尔会不像正常时那样快，或者闪烁得比正常时更快，这也是要更换它的原因。如果闪烁太慢或根本不闪烁，应先检查是否有灯泡烧毁。但应记住，闪光的速率受到闪光器类型的影响。

闪光器作用是为特定数量的灯泡提供特定的烛光度（亮度）。如果转向信号灯灯泡的烛光度改变，或者使用了额外的灯泡（例如车辆与一辆挂车相连），则必须使用大功率的闪光器。这类闪光器通常与插座是匹配的，不需要改装。尽管大功率闪光器可操作额外的灯泡，但它们有很大的缺点，所以除非有必要，否则不应使用。因为如果有一个灯泡烧毁，这种闪光器不会使转向信号灯闪烁变慢，因此，当一个转向信号灯灯泡失效时，驾驶员并不知道它已失效。

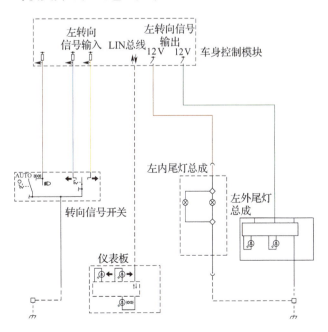

图 5-45　BCM 控制灯光电路的示例

⚠ **警告** 用于转向信号的闪光器不应与用于危险报警闪光灯的闪光器对调。

较新型的车辆上可能有一个组合式闪光装置，它用于控制转向信号和危险报警闪光灯的闪光速率。这类组合式闪光器是一个电子装置。灯的实际熄灭和点亮是由晶体管循环截止和导通引起的。这种类型的闪光器还可以感知一个灯泡已烧毁并使该侧剩余的灯泡更快地闪烁。由于这类闪光器是一个电子装置，因此无法使用普通的检测设备进行测试。该闪光器的唯一检测方式是用一个已确认良好的闪光器来替代它。如果更换后能正常闪烁，则原闪光器单元是坏的，需要更换。当一个灯泡烧毁时，电子闪光器将闪烁得较快。此外，如果使用了错误类型的灯泡，闪烁速率也会改变。

在计算机控制的系统上，如果检测到一个灯泡烧毁，模块将提高闪烁速率。如果转向信号灯不工作或更换灯泡不能解决问题，应连接诊断仪并监测开关的输入和电路的指令状态（图5-46）。

图5-46 用诊断仪监测转向信号的工作状况

3. 制动灯

制动（停车）灯通常由安装在制动踏板臂上的制动开关或制动踏板位置（Brake Pedal Position，BPP）传感器控制（图5-47）。有些汽车配备安装在制动主缸上的制动（停车）灯开关，当踏下制动踏板，主缸油压增加时，该开关闭合。在上述的任一种情况下，该制动灯开关上始终有电压存在。踏下制动踏板导致制动开关的触点闭合，随后电流可以流向尾灯总成中的制动灯灯丝。制动灯在松开制动踏板前将被一直点亮。

除了车辆后部的制动灯外，所有新型车辆都有一个中央高位制动灯（Center High-Mounted Stoplight，CHMSL），它可在车辆制动时提供额外的清晰的警示信号（图5-48）。联邦研究表明，该额外的制动灯可有效减少后方碰撞的数量和严重程度。当电流从制动灯开关提供给高位制动灯时，该制动灯点亮。它会一直点亮直到松开制动踏板。当制动灯开关的触点闭合时还向巡航控制、防抱死制动控制模块和电子制动控制器的插接器提供电流。

图5-47 安装在制动踏板总成上的制动踏板位置传感器

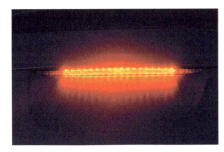

图 5-48 使用 LED 的中央高位制动灯

制动灯电路：在三灯泡尾灯总成（图 5-49）中，制动灯由制动灯开关控制。左右制动灯是相互并联的。尾灯也以并联方式连接，并由前照灯开关控制。转向信号灯彼此是单独布线的，并由转向信号开关单独控制。

上面这个可快速理解的电路显示出如何简单地诊断制动灯的问题。该电路展示了一个典型的尾灯电路，该车辆每侧后尾灯都有三个独立的灯丝。熔丝 B+ 为制动开关提供一个恒定的电源。制动开关通常位于制动踏板上，通过踏下制动踏板来闭合。B+ 此时被用来点亮灯泡。松开制动踏板时，被弹簧顶住的常开（NO）开关断开并熄灭制动灯。这是一个简单的电路，只需要一个 12V 的试灯或一个电压表即可进行诊断。最常见的故障原因是灯泡烧毁。测试灯泡插座处是否有 B+ 和接地即可验证其电路。如果插座上没有 B+，应顺着到开关的电路在每个插接器上测试是否有 B+，直到发现它，然后修复开路点。

当今车辆的 BPP 传感器信号被用作 ECM 和其他模块的输入（图 5-50）。制动输入用于制动

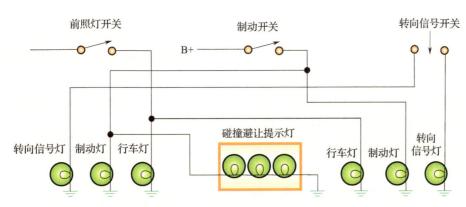

图 5-49 用于三灯泡电路的高位制动灯电路

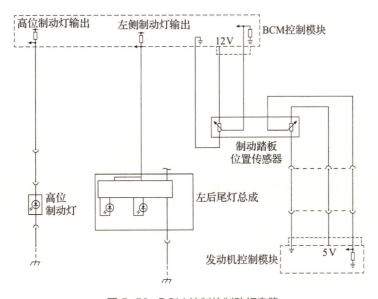

图 5-50 BCM 控制的制动灯电路

灯、巡航控制、ABS、变速器操作和许多安全系统。如果巡航控制和/或制动灯不工作，可用诊断仪查看 DTC 和开关的工作状态。当更换 BPP 传感器时，可能需要对传感器进行校准或重新学习。连接诊断仪，清除与 BPP 传感器有关的任何 DTC，然后通过诊断仪引导到传感器校准功能。完成重新校准后，验证制动灯已可正确工作。

4. LED 灯具

一些车辆使用氙气灯和/或 LED 作为尾灯、制动灯和转向信号灯。氙气灯要比普通车灯更高效节能而且点亮得更快。因为氙气灯中没有灯丝，所以它的使用寿命比传统灯泡长。

传统灯泡需要大约 200ms 才能达到其最大亮度，而氙气灯泡可在 3ms 内点亮。这个时间差的重要性在于它可以更早地警示后面车辆的驾驶员及时停车。当车辆以 60mile/h（约 96km/h）的速度行驶时，这种早期的警示可以给正在接近的驾驶员多出 19ft（30.48cm）的停车距离。

LED 具有与氙气灯泡相同的优点，甚至点亮的更快，因为它们不需要通过加热来发光。LED 能在不到 1ms 的时间内达到其全部输出。数个 LED 被放置在透镜后面并同时启动以给出该车灯总成的明亮照明效果。LED 需要的空间更小，所以它们对行李舱空间的影响更小。LED 具有更长的使用寿命并可提供更精确的对比度和信号样式，从而更有效地吸引注意力。

采用与 LED 相同的基本技术，激光尾灯的功耗是白炽灯光源的 1/7。这些节省的能耗对电动汽车来说极其重要。一个激光灯光束的光波以同一个方向移动，而且光线的颜色是完全相同的。当用作后外部灯光时，光纤将来自二极管激光器的红色光传送到一系列反光镜上，这些反光镜再发送光束穿过丙烯酸材料的薄膜。

（1）自适应制动灯 自适应制动灯系统可以在两种可用的制动灯点亮区域中选择一个：中等的制动会启用组合在尾灯总成中的标准制动灯以及中央高位制动灯；在紧急制动以及 ABS 主动干预的所有制动操作过程中，将点亮额外的灯，从而改变制动灯的大小和亮度（图 5-51）。该系统通过增加制动灯照亮的表面积来提醒后车驾驶员前车已经开始制动并正在快速减速。这种警示可以使后车驾驶员能够更快地反应，从而降低发生后部碰撞的危险。

a）普通制动的效果

b）紧急制动的效果

图 5-51 自适应制动灯

一个电子控制单元处理来自速度传感器和防抱死制动系统提供的信号，然后它使用这些数据来计算，用车辆减速度来反映的制动强度。

（2）倒车灯 当变速器置于倒档时，倒车灯就会点亮以照亮车辆后面的区域，并让其他驾驶员知晓该车辆正在倒车。该系统的主要部件是倒车灯开关和倒车灯。

倒车灯系统的电源由熔丝盒提供。当变速器换入倒档时，倒车灯开关闭合，电流将流向倒车灯，即只要变速器处在倒档，电流就会从熔丝盒通过倒车灯开关流到倒车灯。在许多车辆上，保护倒车灯系统的熔丝还保护转向信号系统。

一般来说，采用手动变速器的车辆有一个单独的倒档开关。而采用自动变速器的车辆则使用一个组合的空档起动/倒车灯开关（图 5-52）。用于自动变速器的组合式空档起动/倒车灯开关实际上是组合在一个壳体中的两个开关。在档位为驻车档（P 位）或空档（N 位）时，来自点火开关的电流通过空档起动开关流至起动系统。在档位为倒档时，来自熔丝盒的电流通过倒车灯开关流至倒车灯。

较新型的车辆通常都有变速器档位开关，它不直接接通倒车灯的电路。开关的位置被变速器控制模块（Transmission Control Module，TCM）、ECM 和 BCM 监测。当档位置于倒档时，TCM 将数据发送到网络上的其他模块，并由 BCM 点亮倒车灯。

图 5-52 安装在变速器上的组合式倒档和空档安全切换开关

排查倒车灯系统的故障是比较容易的。在那些用一个熔丝来同时保护转向信号灯和倒车灯的车辆上，可以检查熔丝。如果倒车灯不工作，先检查转向信号灯是否工作。如果它们工作，则该熔丝应是好的。当变速器置于倒档时，检查倒车灯开关的输入和输出端上是否有电（确保已使用了驻车制动器）。

如果开关良好，但开关上没有供电，则检查连接线路，特别是那些插接器。如果倒车灯在变速器未处于倒档时始终点亮，则倒车灯开关中可能有短路。

5.9 车内灯光总成

表 5-4 是大多数车内照明常见故障的诊断表。不同车型之间使用的车内各灯光总成的类型和数量差异很大（图 5-53）。以下内容针对一些最常见的车内灯光。

表 5-4 车内照明常见故障诊断表

问题区域	现象	问题可能原因
仪表组照明	仪表组照明电路亮度控制间歇性工作 仪表盘灯光闪烁	连接不当 前照灯开关变阻器有问题 接地不良 电阻过高 印制电路板有故障
	仪表板照明光线光照强度低	灯泡烧毁 前照灯开关变阻器有问题 使用的灯泡不正确 连接不当 接地不良 电阻过高 印制电路板有问题或有故障
	灯泡不亮	电路保护装置烧毁 灯泡烧毁 前照灯开关变阻器有问题 开路 连接不当 接地不良 电阻过高 使用的灯泡不正确 印制电路板有问题或有故障
	没有仪表灯亮度控制	前照灯开关变阻器有问题
礼宾灯光	礼宾灯间歇性工作	连接不当 前照灯开关有问题 车门关严开关有问题 车门开关有问题或卡住 接地不良 电阻过高
	礼宾灯比正常昏暗电池状况良好	使用的灯泡不正确 连接不当 接地不良 电阻过高
	没有礼宾灯照明	电路保护装置烧毁 灯泡烧毁 前照灯开关有问题 车门开关有问题 电路开路 连接不当 接地不良 电阻过高 使用的灯泡不正确
	礼宾灯一直点亮	车门关严开关有问题 前照灯开关有问题 短路

(续)

问题区域	现象	问题可能原因
进入系统	礼宾灯不能点亮	前照灯开关输入或电路故障 门半开开关或电路故障 遥控钥匙中的电池没电 遥控钥匙有问题 灯泡驱动电路中有开路、短路或过高的电阻 驱动电路 模块的电源电路 继电器或继电器模块有问题 模块接地电路 总线网络故障 车灯元件烧毁 控制器故障
进入系统	礼宾灯不能熄灭	前照灯开关输入或电路故障 执行器开关或电路故障 车灯驱动电路对地短路 模块的电源电路 继电器或继电器模块有问题 模块接地电路 总线网络故障 控制器故障

图 5-53 采用图中的灯光布置以获得整个车内的照明的案例

（1）发动机舱灯　打开发动机舱盖使发动机舱灯的水银开关闭合，从而照亮发动机舱盖下方区域。一些皮卡车和 SUV 在发动机舱盖下配备了一个安装在卷轴上的可伸缩的磁性底座灯。这个灯可用于车辆周围的任何地方。

（2）杂物箱灯　打开的杂物箱门使杂物箱灯的开关触点闭合，从而点亮该灯。

（3）行李舱灯　行李舱灯安装在行李舱舱盖内侧的下方。

（4）行李舱盖灯　抬起行李舱盖使行李舱盖灯的水银开关闭合，从而使该灯点亮。

（5）梳妆灯　向下转动遮阳板并打开梳妆镜遮挡饰板使梳妆灯开关触点闭合，从而点亮该灯。

（6）礼宾灯　在车辆的门饰板内、仪表板的内侧下边、脚部空间上方或车顶内衬的中间部位可能会有礼宾灯。它们的唯一目的是照亮车辆内部。将前照灯开关逆时针旋转到最后位置，或按下指定的开关，当其中一扇车门打开时，它们就会被点亮。图 5-54 是一个典型的礼宾灯电路接线图。如果车辆配备了照明进入或无钥匙进入系统中的一种或两种，该礼宾灯也可以通过上述系统点亮。LED 常常被用于车内灯光，而且通常还可由驾驶员选择习惯的颜色（图 5-55）。

礼宾灯的电源通常是由熔丝盒提供的。接地线路由车门开关的位置控制。当车门开关被保持

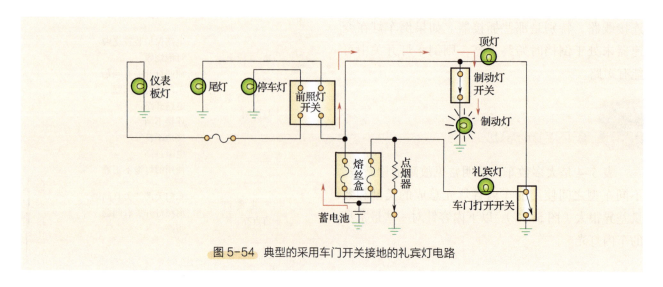

图 5-54　典型的采用车门开关接地的礼宾灯电路

在断开位置时不提供接地电路。当车门打开时，弹簧推动该开关闭合使接地电路接地，从而使礼宾灯点亮。车内灯和礼宾灯很少有故障，但当它们不工作时，应检查熔丝、灯泡、开关和线路。

图 5-55 车内的 LED 灯

照明进入系统通过在黑暗条件下照亮车门锁芯以便更容易地发现门锁位置以使进入车辆更为安全。同时也会点亮车辆的礼宾灯。一些车辆使用安装在外后视镜外壳中的水坑灯来照亮车门附近的地面。这类灯会在人员上下汽车时点亮，这样就可以看清应走和应站立的地方以使双脚保持干燥。

大多数这类系统都有一个电子模块，一个发光的锁芯，一个门锁开关以及每个车门上的线束。该系统可以通过提起门把手、按下遥控钥匙上的按钮或在无钥匙进入系统中输入一个代码来激活。这些装置可以瞬间闭合门锁机构上的开关，从而完成执行器模块的接地电路并启动系统。此时车内灯点亮，同时点亮两前门锁芯的钥匙插入区域周围的光环。它们约持续点亮 25s，然后关闭。在这 25s 期间，可以通过打开点火开关人为地关闭该系统。

（7）顶灯/地图灯　地图灯通常位于顶灯/地图灯外壳的两侧。它们是通过位于每个地图灯上的开关来操作的，而且独立于顶灯。顶灯（图 5-56）是在车门打开时，通过一个开关打开或与礼宾灯一同控制开关。

图 5-56 顶灯

分布式照明系统是指光线来自一个光源并通过光纤传播到一个或多个其他位置的技术（图 5-57）。这种技术已经存在了相当长的一段时间，它使用单个灯泡照亮整个仪表板。在当今的车辆上，现在的光源很可能是单个的 LED。分布式照明通常用来为那些可能不适用灯泡的地方增加照明。

这种技术受到普遍欢迎，是因为光纤的连接肯定不会被腐蚀。更重要的是，分布式照明减少了数据通信总线上的噪声干扰。随着汽车电子设备数量的增加，分布式照明将会更多地被用于车辆的内部和外部照明中。

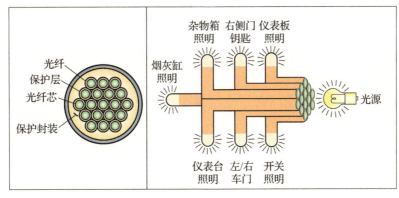

图 5-57 采用光纤可使一个光源照亮多个位置

3C：问题（Concern）、原因（Cause）、纠正（Correction）

维修工单

年份：2005	制造商：福特	车型：福克斯	里程：115209mile	RO：17947
问题：	客户陈述转向信号灯工作不正常，已安装了新的灯泡，该灯仍闪烁过快。			
	技师验证了该问题并检查了新的灯泡以确定它们是否适用于这辆汽车。			
原因：	发现所有灯泡都被更换为 LED 灯泡。LED 灯泡的功率与正确的灯泡不一致，导致更快的闪烁速率。			
纠正：	拆下 LED 灯泡并安装正确的灯泡，转向信号灯工作正常。			

5.10 总结

- 前照灯系统由车辆两侧的两个或四个密封光束灯、卤素灯、氙气灯泡或多个 LED 组成。
- 前照灯开关控制前照灯和除转向信号灯、危险报警闪光灯和停车灯以外的所有其他外部车灯。
- 变光开关可使驾驶员选择远光或近光前照灯。
- 许多车辆具有日间行车灯，它们通常是由低电压供电的普通前照灯。
- 自动前照灯系统根据当前的照明状况将前照灯从远光切换为近光。
- 前照灯必须保持在校准范围内以获得安全驾驶的最大照明。
- 后部灯光总成包括尾灯、转向信号灯/制动灯/危险报警闪光灯、高位制动灯、后侧标志灯、倒车灯和牌照灯。
- 闪光装置用在转向信号灯、危险报警闪光灯和侧面标志灯的电路中。
- 当车辆挂入倒档时，倒车灯系统照亮车辆后方的区域。
- 当今的车辆上会有许多内部的车灯，这些车灯依据车辆的品牌或型号不同而不同。
- 更换的车灯灯泡应与原灯泡完全一致。

5.11 复习题

1. 思考题

1）前照灯开关控制哪些灯光系统？
2）什么是中央高位制动灯（CHMSL）？
3）一个双灯丝灯泡通常会连接几根导线？
4）单个近光前照灯不工作的最可能的原因是什么？
5）为什么有些厂家用断路器而不是用熔丝来保护前照灯电路？
6）什么类型的前照灯没有灯丝？
7）用于诊断自动调平前照灯系统的主要工具是什么？

2. 判断题

1）HID 灯比卤素灯泡产生更多的热量和白光。对还是错？　　　　　　　　　　　　（　　）
2）许多自适应前照灯系统上的前照灯最多可朝车辆转弯方向转动 5°。对还是错？　　（　　）
3）所有转向信号的闪光装置都包含一个热敏式双金属片和一个加热元件。对还是错？（　　）

3. 单选题

1）以下哪种情况可能导致转向信号灯闪烁速率不正确？（　　）
A. 灯泡烧毁
B. 转向信号电路中有开路
C. 安装了不正确的闪光装置
D. 以上所有选项

2）即使前照灯开关关闭也可给远光灯供电的电路称为（　　）电路。

A. 闪光 – 示意通过

B. 水银开关

C. 变光器

D. 可回缩的

3）以下哪个选项有可能不会导致车辆两侧的前照灯都不工作?（　　）

A. 电源或接地电路开路

B. 前照灯开关不良

C. 熔丝熔断

D. 发电机输出低

4）制动灯开关一般安装在（　　）。

A. 仪表板上

B. 变速器上

C. 制动踏板臂上

D. 以上选项都不是

5）下述关于以 LED 为基础的灯光的表述中，哪个选项是不正确的?（　　）

A. LED 可在 200ms 内达到全部输出

B. LED 需要的空间更小，因此它们对行李舱空间的影响更小

C. LED 具有较长的使用寿命

D. LED 提供更精确的对比度和信号样式，因而可更有效地吸引注意力

4. ASE 类型复习题

1）在排查前照灯的问题时，技师 A 说当一个前照灯不工作时，其问题可能是灯泡或车灯烧毁了；技师 B 说在更换灯泡之前，应该检测灯泡上的电压。谁是正确的?（　　）

A. 仅技师 A 正确

B. 仅技师 B 正确

C. 技师 A 和 B 都正确

D. 技师 A 和 B 都不正确

2）技师 A 说在校准前照灯之前，应检查车辆的弹簧和减振器状况。技师 B 说在对车辆的前照灯进行校准时，它的燃油箱应该是加满的。谁是正确的?（　　）

A. 仅技师 A 正确

B. 仅技师 B 正确

C. 技师 A 和 B 都正确

D. 技师 A 和 B 都不正确

3）在讨论组合式前照灯时，技师 A 说它们的灯泡是可更换的；技师 B 说透镜上凝结的水珠会影响组合式前照灯的工作。谁是正确的?（　　）

A. 仅技师 A 正确

B. 仅技师 B 正确

C. 技师 A 和 B 都正确

D. 技师 A 和 B 都不正确

4）在排查制动灯的问题时，技师 A 说制动灯应在踏下制动踏板时点亮；技师 B 说在某些系统中，当制动踏板上仅有轻微压力时，应只有部分制动灯被点亮。谁是正确的?（　　）

A. 仅技师 A 正确

B. 仅技师 B 正确

C. 技师 A 和 B 都正确

D. 技师 A 和 B 都不正确

5）技师 A 说已经浑浊的组合式前照灯外壳应该被更换。技师 B 说组合式前照灯外壳或透镜的浑浊或氧化是可去除的。谁是正确的?（　　）

A. 仅技师 A 正确

B. 仅技师 B 正确

C. 技师 A 和 B 都正确

D. 技师 A 和 B 都不正确

6）在诊断不能点亮的 HID 灯时，技师 A 说带有烟灰色或已变黑的车灯表明其灯泡可能已经烧毁；技师 B 说在更换一个怀疑已损坏的镇流器之前，应检查它是否有电源和接地。谁是正确的?（　　）

A. 仅技师 A 正确

B. 仅技师 B 正确

C. 技师 A 和 B 都正确

D. 技师 A 和 B 都不正确

7）技师 A 说车灯闪烁可能是短路使断路器不断地断开和恢复所引起的。技师 B 说车灯闪烁可能是电气连接松动造成的。谁是正确的?（　　）

A. 仅技师 A 正确

B. 仅技师 B 正确

C. 技师 A 和 B 都正确

D. 技师 A 和 B 都不正确

8）仅左侧的转向信号灯工作，技师 A 说闪光器装置是坏的；技师 B 说或许是熔丝熔断了。谁是正确的？（　　）

A. 仅技师 A 正确

B. 仅技师 B 正确

C. 技师 A 和 B 都正确

D. 技师 A 和 B 都不正确

9）右侧倒车灯昏暗，技师 A 说倒车灯开关可能有过高的电阻；技师 B 说倒车灯熔丝的端子可能已被腐蚀。谁是正确的？（　　）

A. 仅技师 A 正确

B. 仅技师 B 正确

C. 技师 A 和 B 都正确

D. 技师 A 和 B 都不正确

10）当前照灯从近光切换到远光时，所有前照灯都熄灭，技师 A 说问题可能是变光器开关不良；技师 B 说点火开关可能是坏的。谁是正确的？（　　）

A. 仅技师 A 正确

B. 仅技师 B 正确

C. 技师 A 和 B 都正确

D. 技师 A 和 B 都不正确

第 6 章
车身电气其他系统

学习目标

- 能说明前后风窗玻璃电动刮水器和洗涤器系统的基本工作原理。
- 能检查和诊断与前后风窗玻璃刮水器和洗涤器系统有关的问题。
- 能说明电动门锁、电动车窗、电动座椅的工作原理。
- 了解巡航和速度控制是如何工作的,以及不同系统之间的差异。
- 能检查和诊断巡航控制系统。
- 能识别典型音频和视频系统的部件。
- 能识别和诊断视频和音频系统的问题。
- 能诊断电动门锁、电动车窗、电动座椅系统的问题。
- 了解各种安全系统的工作原理。

3C：问题（Concern）、原因（Cause）、纠正（Correction）

维修工单					
年份：2017	制造商：起亚（Kia）	车型：Soul		里程：446mile	RO：18214
问题：	客户陈述 Apple CarPlay 不工作。				
维修历史：	—				
根据该客户的问题，应用本章中所学的内容，确定该车故障的可能原因、诊断方法以及必要的维修步骤。					

车身电气系统使驾驶员和乘客更安全、更便捷和更舒适。本章涵盖了许多常见的电气系统，但诸如被动式安全带和气囊等其他的汽车电气和电子设备在本书其他章节中讲述。大多数电气系统都由车身控制系统（BCM）或其他模块控制，因此，在核实问题后的诊断应从检索故障码（DTC）和观察诊断仪上的数据开始。

 参见

有关在 BCM 上连接和使用诊断仪的说明参见《汽车维修技术基础（原书第7版）》第5章。

6.1 巡航（速度）控制系统

巡航控制系统的设计目的是使驾驶员无须持续踩着加速踏板也能保持恒定的车速（通常高于 30mile/h 或 48km/h），并且还可以很方便地保持或改变所选定的速度。当该系统被启用时，它会将节气门设置到所需车速对应的位置。除非有大的负荷和陡坡的干扰，否则系统将保持该车速。巡航控制开关通常位于转向盘的中央或两侧附近（图6-1）。

图6-1 巡航控制开关用于设定、提高、恢复车速及控制该系统的开启或关闭

1. 真空巡航控制系统

较旧式的巡航控制系统依赖于发动机的真空和机械装置。这类系统的控制回路如图6-2所示。

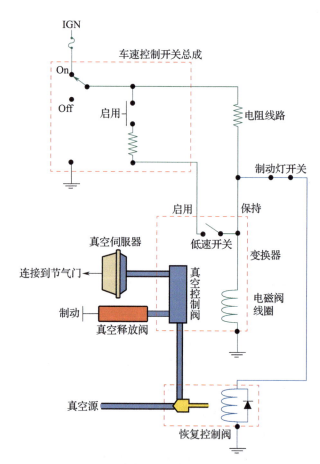

图6-2 采用真空和机械装置的巡航控制回路

真空巡航控制系统工作原理如下。

1）当系统开启时，变换器感知车速并控制施加给真空伺服器的真空度。

2）真空伺服器单元通过拉杆、连接机构、链条或钢索连接到节气门。它通过接收受控的来自变换器的真空来保持预定的车速。真空度的变化改变节气门的位置。当施加真空时，伺服弹簧压缩从而使节气门被正确定位；当真空泄放时，伺服弹簧弹开，系统停止运行。

3）当踏下制动踏板时，制动释放控制开关使该系统中断，同时，真空释放阀解除对系统的操作。

2. 电子巡航控制系统

新型的车辆配有电子巡航控制系统。这类系统依靠电子控制模块或 BCM 来操作真空伺服单元或控制步进电动机。如果系统是基于真空的，伺服器由供给和泄放电磁阀控制。步进电动机通过与巡航控制钢索连接的带条来移动节气门连接机构。控制开关通过一些电阻提供接地电路，这些电阻改变了至控制模块的电压值。该系统还有制动开关和离合器开关，它们向控制模块发送信号以停止对节气门的控制。

采用电子节气门控制（线控节气门）的发动机不需要一个单独的巡航控制模块、步进电动机或钢索来控制发动机转速。PCM 能够完全控制节气门，因此，PCM 的电路操作巡航控制系统。

车速传感器（VSS）用于监测车速。电子巡航控制系统还有其他几个输入来辅助控制系统的运行（图 6-3）。BCM 监测来自巡航控制的 on/off（打开 / 关闭）、set/coast（设置 / 滑行）、resume/accelerate（恢复 / 加速）和 cancel（取消）等开关的信号来检测驾驶员想要改变当前巡航控制状态的时刻。BCM 将开关的状态以串行数据的方式发送给发动机控制模块（ECM）。ECM 使用此信息通过控制步进电动机来设置和保持选定的车速。如果系统被关闭或驾驶员踏下制动和 / 或离合器踏板，ECM 将解除巡航控制的运行。

巡航控制只有在某些条件满足时才能运行，例如车速在规定的范围内、BCM 没有在系统中检测到问题和系统电压在规定的范围内。

3. 自适应巡航控制

自适应巡航控制系统除了可以像其他巡航控制系统一样使汽车自动保持预定的车速行驶，同时还能保持车辆之间的安全距离。期望的车辆之间的距离由驾驶员设定。该系统还能根据其前方车辆的减速来调整车速，并随后保持该车速。

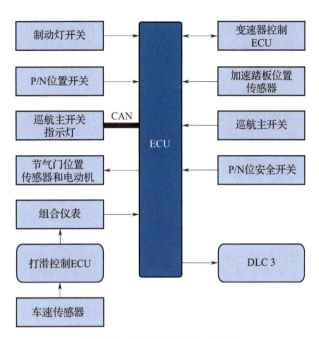

图 6-3 电子巡航控制的主要部件

安装在前保险杠附近的激光或雷达传感器（图 6-4）充当该系统的眼睛。行驶在传感器范围内的其他车辆反射雷达波（图 6-5），传感器接收返回的信号。控制单元由此可确定前方车辆的位置和速度。当系统检测到同一车道内移动较慢的

图 6-4 用于智能或自适应巡航控制系统的距离传感器

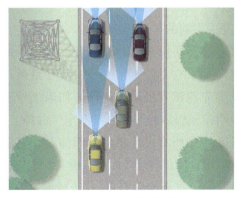

图 6-5 自适应巡航控制系统的响应

车辆时，它将减小节气门的开度或稍微施加制动来降低车速。然后车辆将以保持预定距离所需的车速跟随在前车后面。一旦前方车辆已移开、加速，或驾驶员驶入无障碍的车道，系统将使车辆加速到设定的期望车速。该技术适用于所有速度范围，包括走走停停的工况。

> **车间提示**
>
> 大多数自适应巡航控制系统依赖于雷达和/或激光雷达传感器。雷达表示"无线电探测和测距"的意思。电磁波是从天线发射的。当这些波接触到另一个物体时，它们会反弹回天线。处理器随后可确定传感器范围内物体的速度、位置、密集度以及距该物体的距离。无线电波返回的时间被用来确定距物体的距离。"光探测和测距"的雷达也常被称为"激光雷达"。除了使用的是光波外，激光雷达与雷达的工作方式是相同的。

4. 维修巡航控制系统

> **车间提示**
>
> 如同任何抱怨一样，首先要核实投诉。由于当前的车载系统越来越复杂，有关巡航控制系统不工作的抱怨可能是由于用户没有完全了解该系统。例如，当传感器被过多的灰尘覆盖，或者风窗玻璃刮水器被设置为高速时，自适应巡航控制系统可能自动解除或只是没有工作。

大多数巡航控制系统由 BCM 控制并与电子节气门控制系统协同工作。这类巡航系统的诊断与任何其他电子系统的诊断相同。诊断工作用诊断仪和 DMM 进行。一般来讲，在大多数新型车辆上，巡航控制的问题是由有故障的电路、传感器和/或开关引起的（表 6-1）。

在连接诊断仪之前，先检查巡航指示灯的工作状况。如果它不能正常工作，应在继续进行其他诊断前先测试并维修该电路。如果该指示灯闪烁，表明控制模块检测到系统有电气故障。此外，检查该系统中所有可接触到的部件是否有明显损坏。然后用诊断仪核实 CAN 总线上的通信链路是否是良好的。接着检索 DTC 并按照推荐的针对这些 DTC 的步骤继续诊断。

表 6-1 巡航控制系统常见问题及可能原因

问题	可能的问题区域
按下 ON-OFF 开关不能启动该系统	• 制动灯开关 • 离合器开关（M/T） • 车速传感器 • 巡航控制开关 • 变速器档位传感器 • 控制模块
不能设定车速（CRUISE 指示灯点亮）	• 巡航控制开关 • 车速传感器 • 制动灯开关 • 变速器档位开关 • 离合器开关（M/T） • 控制模块
巡航控制在工作中中断	• 巡航控制开关 • 车速传感器 • 制动灯开关 • 变速器档位开关 • 离合器开关（M/T） • 控制模块
巡航控制不能手动取消	• 巡航控制开关 • 控制模块
巡航控制在车速降至低速限值以下时不能取消	• 车速传感器 • 控制模块
踏下制动踏板不能取消巡航控制	• 制动灯开关 • 控制模块
踏下离合器踏板不能取消巡航控制	• 离合器开关 • 控制模块
移动变速杆不能取消巡航控制	• 变速器档位传感器 • 控制模块
巡航车速不稳定	• 车速传感器 • 控制模块
CRUISE 指示灯闪烁	• 巡航控制电路 • 控制模块

维修信息将提供诊断仪数据的期望读数和系统中各点的电压值信息。它还会列出经过开关的可接受的电阻读数。如果经过任何开关上的电阻值不在所列数值范围内，则应更换控制开关总成。此外，制动灯电路必须工作正常；如果制动灯不工作或制动灯开关有问题，巡航功能会被禁用。

> **车间提示**
>
> 在进行这个诊断检查之前，先维修制动系统的任何问题。

5. 维修真空系统

排查真空系统应从全面检查开始，包括检查

系统的熔丝；检查所有真空软管是否有断开、挤压、连接松脱等情况；检查所有线路的连接是否牢固和清洁；按照技术规格检查和调整连接机构。

如果巡航控制不工作，踏下制动踏板并检查制动灯的工作状态。如果制动灯不点亮，维修制动灯并确认它们是否是该问题的原因。如果车辆采用手动变速器，还应检查离合器开关。

如果系统不能保持恒定的车速，应断开单向阀和伺服器之间的真空软管。给单向阀施加 18 inHg（60.96kPa）的真空，该单向阀应能保持住该真空，如果不能，则更换。按照维修信息中给出的步骤检查真空泄放阀、伺服器和车速传感器。如果一切正常，则更换控制器（放大器）。

如果车辆在启用巡航时耸动，应检查执行器的联动装置（图 6-6）。它应该平顺地移动。然后检查车速表软轴的走向是否适当。

图 6-6 如果车辆在启用巡航时耸动，应检查联动装置

6．雷达 / 激光传感器校准

如果更换了巡航控制系统的传感器或传感器失准，必须执行调整程序。尽管所需的工具和步骤会因制造商不同而不同，但通常会包括以下内容。

1）将车辆停放在水平地面上。使用角度仪和水平仪测量地面的坡度。

2）测量将要停放车辆的地面，并确认该地面对要开展的作业足够平坦。

3）安装传感器校准仪和反射器目标板。

4）使用诊断仪将传感器置于校准 / 调整模式并执行校准。

6.2 前后风窗玻璃刮水器 / 洗涤器系统

许多车辆上都有前后风窗玻璃刮水器系统（图 6-7）。前照灯刮水器和洗涤器也可以与风窗玻璃刮水器同步工作。风窗玻璃刮水器电动机可以采用电磁场或永久磁场，大多数情况下，电动机使用永磁体。

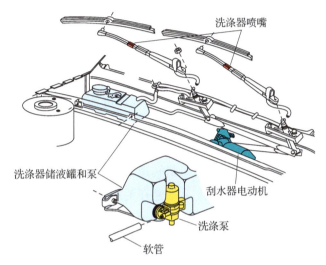

图 6-7 风窗玻璃刮水器和洗涤器总成部件

1．永磁同步电动机

在采用永磁体磁场的电动机中，电动机的转速是由换向器上的电刷位置控制的。电动机使用了共用、高速和低速三个电刷。只要电动机转动，共用电刷都会有电流传输。低速和高速电刷放置在不同的位置。最常见的电动机电刷布置是低速和共用电刷彼此相对，而高速电刷在这两者中间，或是与它们偏离（图 6-8）。其他类型电动机的高速电刷和共用电刷彼此相对，而低速电刷与它们偏离（图 6-9）。

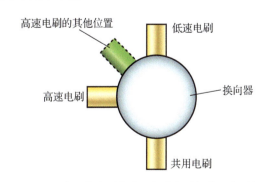

图 6-8 最常见的电刷布置是低速电刷与共用电刷相对

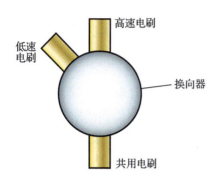

图 6-9 高速电刷与共用电刷相对，而低速电刷偏离这两者

电刷的位置决定了电枢绕组在电路中被连接的数量。当蓄电池电压施加给较少的绕组时，具有较小的磁力和反电动势（CEMF）。反电动势越小，电枢电流越大。这个较大的电流导致较高的电动机转速。当更多的绕组被接通时，电枢周围的磁场更大，因此有更高的反电动势。这导致较小的电流和较慢的电动机转速。

（1）停置开关　停置开关集成在电动机中，并由电动机齿轮上的凸轮或停置臂来断开（图 6-10）。停置开关用于在刮水器开关关闭后向电动机提供电压。这可使电动机继续运转，直到电动机到达停置位置。

当刮水器控制处在高速位置时，电压通过开关施加到高速（Hi）电刷上（图 6-11 中的深蓝色线）。开关中的触点 2 随触点 1 移动，但它未构成任何回路。当刮水器开关移至 Lo 位置时，电压通过触点 1 施加给低速电刷。此时触点 2 也随着移动到 Lo 位置，但它未构成任何回路。

当刮水器开关移动到 Off（关闭）位置时，触点 1 断开，电压被施加给停置开关，此时触点 2 可使电流流向低速电刷（图 6-11 中的浅蓝色线）。当刮水器刮片到达其最低的位置时，停置开关被移动到停置位置。这样就断开了到电刷的电路，从而使电动机关闭。

（2）下落式停置刮水器系统　具有下落式停置模式的系统在停置开关中有第二组触点。该触点允许电流流向低速电刷，而不是共用电刷。电动机的接地通过共用电刷建立（图 6-12）。这使得刮水器电动机在到达普通停置位置后，再反向旋转约 15°，以使刮片摆臂回落到凹处位置。

2. 电磁场式电动机

一些两速和所有三速的刮水器电动机使用两个电磁场绕组而不是永磁体。电动机的转速取决于磁场的强度。两个励磁绕组以相反的方向缠绕，因此，它们的磁场彼此相反。一个励磁绕组与电刷和换向器以串联方式连接。另一个并联的励磁绕组构成了一个与串联的励磁绕组电路分开的接地电路。

接地侧的开关控制电动机的电流路径和转速。

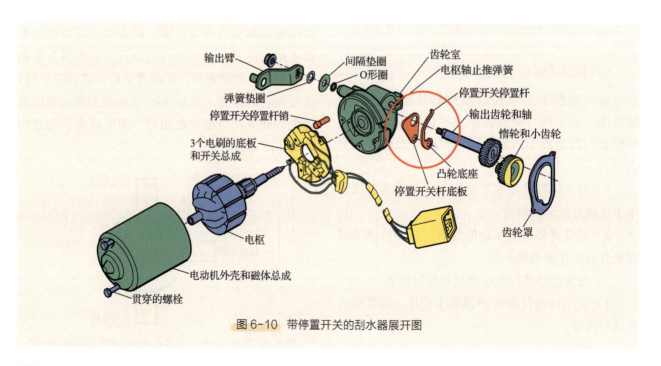

图 6-10 带停置开关的刮水器展开图

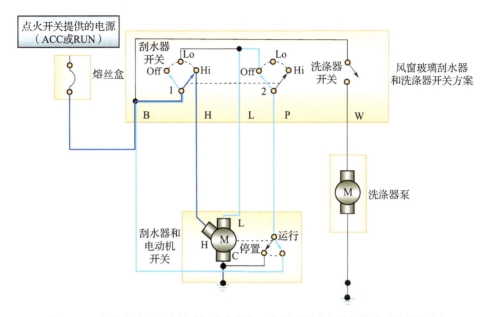

图6-11 永磁电动机在高速（深蓝色线）和停置（浅蓝色线）模式时的电流流向

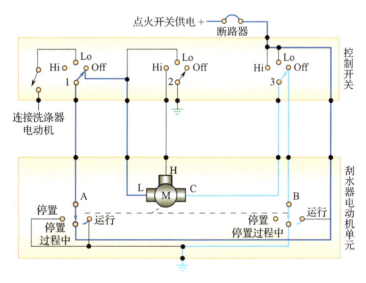

图6-12 刮水器在停置过程中和向下落位时的电路电流流向

接地的一个电流路径是通过并联的励磁绕组，另一个路径则是通过电阻器。当刮水器开关置于低速位置时，继电器的触点闭合，电压施加给电动机。刮水器开关中的第二组开关为并联的励磁绕组提供接地路径。在并联的励磁绕组中没有电阻情况下，它的磁场非常强，从而抵消掉一部分串联励磁绕组的磁场。其结果是电动机以低速旋转。

当开关处于高速位置时，并联的励磁绕组通过电阻接地。这导致并联的励磁绕组中的电流减小，因而磁场减弱，使电枢以较高的转速旋转。

三速电动机的控制开关决定哪些电阻（如果有）将被连接到其中一个磁场的电路中（图6-13）。当控制开关处于低速位置时，两个励磁绕组具有相同的电流量。因此总的磁场较弱，电动机缓慢旋转。

当开关处于中速（Med）位置时，电流通过电阻器后再进入并联的励磁绕组。这种连接减弱了并联励磁绕组的磁场，电动机的转速增加。

当开关处于高速位置时，一个更大阻值的电阻被连接到并联励磁绕组中。这种连接进一步削弱了并联励磁绕组的磁场强度，电动机得以更快地旋转。

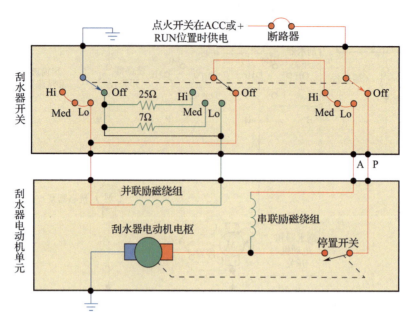

图 6-13 三速刮水器电动机电路示意图

3. 风窗玻璃刮水器联动机构和刮片

由几根刮臂和枢轴组成的联动机构用来传递电动机的旋转运动以摆动风窗玻璃刮水器。当刮水器电动机转动时，联动机构从左向右转动这些刮臂。联动机构的布置使刮水器以枢轴点摆动。装有刮片的刮臂直接连接到两个枢轴点上。

一些刮水器系统有两个以相反方向转动的刮水器电机，从而使刮水器进行摆动。这类系统占用发动机前围板区域的空间会更少。

> **参见**
>
> 有关更换刮水器和刮臂的步骤参见《汽车维修技术基础（原书第7版）》第9章。

4. 后风窗玻璃刮水器/洗涤系统

后风窗玻璃刮水器/洗涤系统（图6-14）通常用在两厢式汽车、面包车和SUV上，并有一个单独的开关来控制该刮水器电动机。其停置功能在后窗刮水器电动机和开关内实现。

5. 刮水器系统间歇模式

许多刮水器系统都有提供可变刮水间隔的间歇模式。大多数这类系统都使用安装在转向柱附近的模块或调节装置，或者采用一个连接到BCM的模块（图6-15）。

图 6-14 后风窗玻璃刮水器

刮水器每次刮水之间的延迟由一个电位计控制，通过转动间歇控制装置，改变了电阻值。该模块包含一个通过电位计充电的电容器。一旦电容器饱和，就会触发电子开关，使电流流向刮水器电动机。电容器放电的时长足够启动刮水器并使停置开关返回到运转位置。此时刮水器将继续运转，直到完成一次刮水并断开停置开关。两次刮水间隔的时长取决于电容器饱和所需的时长。随着添加到电位计中的电阻增加，电容器饱和所需的时间将更长。

（1）雨量感应型刮水器　一些车辆的刮水器有一个根据风窗玻璃上的雨水量进行运转的设计。这类刮水器的传感器通常位于风窗玻璃上部中间位置上的车内后视镜后面（图6-16）。该传感器通过特殊的光学元件将红外光传递到风窗玻璃的表面。该系统具有一系列以一定角度照射到风窗玻

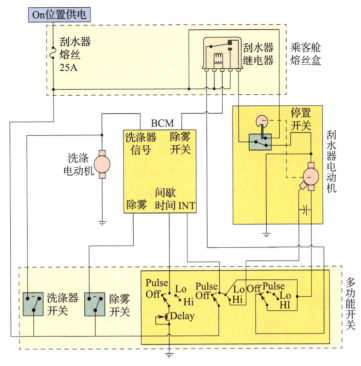

图6-15 带间歇模式的刮水器系统

璃内侧的 LED 和相同数量的光收集器，其工作原理如图6-17所示。

图6-16 雨量感应模块通常安装在风窗玻璃内侧，因而可监测风窗玻璃上的水量

当风窗玻璃干燥时，来自 LED 的所有光线都被反射回收集器。风窗玻璃反射光线的能力随着雨水开始在玻璃上聚集而改变。雨水使一些光线折射而远离收集器。这种反射能力的降低可作为表明风窗玻璃表面水量较多的一个指标。雨量传感器用反射光线的变化作为确定雨量强度的基础。作为响应，风窗玻璃刮水器的刮水次数随之增加或减少。该系统的灵敏度可由驾驶员调节。

在一些车辆上，雨量感应型刮水器模块的数据还用于自动接通前照灯。当车外下雨时，某些汽车上的 ABS 系统会向制动系统施加轻微的压力来清洁和干燥制动摩擦块和制动盘，并启动预充制动液的功能。

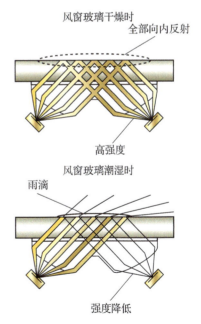

图6-17 雨量传感器基本工作原理

（2）速度感应型刮水器 一些车辆上装有速度感应型刮水器，这种刮水器根据车速改变刮水器的转速或间歇间隔。此功能解决了车辆快速行驶时风窗玻璃上积水过多的问题。这些系统通常

由 BCM 根据 VSS 的输入进行控制。

6. 风窗玻璃洗涤器

风窗玻璃洗涤器将液体喷洒到风窗玻璃上，并和刮水器的刮片协同工作来清洁风窗玻璃。大多数系统都有一个安装在储液罐中的洗涤泵（图6-18）。一些较旧的系统，例如 GM 的一些系统，使用脉冲式压力泵，该泵还控制刮水器电动机的关闭。

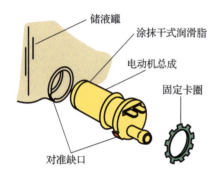

图 6-18 洗涤泵和电动机安装在储液罐中

洗涤器系统是通过按住洗涤器开关来启用的。如果刮水器/洗涤器系统也有一个间歇控制模块，则当按下洗涤器开关时会发送一个信号给该模块。模块中的一个超越控制电路控制刮水器以程序规定的时长低速运转。根据系统的设计，刮水器要么返回停置位置，要么以间歇模式运行。

为了获得最大的能见度，一些车辆配有清洗前照灯和雾灯的刮水器和洗涤器（图 6-19）。前照灯洗涤器系统可以通过自己的开关和洗涤泵工作，也可以与风窗玻璃洗涤器系统一起工作。

图 6-19 前照灯刮水器和洗涤器系统可直接与风窗玻璃刮水器一同工作，也可单独控制

7. 维修刮水器系统

客户对风窗玻璃刮水器工作的抱怨可能包括刮水不良、不工作、工作间断、工作不停或刮水器不能回到停置位置。其他的抱怨可能与该刮水器刮臂的调整有关，例如刮臂拍打其他部件或某个刮片的停置位置比另一个低。

当刮水器能按其应有的方式移动，但没有以应有的方式刮擦风窗玻璃表面，或在刮过玻璃时发出噪声，都应更换该刮片和刮臂。

如果刮水器的工作速度低于预期速度，可断开刮水器电动机上的连接机构（图 6-20），然后打开刮水器系统。如果此时电动机转动正常，则问题是在连接机构上而不是在电气设备上。如果电动机的转动仍低于正常转速，应检查电路中是否有过大的电压降。

图 6-20 断开刮水器上的连接机构

如果电动机不能以指定的速度转动或完全不转动，则问题出在电气设备上。应仔细检查电动机、线路、插接器和开关。在某些新型的车辆上，可以使用诊断仪监测刮水器系统的输入和运行状况。使用诊断仪检查是否有 DTC 并在检查刮水器开关操作的同时查看数据。应注意可能导致该问题的电路，而不是刮水器的整个电路。测试电动机在不同开关位置时的电压。还要检查接地电路。如果电动机在各个开关位置都接收到正确的电压且接地电路良好，则问题一定出在电动机上，应更换该刮水器电动机，而不是修理或重新组装。

如果刮水器的电动机转动，但刮片不移动，应检查将刮臂紧固在立柱上的螺母。有可能该立柱上的螺母松动了。如果刮臂与立柱是用花键连接的，且其不移动，应检查立柱和刮臂上的花键是否已损坏。还应检查刮水器的连接机构。许多制造商使用塑料球座来连接各部件。这些球座容易破裂和损坏，从而导致刮臂在刮水器电动机旋转时仍保持不动。

⚠ **警告** 大多数刮水器电动机都是永磁类型的，它们可能是相当脆弱的，因此不要将电动机乱扔或用锤子敲击电动机的外壳。这两种行为都会破坏电动机的磁场。

8. 维修洗涤系统

洗涤器的许多问题是由液体管路或喷嘴阻塞引起的。为了检查是否阻塞，可从泵上取下软管，然后运行该系统。如果泵喷出一连串的液体，则故障出在输送系统中。通过将液体管路重新连接到泵上并分别在另一个位置断开管路可以找到阻塞的确切位置。如果仍有液体流出，则问题是在刚断开的部位之后。如果没有液体流出，则问题出在刚断开的位置之前。重复这个过程，直到发现问题。

如果该泵不能喷出稳定的液流，则问题是在泵的电路中。应该用与任何其他电路相同的检查方式进行测试。确保它在应该有电源时能从开关处获得电源，然后检查接地。如果泵的电源和接地都是良好的，则问题是在泵上。该泵是不可翻新或维修的，必须更换。如果车辆反复出现洗涤泵的故障，应确保储液罐中的液体集滤器上没有污物和碎屑。堵塞的集滤器会使泵过度工作，从而导致泵过早地失效。

6.3 电动门锁

尽管各种车辆的自动门锁系统彼此不同，但总的用途是一样的，即同时锁住所有车门。作为防止因电气故障而使乘员被锁在车里的一个安全措施，电动门锁可以人工操作。当驾驶员或乘客的控制开关被启用（锁定或解锁）时，来自熔丝盒的电源通过开关被施加到可正反向旋转的电动机上。作为锁总成一部分的连接杆上下移动以锁住或解锁车门。在某些车型中，来自开关的信号被施加给继电器，当继电器接通时，将向门锁执行器施加一个驱动电压。该门锁执行器由一个电动机和一个内置的断路器组成。由于电动机是可正反向旋转的，所以每个电动机本身都不接地。门锁电路的接地是在远端的主电路或车门电路上的（图6-21）。

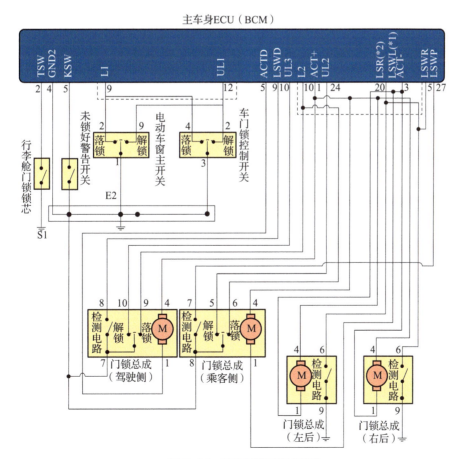

图6-21 电动门锁系统电路图

如今，大多数电动门锁系统都将电动机布置在门锁总成中，并由 BCM 控制，这样可从远处控制车门的落锁/解锁功能，并可与车辆的安防系统集成。这些系统依赖于许多不同的部件，包括远程控制门锁的接收器、车门模块、单个车门上的开关和继电器、单个门锁总成，以及 LAN 和 / 或 LIN 串行数据线。

大多数车型都有中央控制开关，它们通常被安装在车门扶手、仪表板或车门装饰板内（图 6-22）。这个开关使车辆可在内部和外部对门锁进行控制。但一些车型采用由前车门按钮锁来控制的开关。

图 6-22　中央控制开关

自动门锁：有些车辆装有自动落锁或自动解锁系统。该系统可在所有车门关闭、点火开关打开、变速器未处在 P（驻车）位，且车速超过 4 mile/h（约 6.44km/h）时自动锁住所有车门。根据车辆不同，可以使用诊断仪更改是否启用自动门锁和启用时刻的设置以适应客户的偏好。

1. 儿童安全锁

为了防止后车门被后座上的儿童意外打开，几乎所有的车辆都配有儿童安全锁。当设置此锁后，后车门无法从车内打开。这些车门只能从车外打开。该功能的开关通常位于后车门的后门框上，每个车门必须单独设置。

2. 电动行李舱门开启系统

电动行李舱门开启系统是一个相对简单的电路，它由一个开关和一个电磁阀组成。当按下行李舱门开启开关时，电压通过该开关施加给电磁阀。电磁阀的一侧为蓄电池电压，另一侧接地。行李舱门开启电磁阀通电后，行李舱门的锁闩开启以打开行李舱门。

3. 诊断

电动门锁或电动行李舱门开启系统很少有故障。但如果所有的门锁都不工作，应从检查该电路的熔丝开始。如果熔丝正常，应查看电路图来确定下一个最佳的测试位置。如果系统使用遥控钥匙，可使用遥控器和内部车门控制装置测试门锁的工作状况。带有遥控锁门装置的车辆使用无钥匙进入模块。该系统可以用诊断仪进行测试。如果可以，则在确认门锁电路、测试开关和锁定电动机工作状况的同时监视诊断仪数据。密钥卡的操作通常可使用胎压监测系统（TPMS）的工具来检查。

有故障的门闩会导致车门锁不工作。门闩随着时间的推移会磨损，导致在正常操作中可能无法锁定或解锁。不要试图修理门闩，如果有故障，就应更换。当门闩和铰链老化后，车门往往会下沉，导致门闩和锁扣错位。在这种情况下，人们不得不用力去关门，这更增加了锁闩总成损坏的可能性。

门锁系统的另一个常见问题是门闩和把手上用于固定门锁拉杆的塑料锁扣断裂，使门锁拉杆从门闩或把手上脱落。这通常可以从一个车门不能用此门的某个门把手打开，而用其另一个门把手却可正常打开这一点上明显看出来。要检查这一故障，可拆下车门饰板来检查拉杆和锁扣。

6.4　电动车窗 / 天窗

很明显，任何电动车窗系统的作用都是升降车窗。这些系统在不同车型之间没有显著差异。典型系统的主要部件有主控制开关、单个车窗控制开关、控制模块和车窗驱动电机。

主控制开关提供整个系统的控制。系统的电源直接来自熔丝盒。根据车辆的不同，系统可能有一个用于整个系统的熔丝或断路器，或对每个车门有一个熔丝。单个车窗控制开关的电源来自主控制开关（图 6-23）。当主控制开关允许时，其他车窗可以用安装在相应车门上的开关来控制。

1. 车窗锁定系统

包含在四个车门主控制开关中的一个锁定开关是一种安全装置，它用于防止儿童在驾驶员不知情的情况下打开单个车窗控制开关控制的车窗。当按下锁定开关后，它会短暂闭合并通过 LAN 串行数据线向 BCM 发送一个信号。作为此网络一部分的该模块将阻止乘客用其乘客侧车门上安装的开关操作车窗。在锁定功能被启用后，乘客侧车窗仍可用驾驶员侧车门上的主控制开关进行操作。

图 6-23 车窗主控制开关位于驾驶员侧车门处

2. 电动车窗电路

通常情况下，一个永磁电动机驱动一个电动车窗。当电压施加给某个电动机时，它会升起或降下其车窗玻璃。电动机移动车窗玻璃的方向由提供给电动机的电压极性决定（图 6-24）。当今大多数车辆的驾驶员和前排乘客侧车门都有一个本身带有模块的电动机。每个模块都由 BCM 控制。该信号可使车窗向上或向下移动，而且还可以通过串行数据线的传输控制后排的车窗。

当接通主控制开关总成中的某个 Up（向上）开关时，电压被施加给此车窗的电动机。该电动机通过 Down（向下）的触点来接地。当主控制开关总成中的任意一个 Down 的开关被接通时，蓄电池电压以相反方向施加给该电动机。该电动机随之将通过主控制开关的 Up 触点接地。

单个车窗开关的工作原理是相同的。当接通 Up 开关时，电压施加给该车窗的电动机。电动机通过该开关上的 Down 触点和主控制开关上的 Down 触点接地。当接通车窗开关上的 Down 开关时，电压以相反方向施加给电动机。电动机通过该车窗开关上的 Up 触点和主控制开关上的 Up 触点接地。从而使电动机以相反方向旋转。

每个电动机用一个内部断路器来保护。如果车窗开关在车窗受阻或车窗已经完全升到顶端或降到底端后仍保持按下的时间过长，断路器将断开其电路。

（1）一键升/降式车窗　一些车辆配备了一键升/降车窗的功能。该功能可通过短暂按住车窗开关 0.3s 以上然后松开来完全打开或关闭车窗。该车窗的移动还可以随时通过再按下该开关而停止。这种车窗功能依赖于一个电子模块和一个继电器。当接收信号后，控制模块会接通继电器，从而完成电动机的电路。当车窗完全升或降

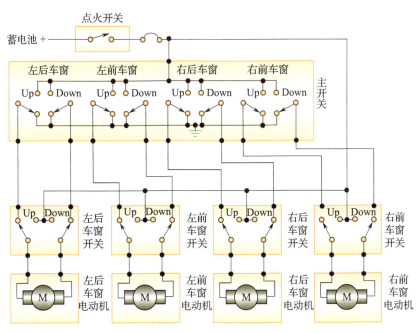

图 6-24 典型的电动车窗电路

到头时,模块将断开继电器以停止电动机。在按下Down开关后,电动机也会停止10~30s。

一键升/降式车窗的电路是BCM的一部分,因此,在蓄电池被断开、熔丝熔断或更换部件后,可能被暂时禁用。如果出现这种情况,则系统需要重新初始化。可按照制造商的步骤完成初始化。

(2)受阻感知式车窗　受阻感知式车窗功能是在系统检测到车窗玻璃和窗框之间有物体(如手指)时用来阻止车窗关闭的。此检测将导致车窗以其相反方向移动。这类系统通常依靠红外传感器。当光束被障碍物遮挡时,该车窗将反向移动。

3. 诊断

诊断电动车窗系统的第一步是确定是整个系统还是只有一个或两个车窗不能正常工作。如果是整个系统,则问题可被判断为是熔丝、断路器或主控制开关故障。如果只是系统的一部分不能工作,应检查不能工作的部分中所用的部件。拆下车门饰板以便能够接近电动机和拉杆。图6-25中的步骤1)~9)展示了更换电动车窗升降装置的典型步骤。

拆下车门饰板需要一个专用工具小心地拆卸,这将减少损坏饰板及其固定夹子或铆钉的可能。一旦拆下饰板,就可以接触到电动门锁、车窗和玻璃等机械装置以及车门中的扬声器。

指南:下面的基本诊断逻辑将有助于判断车窗问题的可能原因。

1)首先检查车门饰板上是否有可见的固定螺钉和其他紧固件。拆下可见的螺钉后,小心移动门闩总成以便接近执行器的拉杆

2)为了分离门闩拉杆,小心地从拉杆上取下保持卡子,然后从卡子和门闩中拉出连杆

3)使用饰板卡子工具小心地在每个卡子处撬动饰板,将其与门框分离。断开扬声器、灯具和其他部件的任何连接线并取下饰板

4)拆下饰板后,小心地从车门上剥去防潮层以便接近电动机和升降装置

5)拆下车窗与升降装置的固定螺栓

6)小心地从车门上取下玻璃并将其放置在安全地点

7)找到并取下车窗升降装置的固定螺栓。从车门框架的开口处取出升降装置

8)安装新的升降装置后,重新安装上车窗玻璃

9)测试新升降装置工作正常后,重新安装车门饰板和所有紧固件

图6-25　更换电动车窗升降装置的典型步骤

1）当所有车窗都不工作时，检查熔丝和到主控制开关的线路，包括地线。

2）当一个车窗不工作时，检查该单个车窗控制开关的线路、开关和电动机。还应检查车窗玻璃是否处于其导轨中。

3）许多系统可以使用诊断仪测试以检查开关的输入和对车窗电动机的指令（图6-26）。

4）当两个后车窗不能用它们各自的开关操作时，应检查锁定开关和主控制开关。

5）当一个车窗仅可朝一个方向移动时，应检查主控制开关和单个车窗控制开关之间的接线。

6）电动车窗和门锁问题的一个常见原因是穿过驾驶员侧门柱的线束被损坏。由于驾驶员车门打开和关闭的次数较多，车门的运动易使线束

图6-26 使用诊断仪检查电动车窗的工作状态

受到压力而损坏。在检查电动车窗和车门锁问题时，可尝试在操作该电路时轻轻拉扯车门侧柱上的线束。

4．电动天窗系统

电动天窗（汽车的天窗、遮阳篷顶、全景天窗）可以使天窗顶盖滑动打开或关闭。它还可以使天窗顶盖的后部向上倾斜以允许新鲜空气和自然光进入乘客舱。任何电动天窗顶盖系统的主要部件都有继电器、控制开关、滑动的天窗顶盖和电动机。该电路通常由串联在电路中的断路器保护。可反向旋转的电动机为推动或拉动天窗顶盖的驱动齿轮提供动力。

当双位开关移到打开位置时，天窗顶盖移入车顶内衬和车顶之间的存放区域。只要松开开关，天窗就会停止移动。将开关移到关闭位置时会反转电动机的电源方向。

如果该系统不工作，先检查熔丝或断路器，如果都是完好的，则打开点火开关，检查天窗开关处是否有电压。如果有，则说明继电器是好的。在天窗开关保持在打开位置时，检查是否给电动机提供了电源。更多有关诊断和测试的信息，可参考维修信息。

6.5 电动座椅

电动座椅可使驾驶员或乘客将座椅调整到最舒适的位置（图6-27）。该系统的主要部件是座椅控制装置和电动机。

电动座椅流行的几种配置通常有四、六和九个方向的调节。然而有些车辆允许座椅有多达12个方向的调节。在四向调节的系统中，整个座椅可上、下、前、后移动。六方向调节的系统（图6-28）除具有与上述相同的调节方向外，再加上可调节座椅前部和后部的高度。四个方向的

系统通常用于长条形座椅，而六个方向的系统用于分体式长条形座椅和斗式座椅。一些系统还可控制座椅靠背的倾斜、向前/向后移动、高度和角度。座椅靠背调节装置还可以控制头枕或约束装置的高度。

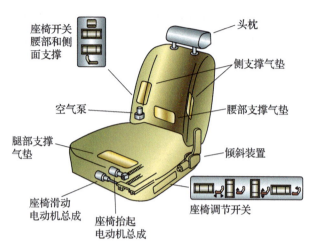

图6-27 座椅的调节可改善驾驶员和乘客的舒适度

四个方向调节的系统通常使用两个电动机，而六个方向调节的系统使用三个电动机。许多较新的系统依靠水平电动机、前部垂直电动机、后部垂直电动机和后仰电动机。这些电动机的名称表明了它们的功能。为了在六向调节系统上升高或降低整个座椅，前部高度和后部高度电动机将一起工作。这些电动机通常都是双向的电动机总成，总成中含有一个断路器来防止在控制开关长时间被保持在启用位置时的电路过载。图6-29为加热线圈短路造成的情况。

1. 气候控制座椅

许多车辆都有加热座椅的功能，这在寒冷的气候下是一个特别宜人的功能。该系统依靠在座椅坐垫和靠背中由继电器和开关控制的加热线圈为座椅加热。一些系统在前排座椅上提供加热功能，另一些系统还提供车辆后排座椅的加热功能。每个座椅由一个单独的开关控制。大部分这类电路都由BCM控制，BCM接收来自各种温度传感器的输入。座椅加热系统被设计成在高温度位置时将座椅的坐垫和靠背加热至约107.6℉（42℃），在中等温度位置时加热至103℉（约39.4℃），在低温度位置时加热至98.6℉（37℃）。

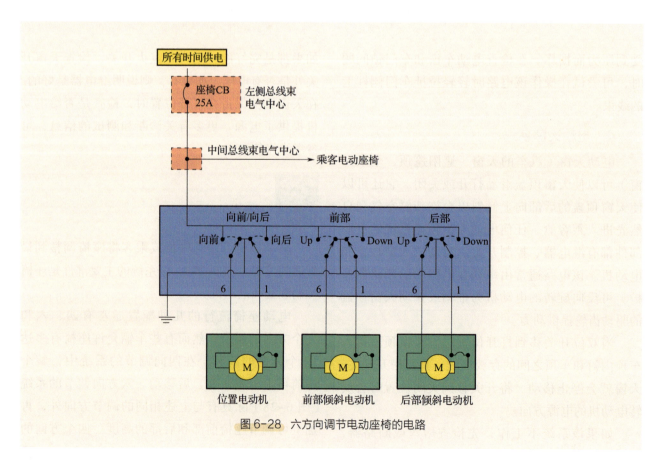

图6-28 六方向调节电动座椅的电路

图 6-29 该加热式座椅因加热线圈短路而变得非常热

除了在寒冷天气中为座椅加热外，一些车辆还可以在炎热的天气中使已冷却的空气流过座椅从而使其变得凉爽（图 6-30）。在大多数车辆中，空气是用帕尔贴（Peltier）元件（一种电热转换元件）和座椅坐垫的软垫及靠背中的风扇来冷却的。空气穿过座椅软垫表面的凹槽移动到座椅表面。风扇通常由位于座椅上的气候控制开关控制。该开关可有七个模式：三个冷却空气模式、三个加热器模式和一个通风模式。

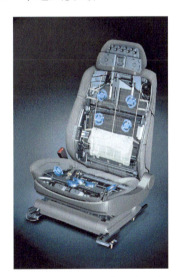

图 6-30 该座椅具有通风、加热和多方向的调节功能，包括头枕和腰部支撑，小圆形物是风扇

帕尔贴装置虽可用于加热或冷却，但它们更常用于冷却中。当作为冷却装置工作时，电压施加在该装置的两端，从而在该装置的两侧之间产生温度差。当环境温度高时，热量的差异使座椅上产生了凉爽的输出。一般来讲，该装置在热冷两侧之间的最大温差约为 160℉（约 71℃）。

其他系统采用在座椅顶部布置的通风口来提供温暖或凉爽的空气（图 6-31）。当天气寒冷或炎热时，它们对那些已收起敞篷车顶篷的驾驶员来讲是特别惬意的。

图 6-31 空气从座椅上部排出以增加驾驶员和乘客的舒适度

2. 座椅其他选项

车辆的座椅有许多不同的功能。以下一些功能中某些可用于采用手动调节座椅的车辆，其他的功能仅适用于电动座椅。

（1）电动腰部支撑　电动腰部支撑允许驾驶员对位于座椅靠背下部的气袋充气或放气。调整这个支撑提高了驾驶员的舒适度，并可对脊柱下腰椎区提供支撑。

（2）记忆座椅　记忆座椅的功能可以将驾驶员座椅自动定位到不同位置，通常有多至三个预设位置（图 6-32）。该功能可使不同的驾驶员通过系统使座椅自动调整到他们所希望的位置。它还允许一个驾驶员为不同的驾驶情景设置不同的位置。

图 6-32 座椅调节、记忆和加热控制装置

一些带有遥控钥匙存储器的系统可以被编程，每当按下钥匙的解锁按钮时，座椅就会移动到其记忆的位置。每个驾驶员都可以拥有自己的遥控钥匙，当他们解锁车门时，车辆就会选择他们所希望的座椅位置。此外，其他一些系统还会自动地将电动后视镜调整到每个驾驶员设置的位置。

（3）自适应和活动式座椅　一些豪华车中提供一种自适应就座功能，它可以在驾驶员变换坐姿位置时稍稍移动座椅。移动的座椅提高了驾驶员在长时间驾驶时的舒适性和座椅的支撑能力。活动式座椅以连续但几乎感觉不到的动作刺激脊柱和周围的肌肉。这类座椅的设计目的是防止驾驶员长时间坐着不动而导致的背部酸痛。座椅靠垫的左右两半会以周期性的间隔上下移动。为此，在座椅衬垫中集成了两个靠垫。液压泵将水和乙二醇的混合液交替地充入两个靠垫的腔室。

（4）按摩座椅　为了帮助减少驾驶员的疲劳，按摩座椅功能用空气充填一组气囊或气袋，然后再释放。在许多情况下，启用该功能后的感觉如同座椅靠背在上下移动。气囊交替地充气和放气，在驾驶员和乘客的背部产生"揉捏"的感觉。座椅按摩或振动系统通常使用一个空气泵（位于座椅靠背或行李舱中）、一个用来控制空气流入和流出气囊的电磁阀以及一个控制开关。根据系统的不同，控制装置可以调整气囊活动的强度、速度和位置。

实际的系统及其操作差异很大。气囊数量和它们在座椅靠背中的位置随每种设计会有很大不同。较简单的系统有一个简单的 on/off 开关，而有些系统可提供多达 25 种不同的控制设置。在完全可控的系统中，可能有多达十个气袋按照控制策略布置在座椅靠背中。一些较简单的系统有五排，每排两个气袋，这些气袋的布置作用在乘员的肩部和背部，但它只有一种控制设置。

3. 诊断

在测试电动座椅系统之前，应确认座椅是由 BCM 控制还是直接控制的。如果座椅是由 BCM 控制的，使用故障诊断仪检查该系统。不论哪种控制方式，都应先对系统的线路和插接器进行目视检查。有两种类型的问题会影响电动座椅：一种是触发断路器跳开或持续断开，另一种是座椅不能朝某个方向移动。

可复位的断路器可保护系统免受短路或因座椅调节装置受阻或卡住而带来的大电流影响。如果该断路器有故障，必须更换。在测试断路器之前，应确保座椅导轨没有损坏，并且没有在物理上可阻止座椅移动的任何物品。

当座椅不能朝某个方向移动时，可打开车顶灯，然后向有问题的那个方向移动电动座椅开关。如果车顶灯变暗，则座椅可能被卡住或有某些外在的阻力。检查座椅下方，看是否有阻滞或有障碍物。如果顶灯没有变暗，则测试该系统。

断开蓄电池的负极端子。拆下座椅或车门扶手上的电动座椅开关。检查开关上是否有蓄电池电压。如果没有电压，而断路器正常，则检查电源供给电路是否开路。如果有电压，则检查该开关上的接地连接点与良好接地之间的导通性。如果不导通，维修该接地电路。如果导通，则需要测试该开关。使用欧姆表测试开关在每个位置时的导通性。有关开关各端子之间应具有的导通性可查看维修信息（图 6-33）。如果开关检查通过，则测试电动机。如果开关是坏的，则更换它。

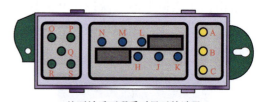

从开关后面观看时显示的端子

电动座椅开关位置	端子之间的导通性
Off	→ B-N, B-J, B-M, B-E, B-L, B-K
垂直方向	
up	→ A-E, A-M, B-N, B-J
down	→ A-J, A-N, B-M, B-E
水平方向	
向前	→ A-L, B-K
向后	→ A-K, B-L
前部倾斜	
up	→ A-M, B-N
down	→ A-N, B-M
后部倾斜	
up	→ A-E, B-J
down	→ A-J, B-E
腰部支撑	
off	→ O-P, P-R
up（充气）	→ O-P, Q-R
down（放气）	→ O-R, P-Q

图 6-33　辨别电动座椅开关各端子间的导通性

通过将每个电动机直接连接到电源和良好接地处来测试电动机。在进行该测试时，一旦电动机停止转动，应立即断开电源。如果座椅前部上下电动机、后部上下电动机或滑动电动机不转动或转动不平顺,则更换电动机。

如果按摩座椅工作不正常,应检查控制装置、空气软管、电气线路、传感器和气泵。

> **车间提示**
>
> 滑动电动机通常不作为单独的配件提供,因为它被组装在座椅导轨中。

6.6 电动后视镜系统

电动后视镜系统由一个操纵杆式的控制开关和位于每个后视镜总成中的双电动机总成组成。驾驶员车门上的开关总成上有组装在一起的两个开关,其中一个用来选择要调整车辆左侧还是右侧的后视镜,另一个用于调整后视镜。

将电动后视镜开关旋转到左侧或右侧位置以选择一个要调整的后视镜。上下左右移动操纵杆控制装置将该后视镜移动到所需的位置。双电动机驱动总成位于后视镜镜片的后面。后视镜的位置可以与记忆电动座椅捆绑在一起,从而实现在选择座椅位置时还可自动调整后视镜位置。

典型的电动后视镜电路(图6-34)是一个独立的电路,除非它是与便捷性设施的记忆系统捆绑的。在这种情况下,BCM控制后视镜和座椅。

一些车辆上的右侧车外后视镜在车辆换入倒档时会向内/向下倾斜。这使驾驶员能看到车辆右后周围区域的情况。一旦汽车换入前进档,该后视镜将移回其正常位置。

防眩目后视镜:许多新型的车辆都配备了电动防眩目车外后视镜。这类后视镜根据照射到后视镜镜面的光强自动调整反射亮度。这类后视镜使用光感传感器来感知光线。当眩目非常强烈时,镜片完全变暗(反射率降至6%)。当眩目不太强烈时,该镜片提供20%~30%的反射率。当眩目减弱后,镜片将变为白天明亮的状态。

1. 车内后视镜

一些自动的日间/夜晚车内后视镜在两块导电玻璃之间使用一层薄的电致变色材料。该后视镜上的开关允许驾驶员启用或停用该功能。当启用后,该后视镜开关用一个LED照亮。当变速器换入倒档时,将停用自动变暗功能。

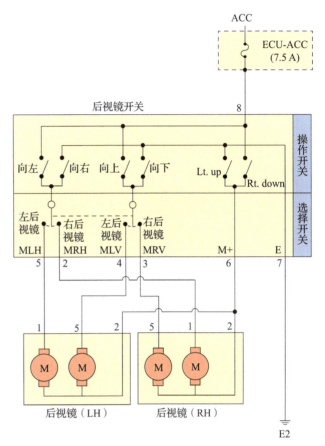

图6-34 电动后视镜电路的接线示意图

当这种后视镜被启用后,两个光电传感器监测外部光线亮度并调节该后视镜的反射光(图6-35)。环境光照传感器用来检测来自车辆外部和前方的光线亮度。朝向后方的前照灯光光电传感器检测从车辆后部照入的光线亮度。当这两个光电池传感器之间的光线亮度不同时,该后视镜开始变暗。

在一些车辆上,驾驶员侧车外后视镜的防眩目功能由车内后视镜控制。车内后视镜向车外后视镜提供一个信号,并使它与车内后视镜一起变暗。

自动式日间/夜晚后视镜的故障无法修复。如果它有故障,只能更换。

一些后视镜带有定向罗盘显示。罗盘上的读数显示在后视镜的反射面上,通常是在后视镜的左下角。这种后视镜还可能含有一个小型的后视摄像显示器,用来显示乘客侧外部后视镜中摄像

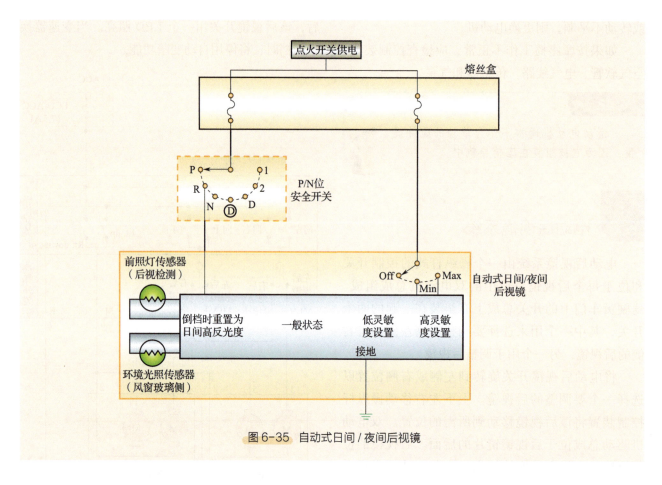

图 6-35 自动式日间/夜间后视镜

头拍摄的路边场景，甚至可显示后视摄像头拍摄的后面的景象，而不是后视镜本身反射的景象。

2. 电动折叠式后视镜

一些车辆装有电动折叠式后视镜，特别是大型皮卡车。此功能允许驾驶员将车外后视镜缩回至完全折叠的位置，折叠方向是朝向车窗的。后视镜也可以伸展到完全展开的位置以便正常使用。折叠式后视镜的操作由一个开关和另外的电动折叠后视镜电动机实现。

这项功能现在已经应用于许多较新的汽车和SUV上。当车辆驻车时，车外后视镜朝向车门转动。这项功能是为了减少有人走近并损坏后视镜的可能性。

6.7 风窗玻璃除霜器和加热式后视镜系统

1. 加热式后风窗玻璃

后风窗玻璃除霜器（也称为除雾器或除冰器）加热后风窗玻璃的表面以除去玻璃上的潮气和冰。在某些车辆上，相同的控制还加热车外后视镜。后风窗玻璃除霜器的主要部件包括一个开关、继电器总成和玻璃表面的加热元件（图 6-36）。

图 6-36 典型的后风窗玻璃除霜器网栅

按下后风窗玻璃除霜器开关后将立刻使继电器通电。蓄电池电压通过继电器闭合的触点施加给后风窗玻璃除霜器的加热网栅。在配有加热式后视镜的车型上，电流还流过一个单独的熔丝到后视镜的加热网栅。

大约 10 min 后，一个延时电路会断开继电器线圈的接地路径，从而使继电器线圈断电，切断给加热网栅的电源。延时电路防止系统在长时间行驶期间始终保持通电。该系统也可以人工关闭。

2. 诊断后风窗玻璃除霜器

后风窗玻璃除霜器最常见的问题之一是玻璃上的网栅损坏。损坏可能是坚硬的物体摩擦玻璃的内表面或使用了强刺激性的化学物质清洁后风窗玻璃而导致的。当一段网栅被割断时，它将断开电路。通常，客户的抱怨是该装置没有给整个后风窗玻璃除霜。这种情况一般都是该网栅的一行或两行已开路。开路点可用试灯查找。接通后风窗玻璃除霜器后，网栅的各点上都应有电压。如果其中一部分没有电压，可将探针向网栅上正极一侧移动。一旦出现电压，即可知道断路在有电压和没电压的两点之间。开路处可以通过在该处涂抹一种特殊的化合物来修复。正确操作步骤展示在图 6-37 中的步骤 1) ~ 9) 中。

1) 执行该任务所需的工具包括封口胶带、维修胶带、500℉（260℃）加热枪、试灯、钢丝刷、酒精和清洁抹布

2) 清理要维修的网栅区域。用细钢丝刷抛光。用浸有酒精的抹布擦拭干净并在断路处两侧分别清洁出 1/4in（约 6mm）的区域

3) 在断路处网栅上下各贴上一条胶带。该胶带用来控制修复宽度，因此应尽量与原始网栅宽度一致

4) 将固化剂与银粉塑料充分混合。若固化剂已成型，可将整包装浸入热水中

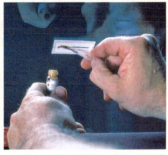
5) 用小棍将网栅修复材料涂在维修区域

6) 小心取下原先贴上的胶带

7) 加热维修区域 2min，加热枪应与维修区域保持 1in（约 25mm）的距离

8) 检查维修处，若有褪色，可涂上一层碘酒来恢复。让其干燥 30s，然后用抹布擦去多余的部分

9) 用试灯测试维修处。注意维修处完全固化需要 24h

图 6-37 修复除霜器网栅的正确步骤

如果网栅未被加热,应在网栅连接处检查电压,然后检查接地电路。如果网栅上没有电压,应查看电路图以确定应在何处检查该电路。如果开关和继电器工作正常,则可能是连接网栅的线路开路。

3. 加热式前风窗玻璃

加热式或自除霜式前风窗玻璃系统的工作原理类似于后风窗玻璃除霜器,它直接加热玻璃。但它不是使用会妨碍驾驶员视野的金属线网栅,而是在风窗玻璃内部使用了一层极薄的金属涂层。这种涂层或层压制件夹在两层玻璃之间,由连接到内部层压制件或涂层上的母线提供电源和接地电路。

一些系统使用银和锌,而另一些系统在玻璃层面之间有一个电阻涂层。当使用层压制件时,有一个可检测风窗玻璃损坏的传感器,如果玻璃出现损坏,将中断电流。而带有电阻涂层的风窗玻璃即使在玻璃损坏的情况下加热功能仍可继续起作用。

有些系统需要使用一种特殊的AC发电机。这类发电机在为风窗玻璃提供交流高电压的同时还可为其他一些系统提供正常的DC电压。其他类型的一些系统用传统AC发电机的全励磁状态来为风窗玻璃提供高的交流电压。所有系统仅运行到足以清洁风窗玻璃为止。

当该种风窗玻璃通电时,发电机的输出被提高并定向地供给风窗玻璃的电路。当电压调节器感知到蓄电池电压下降时,将关闭该系统,发电机的输出被引导至蓄电池。有关特定系统的细节可查看维修信息。

6.8 喇叭、时钟、点烟器系统

喇叭、时钟、点烟器系统的用途和工作原理是很明确的,它们的电路也会因车型和年款而异,但总的工作原理是一样的。

1. 喇叭

汽车中的电喇叭根据基本的电磁原理工作。通电时,喇叭中的膜片振动并发出声音(图6-38)。膜片是一个安装在电磁铁上部的薄且有弹性的圆板。该膜片只是牢固地安装在喇叭总成的外圈。这种固定方式允许膜片的中央部分弯曲。电磁体由磁场绕组中建立的磁场移动。当电磁体移动时,至磁场绕组的电路被断开。但电磁体返回到它的静止位置后,电流被再次传送给磁场绕组。只要按下喇叭按钮,这个过程就会每秒重复数次。

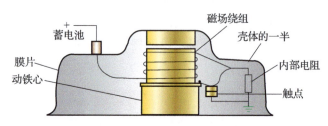

图 6-38 汽车喇叭的基本结构

喇叭开关安装在转向盘的中央,或可能是多功能开关的一部分(在一些旧款的车型上)。如果采用转向盘中央的喇叭开关,则无论转向盘处于何种位置,一个时钟弹簧为该开关(或按钮)和转向柱线束之间的线束提供连接。时钟弹簧是一个包含在塑料外壳中的导电材料卷绕物(图6-39)。

图 6-39 几乎所有汽车都使用时钟弹簧来保持转向盘和气囊与其他附件的连接

大多数喇叭系统都由继电器控制。当按下喇叭开关时,接通了喇叭继电器的接地路径,继电器触点闭合,从而允许较大的电流发送给喇叭。通过使用继电器,喇叭按钮上只需流过较小的电流。

当前的许多车辆使用控制模块来操作喇叭。该模块利用转向盘上装有的各种控制装置来处理许多不同的任务。所有这些控制装置的位置和状态都被发送给转向柱模块并与车辆的其他系统共享。

大多数车辆都有两个相互并联并与开关串联的喇叭。每个喇叭都有不同的形状和设计以产生不同的音调（图6-40）。这两个喇叭提供的声音比一个喇叭更柔和。通过转动喇叭外部的螺钉可调整每只喇叭（图6-41）。

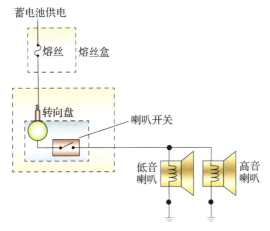

图6-40 使用电源开关控制喇叭工作的喇叭电路基本原理图

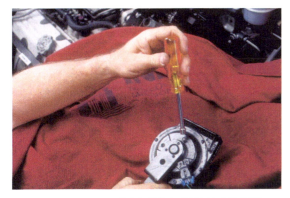

图6-41 可用喇叭上的螺钉调整喇叭的音调

喇叭的诊断：如果喇叭不工作，先从继电器开始诊断。按下喇叭按钮或在可能的情况下远距离操作喇叭并注意听继电器是否发出咔嗒声。如果继电器发出咔嗒声，则表明继电器控制端和其线圈是好的。随后检查供给到喇叭处的电源。如果有电能供应，则喇叭或其接地可能是问题所在。如果喇叭处没有电能供应，则可能是因为电源线开路或继电器触点有故障。如果继电器没有发出咔嗒声，应检查熔丝。如果熔丝是坏的，应检查继电器和从继电器到喇叭的电路。继电器用DMM进行检查。继电器线圈、喇叭或至喇叭的线路短路都会造成熔丝熔断。

如果继电器是好的，则应检查喇叭开关电路。将DMM或试灯连接在蓄电池正极和继电器上接喇叭开关的端子上。按下喇叭按钮，如果开关电路接通接地，DMM应显示蓄电池电压或试灯应点亮。如果没有电压，则是开关或至开关的电路开路。

2. 时钟

时钟直接从熔丝盒接收电源，时钟也可能是DIC或信息娱乐系统的一部分。一些时钟还会有某些额外的功能。这些说明在具体车辆的用户指南中。

3. 点烟器/电源插座

香烟（雪茄）的点烟器是一种加热元件，当它的热量达到适当程度时，就会自动从其推入位置退出。大多数车辆已经用小电流的附件电源插座取代了大电流的点烟器。

对于不能工作的系统，应首先检查熔丝。如果熔丝完好，应确认点烟器插座上是否有电。如果有电源存在，则点烟器很可能是坏的。电源插座通常仅通过钥匙打开供电，但也有些车辆是始终保持供电状态的。有关故障排查的附加信息，可参考维修信息。

6.9 音响系统

如今的汽车上有各种各样的音响系统可供选择，而且系统的复杂性也从基本的调幅（AM）收音机变化为较复杂的立体声系统（图6-42），其中包括AM/调频（FM）收音机接收器、立体声放大器、CD和DVD播放器、MP3播放器、均衡器、一些扬声器和电动天线系统。许多型号还支持基于蓝牙、Android Auto、Apple CarPlay、Pandora的流媒体和其他服务。

收音机接收通过天线接收广播电台发射的声波。AM的无线电波传播得很远，但不能用于立体声的广播节目，而且AM的音质不如FM的无线电波好。几乎所有的FM广播节目都是立体声的，但良好接收的距离范围受到限制。

图 6-42 当今可选配的音响系统

如今在传统广播中增加了数字高清（HD）广播节目。除了标准的 AM 和 FM 无线电传输的模拟信号外，数字高清广播节目还广播数字信息。为了接收这些广播节目，需要一个数字高清节目的接收器。这改善了接收器产生的声音质量。除了音乐外，数字高清广播还可以发送歌曲目录、艺术、交通和股票等信息。

1. 天线

天线收集 AM 和 FM 电台的无线电波。无线电台的广播塔发出电磁能量，而在天线中感应出 AC 电压。这个 AC 电压信号随后被无线电接收装置转换为音频输出。

一些车辆将天线集成到后风窗除霜器的网栅中。后风窗玻璃除霜器/天线模块（图 6-43）从除霜器网栅使用的电流中分离出音频所用的无线电波频率。当打开收音机时，一个 12V 的信号被发送给除霜器/天线模块，来自该模块的同轴电缆将无线电波提供给收音机。

图 6-43 后风窗除霜器和天线模块

电动天线：一些车辆配备电动天线，当收音机打开时伸出，关闭时收起。这些天线由可逆向转动的电动机提供动力。为了使它们正常工作，这些天线（即使是黑色的天线）应定期用铬层上光剂清洁。出现问题时，通常是伸缩式天线杆上的污垢或润滑不足造成的。

2. 卫星广播

为了提供不受距离影响的广播内容（例如音乐、体育直播、对话节目），大多数车辆都可以将基于卫星的收音机作为标准配置来订购或作为一个选配功能。这些收音机接收卫星从地球上空数英里外发射的电磁波，并在一些受限区域使用地面中继网络来实现声音在被大量高层建筑阻挡的区域中传播。由于微波在任何时候都用一颗以上的卫星传播，而且每颗卫星处在自己的轨道或轨道中的某个位置上，因此，在全国各地都可以听到同一个无线电台的广播（图 6-44）。尽管距离不妨碍这种接收，但在美国大片地理区域所提供的仅使用卫星传播的微波无法穿透建筑物、隧道或大片树木。所选的卫星广播内容还可通过逐渐增加的互联网和蜂窝连接路径来提供，例如移动蜂窝网络和办公室/家庭互联网。

图 6-44 卫星收音机系统不受距离影响是因为无线电波不是由一个卫星传播的

卫星广播节目提供了各种各样免费的音乐和脱口秀节目频道。卫星数字音频接收器（Satellite Digital Audio Receiver，SDAR）是一种音频接收器（图 6-45），并与传统的收音机接收器分开。来自卫星的信号由 SDAR 处理，SDAR 再将信号提供给传统的收音机。SDAR 的天线通常位于车顶的中心线上（图 6-46）。

内。高/中音的扬声器通常放置在前仪表板的中央。额外的高/中音扬声器可以放置在整个乘客舱内各处。同轴扬声器或全音域扬声器通常也被放置在前门和后门内，并由两个独立的扬声器组合成一个单元，因而可覆盖更宽的频率范围。重低音扬声器可以与同轴扬声器、高音或中音扬声器结合以覆盖更宽的频率范围，同时最大限度地提高音质。环绕音响系统可以在座椅头枕内或附近设置全音域扬声器。

图 6-45 卫星数字音频接收器的屏幕

图 6-47 安装在车辆后部的低音扬声器

4. CD 播放器

紧凑型光盘（CD）播放器使用激光拾音器来读取刻录在光盘上的数字信号。通过将数字信号转换为模拟信号，它可以播放音乐或其他形式的音频。CD 播放器已从能够在主机中插入一张或多张 CD 发展成带有可放入多张 CD 的辅助单元。控制单元允许使用者从中选择特定的光盘。

较新型的车辆可能带有播放来自 SD 卡或 USB 闪存盘中的 MP3 音乐文件的端口（图 6-48）。有些车辆还有允许 iPod 通过音响系统进行所有操作的连接端口。

图 6-46 用于接收卫星广播的天线

3. 扬声器

音质取决于基础的系统，特别是扬声器的质量和其位置。大多数系统都配备了几个扬声器，每个扬声器的设计目的都是为了覆盖不同的音域。扬声器与系统的匹配是通过选择与系统其他扬声器具有相同输入阻抗的扬声器来实现的。扬声器的位置对于提供良好清晰的音色也是至关重要的。

来自扬声器的声波会从它们撞击的任何物体上反射，还包括其他声波。这种声音的反射会引起噪声或失真。为了得到一个高品质的音响系统，扬声器必须按照所有反射都最小化的原则来放置。

由于一个扬声器无法复现听觉频率的整个范围（大约 20Hz~20 kHz），所以扬声器都被设计为在一个特定范围内提供高品质的声音。

被称为**低音扬声器**的大扬声器产生低频的声音，而且其低音要好于被称为**高音扬声器**的小扬声器。低音扬声器通常都朝前放置在车辆后部（图 6-47）。高音扬声器产生的高频的声音比低音扬声器好，而且通常被放置在车辆的每个前门和后门

图 6-48 用于不同音响装置和存储媒介的各种连接端口

5. DVD 系统

许多车辆都有 DVD 播放器。其中大多数使用下翻式、车顶式显示器或安装在前排座椅背面的显示器来播放视频（图 6-49）。在某些情况下，当车辆不移动时，可以在导航屏幕上观看 DVD。除非使用耳机，否则视频中的声音将通过收音机传送给车辆的扬声器。当使用耳机时，可以通过耳机听到视频的音频，同时，车上的其他人仍可以收听正常音响系统的输出。

图 6-49 位于前排座椅后背上的 DVD 显示器

这些系统由一个后排座椅娱乐系统 ECU 控制，它整合了前排座椅音频单元和多信息显示器的一些功能。

无线耳机和遥控器使用红外发射二极管来传输信号。有线耳机连接到 DVD 播放器，并允许耳机进行音量控制。DVD 播放器还可以具有允许其他音频/视频设备连接到系统的连接端口，例如视频游戏机。

6. 流媒体音频

现在许多车辆都具有使用蓝牙技术的设备在线收听流媒体内容的能力。蓝牙技术是一种连接手机和其他设备的低功率短程无线通信标准。通过将手机连接或配对到车辆的信息娱乐系统，可以收听存储在手机上的或通过蜂窝网络传输的音频。

自诊断：系统进行自诊断并在出现任何故障时存储 DTC。通过按动控制面板上所需的一系列按键可进入诊断模式来检索这些 DTC。

7. 放大器

许多选配的音响系统具有非常高的输出功率，并使用多个放大器。放大器可增加声音的音量但不会使声音失真。放大器通常用其能输出的最大功率（单位为 W）来评定，放大器可以安装在边远处或集成在扬声器中。大多数安装在边远处的放大器都会连接到数据总线上，并通过一个放大器继电器来获得电源。当收音机打开时，会发送 12V 电压来给继电器供电。

一些车辆的音响系统带有自动音量调节系统以抵消环境噪声和车速的变化。其他车辆配备了能够根据车辆中乘客的数量和位置对输出进行调整的系统。为了提供这些功能，来自音响系统的输出被发送到数据总线，该系统的信号传感器用于分析该声音并相应地调整每个扬声器的音量。

一些新型的车辆正在将主动降噪功能纳入音响系统。主动降噪使用传声器（俗称麦克风）来检测发动机、风和轮胎的噪声，然后提供给音频系统，并按 180° 的相位差来回放该噪声，从而抵消了不必要的噪声，使乘客舱更安静。

除了电源和音频信号线以外，一些系统还有一根串行数据线，它允许音响系统中的各个部件相互通信。音响系统的控制装置可以封装在一个音频接收器单元中，也可以是安装在转向盘上或乘客舱内的其他位置的一个附加的远程切换装置。这些切换装置可以是电阻式多路复用开关，也可以使用从属性的总线系统，如 LIN 总线，它们有时被称为信息娱乐网络。通过按下不同的开关来向控制模块发送不同的电压信号，然后模块通过数据总线向收音机发送一个请求信息作为响应。

8. 诊断

如果收音机系统不工作，先检查熔丝。如果熔丝完好，应参考维修信息，并检查收音机其余的电源和接地电路。如果确定收音机有问题，应将其拆下并发送给有资质的维修店维修或更换。表 6-2 为音响系统常见问题及可能原因。

如果音响系统的音质差或无线电接收不良，应检查电路的接线、天线和扬声器。如果接收效果很差，可使用欧姆表检查天线的接地。此外，可将欧姆表的一根引线连接到天线的伸缩杆上，并将另一根引线接天线外壳，它们之间不应导通。

表 6-2 音响系统常见问题及可能原因

问题	可能原因
收音机无法打开	• 蓄电池电源供给电路开路 • 点火开关电源供给电路开路 • 收音机接地电路不良 • 总线通信缺失
收音机无法发出声音	• 蓄电池电源供给电路开路 • 点火开关电源供给电路开路 • 收音机接地电路不良 • 收音机有问题 • 扬声器电路开路 • 放大器有问题 • 至放大器的电源供给电路开路 • 放大器接地电路不良 • 总线通信错误 • MUTE（静音）按钮卡住
AM 或 FM 模式中无声音，CD 音频工作正常	• 天线连接故障 • 天线接地不良 • 收音机有故障
噪声过大	• 天线连接故障 • 天线接地不良 • 发动机至底盘的接地不良 • 来自点火系统、霓虹灯或电源线路的干扰
收音机接收信号不好	• 天线连接故障 • 天线接地不良 • 收音机有故障
音质差	• 扬声器纸盆损坏 • 扬声器座架损坏 • 线路损坏

扬声器的音质差通常是扬声器损坏、线路损坏、扬声器开口周围的金属片变形、扬声器安装支架损坏或缺失，或连接硬件或扬声器盖丢失或松动引起的。注意不要过度拧紧扬声器硬件部分，因为这可能会使扬声器弯曲或变形，从而导致嗡嗡声或声音失真。

车间提示

防盗的音响系统有一个内置的装置，一旦被盗，系统将无法使用。如果该系统的电源被切断，即使后来被重新连接，该系统也不会工作，除非输入它的 ID 编码。当在装有此系统的车辆上作业时，应在断开蓄电池端子或拆卸音响系统前，先向客户询问该 ID 编码，以便在维修后输入，或在维修完成后请客户输入该 ID 编码。可在维修过程中使用一个记忆保护装置或备用蓄电池来保留该收音机的编码和设置。

影响卫星收音机接收质量的因素　以下是一些会影响卫星收音机接收性能的因素。

1）天线的障碍物，包括冰、雪和车顶行李架上的物品。

2）山丘、大山、高的建筑物、桥梁、隧道、高速公路立交桥、停车场、茂密的树叶和雷雨都会妨碍接收。

3）广播电台过载：一个较强的信号会盖过一个较弱的信号，并导致收音机出现静音和无信号的显示。

9. 远程信息技术

远程信息技术是一种允许数据从远程资源进行超长距离传输的技术。它最恰当的定义是电信和信息技术（Information Technology，IT）的综合使用。IT 是工程学的一个分支，它专注于使用计算机和电信设备来检索、存储、分类和传输数据。美国宇航局（NASA）使用远程信息技术来控制无人航天飞船的飞行。

遥测技术被 NASA 广泛用于传输来自航天飞行器的数据和照片。遥测技术是关于将测量数据从一个遥远地方传输到另一个可以研究该数据的地点的技术。遥测技术依赖于测量电气或物理数据的远程传感器。这些输入被转换为电压。一个多路转换器将电压和时序数据结合以形成统一的数据流。信号被发送到一个解析该数据流的接收器，该数据随后被显示和处理。遥测技术通常指的是无线数据传输，但也包括其他的数据传送方式，如电话线和计算机网络。遥测技术还用于将赛车上的发动机、底盘和变速器数据传输给赛车团队的维修区。遥测技术通过 LAN 或无线电波被应用于汽车许多系统上，包括胎压监测系统。

今天，在汽车领域，远程信息技术依赖于无线通信，但也可以使用有线和光学链路。它用来为以下内容提供显示：导航辅助、交通信息、卫星收音机或视频、高速互联网、气囊展开的自动通告、车辆跟踪、车辆状况。

10. 电话系统

车辆上有许多不同的用于手机的系统，它们允许手机与车载的娱乐系统和麦克风进行通信。

最常见的是通信和娱乐系统通过蓝牙技术或一个标准的 USB 端口与手机的连接。语音指令可以拨打或接听电话和选择娱乐的媒介。

蓝牙技术是一种可将信息、语音和视频带入乘客舱的技术。尽管有其他的方法来实现这一点，但蓝牙技术是最常用的。蓝牙技术是一种使用 2.4GHz 频段的无线连接。当蓝牙技术成为收音机接收器的一部分时，与蓝牙技术兼容的手机可以无线连接到主音响系统中。这可使手机可以免提操作，而不需要接口或电缆来连接手机（图 6-50）。同样，当接收器允许蓝牙连接时，也可以通过无线连接来连接所兼容的便携式音频播放器。这样可播放存储在音频播放器中的文件，并且可以从无线电接收器总成上直接操作音频播放器的功能，例如播放/停止。

图 6-50 转向盘上的电话操作装置

为了将手机连接到信息娱乐系统，必须首先将其与车辆"配对"，基本步骤如下。

1）在信息娱乐系统上启动配对。
2）在手机上选择蓝牙的设置。
3）从可用设备的列表中选择信息娱乐系统。
4）输入车辆发送的个人识别码（PIN）。

一旦连接上，通常可用的功能有流媒体音频、电话拨打和接听、联系人信息和文字短信接收。

11. 语音指令系统

语音指令或控制系统允许用语音指令来控制和操作一些附件。语音指令是除普通手动控制之外的控制方式。语音指令通常被用于手机的操作，但也可以用于其他装置的控制。语音指令系统识别驾驶员的语音，并能够用回复来响应驾驶员的询问。一旦该系统已经理解了驾驶员的请求，作为响应，它将执行期望的功能，例如改变收音机所播放的电台。该系统通过位于驾驶员附近的麦克风来工作。语音指令系统可识别高达 2000 个指令和数字序列。

远程信息处理收发器向电话麦克风总成提供电力，该麦克风通过收发器向显示器和导航模块显示器发送信号。显示器和麦克风使用麦克风连接检测信号线相互连接。

麦克风将语音转换为电信号。大多数麦克风使用电磁感应、电容量变化、压电效应、光调制等方式将机械振动转换为电压信号。麦克风有一个外壳、一个向其他设备发送信号的振动感应变换器和一个使变换器的输出适应接收器的电子电路。无线麦克风还包含一个无线电发射器。麦克风可位于车内的仪表板、转向盘或地图灯总成中。

> **使用维修信息**
>
> 麦克风电路的检查和诊断流程可在该车辆的维修信息中找到。

6.10 导航系统

导航系统使用全球定位系统（GPS）来帮助驾驶员做出驾驶的决策。这类全球定位系统在卫星和地面无线电接收站之间建立起一个精确的网格。车辆的精确位置可以标绘在网格上，系统可以准确地知道车辆的位置（图 6-51）。GPS 天线为控制单元收集信号，该控制单元按照车辆经纬度坐标来确定车辆的位置，陀螺仪传感器角速度来监测车辆的行驶方向。控制单元的处理器将来自全球定位系统和陀螺仪传感器的数据与存储在其存储器中的信息或在指定 CD 或 DVD 中的数据进行比较。

有两种方法被用于确定车辆的精确位置，且这两种方法会被同时使用。一种是 GPS 导航，它使用来自卫星的无线电波检测车辆的位置，当前位置是通过测量无线电波从卫星到达处理器所用的时间来确定的；另一种方法是惯性导航，它使用陀螺仪和速度传感器来监测车辆的行进，来自这些传感器的信号每秒刷新一次，如果它们已经改变，屏幕也将被刷新。

图6-51 典型的导航中心屏幕

通常DVD上所提供的地图数据和导航信息都显示在TFT或LCD彩色屏幕上。许多系统通过语音、屏幕显示或同时采用两者提供全程的引导。许多系统都采用触摸屏技术，并可显示和控制其他的系统，如空调、供暖和音响系统。触摸屏上有触摸感应开关，当按下一个触摸感应开关时，按压位置的外部玻璃弯曲来接触内部玻璃，系统通过测量电压比率而检测到按压位置。语音提示可以通过音频系统发送。其他系统还允许在车辆停止时观看DVD。

大多数导航系统都可以显示以下内容。

1）有关备选交通路线的当前交通信息和可供选择的路线，以使行程不会延误。

2）标记了车辆精确位置的道路地图。

3）系统规划出的到达目的地的最佳路线。

4）已行驶的里程数和到达目的地之前的剩余里程数，以及预计的到达时间。

车辆追踪系统可以识别到车辆被盗窃或丢失后的位置。该系统基于车辆的导航系统和/或驾驶员蜂窝电话。当蜂窝电话作为识别器时，如果窃贼试图拨打电话，就会触发跟踪系统。如果输入电话的编码不正确，卫星将开始跟踪该车辆。这个跟踪信号随后由操作员监控，他可以呼叫车辆正被跟踪区域的警察。当该系统依赖GPS时，保安或警察可以在远程的计算机屏幕上监视车辆的移动。

某些系统会在气囊展开后自动向车辆跟踪操作员发送一个信号。这个信号加上全球定位卫星网络，使当局能够立即知道何时何地发生了严重的交通事故，从而使应急分队可以迅速做出反应。

通用汽车的安吉星（OnStar）（一种基于手机的系统）和福特的SYNC（与微软共同开发的内部系统）等系统还可以为驾驶员提供对各种系统的控制，比如气候控制。每个系统都为驾驶员提供了不同的便利。它们提供的其他功能有（记住，并非所有的系统都提供相同的功能）：全程导航、紧急援助和建议、路边救援、远程诊断（在车辆被驾驶的同时）、远程车门解锁、电子邮件、手机的所有功能、对音频系统的全面控制。

> **车间提示**
>
> 随着制造商不断增加电气装置和设备，仅仅因为不会使用这些不断增加的系统而产生的客户抱怨数量也持续增加。技师所处理的大量客户抱怨是客户不知道如何使用功能，或者不知道它会如何执行客户的要求。所以技师也应该了解这些系统，以便于指导客户，并知道系统何时是运行不正常的。

6.11 安保和防盗装置

有三种基本类型的防盗装置可供使用：锁定装置、禁用装置和报警系统。其中大多数装置可作为标准配置或作为制造商给出的一种选装配置；其他的则是在售后市场安装的。

1. 锁和钥匙

锁的设计目的不但是要阻止他人进入汽车，还要防止盗贼将车开走。大多数锁是一个在车身和车门之间移动的机械机构。钥匙只是用于移动这些机构。

制造商采用很难复制的经特殊加工的钥匙和很难撬开的锁具机构。主钥匙可以同时锁定和解锁所有车门、行李舱、燃油加注口盖和杂物箱。通常被称为代客泊车钥匙的专用钥匙只能用于车门和点火开关，从而防止代客泊车者打开行李舱和杂物箱。

许多汽车都配有特殊的燃油加注口盖，它有

助于防止汽油被偷窃。燃油加注口盖的释放开关上始终存在电压。当开关被闭合时，门的释放电磁阀通电，打开燃油加注口盖。

较旧型的车辆可能使用一个带电阻的钥匙，它是一个正常加工的钥匙，但在钥匙上黏合了一个小电阻。当钥匙插入点火开关时，该开关电路必须在发动机起动前识别出该电阻的阻值对于该车辆是正确的。

2. 密钥

密钥是一种特殊设计的钥匙或应答器，仅为一辆汽车编程。虽然另一把钥匙能够插入点火开关或车门锁，但不能起动发动机，因为系统没有从该钥匙上接收到正确信号。

应答器钥匙系统基于车辆 PCM 与钥匙中应答器之间的通信方案（图 6-52）。每次将钥匙插入点火开关时，PCM 都会发出不同的无线电信号。如果钥匙的应答器不能返回相同的信号，发动机将无法起动。每次钥匙插入点火开关时，遥控器的电池都会被充电。

图 6-53 新型车辆上典型的起动 / 停机按钮

在许多较新型的车辆上，不需要插入应答器。应答器只是靠近车辆即可（图 6-54）。这个系统通常被称为智能进入系统。该系统使用无线电频率（RF）信号与车辆通信，并授权该车辆响应指令。该系统不需要插入钥匙或按下按钮即可执行许多功能。它可以锁定和解锁车门，在踏下制动踏板的情况下，允许通过按下发动机起动按钮使发动机起动，还可以开启行李舱。车门可通过触摸外部车门把手、行李舱把手或按下发送器上的按钮进行解锁。要想锁定车门，按下或滑过两前车门外部把手上的黑色部位（锁车区域）即可（图 6-55）。

图 6-52 不同种类的电子钥匙和钥匙坠

3. 智能钥匙

较新型的车辆会配备专门设计的钥匙或钥匙坠。它们通常与按钮式起动系统一起使用（图 6-53）。要起动发动机，该系统必须接收到来自钥匙的正确信号。这些钥匙还控制车门和行李舱锁。

在某些系统中，应答器被插入仪表板中的一个插槽中，要起动发动机，需按下应答器。在其他车型上，则是在将应答器插入它的插槽后，按下起动按钮。当应答器和车辆两者之间存在通信链路且车辆和代码彼此匹配时，发动机才会起动。

图 6-54 应答器（智能）钥匙示例

图 6-55 钥匙锁旁边的黑色区域是开 / 锁车门的传感器

当电子钥匙进入车辆周围的区域时，认证控制模块将认证来自钥匙的 ID 编码。一旦该信号通过认证，认证控制模块将向 ID 编码盒发送一个发动机防盗器解除信号，同时向转向锁 ECU 发送一个转向解锁信号。BCM 也接收一个认证信号并驱动车门锁电动机来解锁或锁定车门。

激活区域用几个振荡器建立。在发动机关闭且锁定车门的情况下，每个振荡器每四分之一秒发送一个信号。当该信号检测到电子钥匙时，认证开始。激活区域通常为 3ft（1m）左右。

该系统还可以触发车身控制模块（BCM）来恢复驾驶员座椅（驾驶位置记忆系统）、肩部安全带固定点、转向盘和车外后视镜的位置。

4．无钥匙进入系统

无钥匙进入系统允许驾驶员不使用钥匙从车外解锁车门或行李舱盖。它有两个主要部件：一个电子控制模块，和一个在驾驶员侧车门上的密码按钮键盘或一个钥匙坠。

电子控制模块通常可以解锁所有的车门、解锁行李舱、锁定所有的车门、锁定行李舱、打开迎宾灯，并可在按下键盘上的任何按钮或拉动两前车门中任何一个把手后照亮键盘或钥匙孔。

遥控无钥匙进入系统依靠一个手持的发送器，它通常是钥匙坠的一部分。只要在距离车辆 25～50ft（约 7.6～15.2m）（取决于发送器的类型）的任何方向的范围内按下发送器上的解锁按钮，就会使车内灯点亮、驾驶员车门解锁和防盗安全系统解除，也可以解锁行李舱。按下锁车按钮可锁定所有车门并启用安全系统。为了最大的安全性，一些遥控装置及其接收器在每次使用遥控器时都会更改访问编码。

一些遥控装置还可以打开和关闭车辆的所有窗户，包括天窗。它们还可以在紧急情况下触发警报系统。

自动举升门开启器：一些新款的福特 SUV 和跨界车型具有一项功能，该功能允许用户用脚在后保险杠下面滑动来使车辆自动打开后举升门。开启是通过触发后举升门上锁机构的传感器和开启电动机来完成的。

5．车库门开启器系统

大多数新型的车辆都会在车内后视镜附近区域安装一个可编程的车库门开启器。该系统被编入车库门的发射器编码，并且还可用来控制电动大门、入口门、住宅的门锁、照明系统、安保系统或基于发射器编码的其他系统。

6．报警系统

防盗系统是 OEM 安装的，或是由售后市场的公司安装的。设计这类系统的基本目的是吓跑盗贼和/或防止车辆起动。图 6-56 展示了常见防盗系统的大部分部件。

触发报警系统的方式有被动式和主动式两种。被动式系统在取下点火开关钥匙或锁定车门后自动启用。主动式系统是用钥匙坠中的发射器、键盘、按键或锁闩开关来启用。这类开关类似于通常在打开车门时用来点亮迎宾灯的开关。当车门、发动机舱盖或行李舱盖被打开时，该开关闭合并发出警报声。一旦入侵者停止试图进入车内，它会自己关闭以防止蓄电池耗尽。它随后会自动重新进入戒备状态。

超声波传感器用于检测移动的物体，如果车

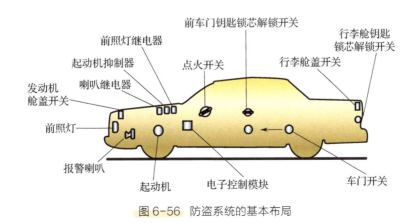

图 6-56　防盗系统的基本布局

内有物体移动,就会触发警报。电流感知型传感器如果发现电气系统的电流有变化就会触发警报,例如迎宾灯点亮或点火开关起动时。移动检测器监测车辆倾斜的变化,例如当有人试图盗窃轮胎时。

许多报警系统都被设计成可发出警报声、接通危险报警闪光灯,并使远光灯与危险报警闪光灯同时闪烁。车辆内部的指示灯提示其他人本车已设置了警报,并提醒驾驶员在进入车内前关闭警报。为了避免误报,某些系统允许禁用特定的传感器,例如会被车内的宠物触发的车内物体移动探测器。

一些新型的车辆具有防盗控制系统,如果使用了错误编码的钥匙,该系统将阻止发动机起动。当驾驶员(或乘客)携带正确的钥匙坐在车内,驾驶员踏下制动踏板并按下起动/停机按钮时,发动机将起动。因为控制单元认可了该钥匙的编码,发动机被允许起动。电子控制单元可在不到1s的时间内接通起动发动机和解锁转向盘所需的发动机的所有系统。

> **车间提示**
>
> 防盗系统常见的一个维修内容是更换钥匙或添加钥匙。每个制造商都有一个用于建立车辆与钥匙、应答器和钥匙坠之间通信的特定程序。没有这个通信链路,新钥匙将无法工作。

诊断:制造商使用的防盗系统有许多不同的类型,售后市场也有许多系统可供使用。在诊断一个问题时,尽可能多地掌握有关该系统的信息是非常重要的。通常需要用制造商指定的诊断仪来诊断原装的防盗系统。在某些情况下,只有经销商的人员才能访问诊断所需的数据。在进行详细诊断前,应检查系统中的所有熔丝和继电器。还要检查线路、插接器和部件是否松动。这对系统间歇性工作的问题来讲是非常重要的。

6.12 其他电子设备及辅助驾驶

大多数汽车都被配备了许多电气和电子功能,这里将讨论一些较常见的新型电气系统的实例。

1. 可调式踏板

较矮的驾驶员通常必须将他们的座位移动到更靠近转向盘的位置,这样做有时会很不舒服,也不安全。通过将踏板移向驾驶员,从而使驾驶员不但可以将他们的座位调整到离转向盘远一点的位置,而且还能舒适地踏到并使用踏板。制动踏板上的一个电动机(图6-57)用一根线缆连接到加速踏板,可前后移动这两个踏板(最多3 in,约7.6cm)。仪表板上的一个开关控制该电动机。这个功能也可以是座椅记忆系统的一部分,以便驾驶员将座椅和踏板快速地移动到最舒适的位置。

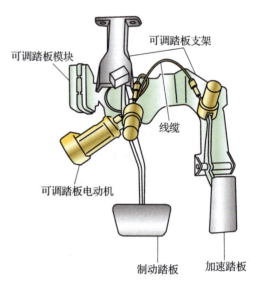

图6-57 电控踏板总成

2. 可收起式硬顶

一些较新的敞篷车型有可收起的硬顶。该硬顶可放下并隐藏在汽车行李舱中。这个系统把普通的两门轿车变成了敞篷车。大多数系统使用电动液压缸来移动硬顶(图6-58)。在大多数情况下,收起或闭合车顶大约需要30s。其中有些硬顶带有电动的滑动玻璃天窗。对这些系统的诊断可通过车身控制模块进行。

3. 前/后感知系统

一些车辆配备了前和/或后感知系统,它在障碍物处于前/后保险杠的设定范围内时提醒驾驶员(图6-59)。这些系统在前/后保险杠上均装有用来检测车辆前/后方任何障碍物的超声波传感器。后部的传感器只有在车辆处于倒档时才会启用。后部的传感器可以检测到距离后保险杠 6ft（约 1.8m）以内的障碍物。

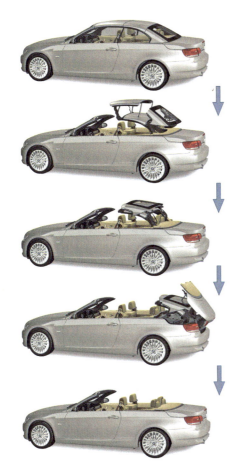

图 6-58 可收起式硬顶

图 6-59 位于车辆后部的雷达传感器和后视摄像头

当车辆处于 P、N 位以外的任何档位，且速度低于 6mile/h（约 9.7km/h）时，将启用前部的传感器。前部传感器可以检测距离车辆前部约 28in（约 71cm）和距离车辆前部侧面约 10in（约 25cm）区域内的物体。

如果传感器检测到某些物体，车辆和障碍物之间的距离将通过车辆扬声器发出的一系列提示音来表示，提示音鸣响的速率随着车辆与障碍物的靠近而增加。如果系统检测到距离车辆侧面超过 10in 的物体，则仅发出 3s 的提示音。当与障碍物的距离小于 10in 时，提示音是连续的。一旦系统检测到一个物体正在接近，提示音将再次响起。在发出提示音时，收音机的音量被减小到预定的水平。一旦该提示音关闭，收音机将恢复到它先前的音量。

4．后视摄像头

为了帮助驾驶员安全地倒车，一些车辆配备了视频摄像头，它拍摄并发送显示在仪表板、后视镜或导航屏幕上的车后影像。为了符合美国国家公路交通安全管理局（NHTSA）的法规，所有 2017 年及以后的乘用车、轻型货车和面包车都需要配备后视摄像头，其拍摄的画面可以让驾驶员在倒车时看到车辆后面的情况。后视摄像头系统通常包括以下部分。

1）显示和导航模块：该单元接收显示车辆后方区域影像的视频信号。

2）摄像头总成：一种安装在车辆后部带有广角镜头的彩色摄像头，它将车辆后方区域的影像传输给显示和导航模块。

3）倒档位置开关：在选择倒档时，它向 ECU 发送信号来显示来自摄像头的影像，并触发来自车辆后部的其他视图。

在大多数情况下，显示器会根据当前条件以不同颜色显示出不同的路径（图 6-60）。这些路径取决于系统理解的驾驶员想要使车辆行驶的路径。屏幕上会显示两种主要的路径：活动的和固定的。这两种显示将根据转向盘的位置渐入和渐出。活动的引导线根据系统的输入显示车辆的预期路径，固定的引导线显示车辆移动时的实际方向。

视觉上的警示为高亮的红色、黄色或绿色，它们在后部传感器检测到物体时会出现在视频影像的上方。一般来讲，离车辆最近的所有物体都被显示在红色区域，而距离较远的物体显示在绿色区域，黄色的区域仅仅表示从绿色区域到红色区域的过渡。中心线是根据转向盘的位置显示的车辆朝向。

图 6-60 蓝色区域显示车辆正后方，橙色是根据转向盘位置显示的车辆移动方向

夜间和黑暗区域图像在夜间或黑暗区域时，摄像头系统依靠倒车灯来提供必要的光线以产生影像。因此，两个倒车灯必须正常地工作，以便在黑暗中为显示屏提供清晰的图像。

> **车间提示**
>
> 如果任何一个倒车灯不工作，在允许客户使用后视摄像头之前，应先更换该倒车灯。

5. 泊车辅助

使用前后感知监视器和后视摄像头，可使驾驶员更轻松地泊车。泊车辅助控制单元计算车辆相对于其他车辆和障碍物的位置。控制单元接收来自前后感知监视器、ECM、转向角传感器、动力转向控制单元和 ABS 控制单元的信号。当车辆接近障碍物时，来自监测系统的提示音鸣响速率会变得更快。

来自摄像头的影像通常显示在仪表板或中控台中的导航屏幕或信息显示器上。此影像与参考线一起显示，该参考线标出了车辆正后方的区域，并显示出车辆移动方向的附加区域。

6. 盲区监测

许多车辆目前都提供一个功能，它可使驾驶员在沿道路行驶时观察到车辆左右两侧的情况（图 6-61）。盲区信息系统（Blind Spot Information System，BLIS）可使变换车道更安全。从个人体验上看，这个功能给了变换车道的安全感和信心，因为车有很大的盲区。从根本上来讲，盲区是在操作车辆时无法看到的区域。盲区主要在车辆的前方、侧方和后方。

雷达传感器监视车辆两侧后方的盲区，并告知驾驶员车辆两侧的任何接近或静止的车辆。当有车辆进入盲区，以及一侧或两侧的盲区有车辆时，相应的车外后视镜上的一个黄灯将会点亮。在大多数情况下，如果驾驶员为变换车道而使用了转向信号灯，则该黄灯将快速闪烁以警示有车辆在将驶入的车道上。

图 6-61 盲区指示灯在摄像头监测到有车辆接近时将点亮

7. 车道偏离警告／车道保持辅助系统

车道偏离警告系统的设计目的是当车辆行驶在开阔的道路上时，若车辆开始偏离原有的车道，则警告驾驶员，除非驾驶员使用了该方向的转向信号灯。

有两种基本的车道偏离警告系统，这些系统在车辆偏离行驶的车道时，会发出警示声，或在转向盘上或驾驶员座椅上产生振动。该系统警告驾驶员并可在驾驶员未对此做出反应时能够取得对车辆的控制（车道保持辅助）。

当车辆向前行驶时，这些系统依靠来自多个传感器的输入和识别车道标识的摄像头。摄像头监测车道的标识，并将数据发送到系统的控制单元。基于所有的输入，控制单元能够侦测到车辆何时偏离了车道。

8. 预碰撞系统和行人保护自动紧急制动

一种新型的事故预防系统被称为预碰撞系统，它被应用在许多车辆上，而且在未来还会被更多车辆所采用。预碰撞系统监测其他车辆和车辆前方的障碍物，作为响应，它控制基本预碰撞系统内的所有系统来防止发生事故，并在发生事故时，尽其所能防止对驾驶员和乘客的伤害。从根本上来说，该系统依靠一个前雷达传感器、一个物体识别摄像头和一个监测驾驶员面部方向的驾驶员监测摄像头。

当系统确认与车辆前方的障碍物存在碰撞风险时，将警告驾驶员可能存在危险。当系统确定碰撞无法避免时，会立即消除座椅安全带上的所有松弛部分。此外，该系统还会增加由制动踏板建立的制动液压压力，同时会控制悬架系统在强力施加制动时最大程度地减小点头。

行人保护自动紧急制动（Pedestrian Automatic Emergency Braking, PAEB）系统使用前视摄像头和雷达或超声波传感器来检测路面情况，并在有行人进入其车辆行驶路线时发出警示并停止车辆。即使在转弯时，PAEB系统也会随时检测车辆的前方、左右两侧是否有人。

9. 自动泊车

一些车辆提供一个用于自动泊车的功能，它有时被称为主动泊车辅助。该功能在驾驶员选中了平行泊车的位置后，可在没有驾驶员控制情况下泊车。尽管有很多种系统在被使用，但大多数系统都会计算所选泊车位置的大小，并让驾驶员知道车辆是否能停入该位置。这项技术只适用于装有电动转向系统的车辆。该系统能够检测一个可用的平行泊车空间，并在驾驶员控制加速踏板、变速杆和制动的同时自动转向使车辆进入该空间。

该系统使用安装在前保险杠两侧并连接至仪表板显示器的超声波传感器（图6-62）。它还依赖轮速和转向角传感器来监测车辆的移动，并提醒驾驶员剩余的可用空间。一些系统依赖于全球定位系统、转向盘转角传感器和后视摄像头。

图6-62　自动泊车显示器显示车辆行进方向

当启用该系统后，它会通过驾驶员选择的转向信号来理解驾驶员希望将车辆停放在街道的哪一侧。一旦系统找到适合泊车的空间，就会将该空间连同引导显示在信息屏幕上。为了开始自动泊车过程，系统会告知驾驶员先向前行驶，直到出现要求停车的信息。此时驾驶员将变速器换入倒档，并双手离开转向盘。从此时开始，转向由系统控制，而不再是驾驶员。当驾驶员确定倒车量已足够时，通过施加制动停车，然后可换入前进档。一旦车辆已被向前移动足够的距离时，上述过程将被重复。引导将告诉驾驶员向后或向前移动，直到车辆被安全地停放在车位。系统此时将通过驾驶员转动转向盘来关闭。如果车辆未正确停放在泊车地点，驾驶员应予以纠正。

10. 夜视

一些车辆配有一个军用的热成像功能，它可使驾驶员看到他们通常可能无法看到但等到看到时已为时太晚的物体（图6-63）。热成像系统使用一个安装在前格栅后面带有固定镜头的摄像头，并通过抬头显示器（HUD）将图像投射到驾驶员侧的风窗玻璃下部。该摄像头是一种红外传感器，它被设计成在室温下工作，因此，该摄像头有自己的加热和冷却系统以使它保持在所需的温度上。

图6-63　夜视装置使用红外摄像头将看不见的物体显示在屏幕上

在HUD上看到的是来自汽车正常远光灯光束前面区域的影像。该系统可使驾驶员看到比仅使用前照灯多出5倍距离的道路情况。

该系统是通过记录温度的微小差异来工作的，系统将这些温度差异以16种不同的灰度显示在

HUD上。它可以显示在灌木丛或树木后面的动物或人，并可以透过雨、雾和烟尘看到物体。冷的物体呈现为深色的图像，而热的物体则呈现为白色或浅颜色。

11. 半自动驾驶和自动驾驶系统

诸如车道偏离纠正系统和自适应巡航控制等驾驶员辅助系统应用的增加，已经使车辆几乎能够实现自动驾驶。将先进驾驶辅助系统（Advanced Driver Assistance System，ADAS）集成到运行的自动驾驶汽车中是许多制造商正在努力实现的目标。其中还包括谷歌（Google）、优步（Uber）和其他公司。目前正在使用和应用于自动驾驶的技术包括：电子稳定控制、盲区监测、前行和倒车的碰撞警示、车道偏离警示和纠正、后视野和360°全景影像、自动紧急制动和行人保护自动紧急制动、车道保持辅助、自适应巡航控制、自动泊车系统。

将这些类型的系统组合到一个包括高精度GPS跟踪、高分辨率地图、当前交通状况，乃至天气信息的系统包中，从而提供了一种允许车辆在没有人工干预的情况下被引导和驾驶的方法。车辆自主权的等级可按下述级别进行评定。

L0：驾驶员进行驾驶的所有操作，车辆完全没有自主权。

L1：车辆具有一些可由车辆执行的驾驶员辅助功能，包括对转向、制动或加速的一些控制。配备稳定控制系统、泊车辅助和主动巡航控制的汽车和货车都可以归为L1级别的车辆。

L2：车辆集成了一些主动控制，例如自适应巡航控制和车道保持辅助，驾驶员可以允许车辆接管，但驾驶员要监视运行情况，并为恢复自己控制做好准备。这种实例包括特斯拉的Autopilot（自动引导）和凯迪拉克的超级巡航功能。

L3：增强的ADAS具有根据驾驶或环境条件可在某些场景下执行所有驾驶功能的控制水平。驾驶员必须为在必要时接管对车辆的控制做好准备。

L4：该级别的车辆是完全自主的车辆，它可在特定（正常）场景下执行预期的所有驾驶功能。在适当的条件下，驾驶员可让车辆来驾驶。

L5：车辆提供预期的完全自主驾驶，即车辆在任何操作条件下都能执行与人类驾驶员相同的功能，并且人类只需一路随行即可。

目前有几款正在销售的车型，如特斯拉的Model S和奔驰的S级轿车，它们能够以接近L2或L3级别的水平运行。但在自动驾驶汽车普遍上路之前，仍存在几个障碍，包括以下几个方面。

1）美国联邦法律：截至本书编写时，美国还没有关于自动驾驶汽车在公共道路上行驶的联邦法律。美国国会正在研究这一问题，并可能通过立法为制造商在技术开发过程中的有限数量的车辆提供联邦安全标准的豁免。许多涉及普通车辆行驶的现行法律和法规都将需要为自动驾驶汽车进行修订或取消，例如有关转向盘尺寸的联邦法律和法规，有些要求对完全自动驾驶的车辆来讲可能是不需要的。

2）美国各州法律：美国各州在没有联邦政府建议或监督的情况下会制定他们自己的交通法规和车速限制。截至2017年，美国21个州和华盛顿特区已经通过了有关使用自动驾驶汽车的法律。这些法律的范围从意图简单地研究场景到允许符合联邦安全标准和法规的车辆完全自动驾驶。

3）公众接受度：自动驾驶车辆对许多群体来讲可以而且将会有巨大的益处，比如对于那些因为残疾而不能驾驶车辆的人。但对很多人来说，与无人驾驶汽车共享道路是一件令人不开心的事情。对事故、法律责任和黑客攻击的担忧仅是有关该问题的几个方面，并且许多人只是要享受驾驶而不是要放弃驾驶。

4）技术问题：尽管目前的技术可以执行许多自动驾驶功能，但将所有控制权都交给无人驾驶汽车还需要以下多个领域技术的进展。

① V2V（车对车）通信系统要能使每辆自动驾驶车辆知道所有其他车辆正在行驶的位置。

② V2I（车辆对基础设施）要能使交通控制系统与车辆之间进行通信。V2V和V2I都很可能需要更高一级的网络通信技术（5G）以满足车辆之间的高速数据通信。

③ 车辆中的冗余安全和动力系统。对于真正的没有驾驶员控制的L5级别的自动驾驶车辆，需

要有备用和失效保护功能来防止硬件和软件故障导致的事故。

在可预见的未来，L4级别的自动驾驶车辆可能会开始在公共场所运行，至少是在较大的城市地区。该技术进步和普及的速度使它们将来会成为主流。

3C：问题（Concern）、原因（Cause）、纠正（Correction）

维修工单				
年份：2017	制造商：起亚	车型：Soul	里程：446mile	Ro：18214
问题：	客户陈述 Apple CarPlay 不工作。			
为了确认该问题，技师将自己的 iPhone 插入车辆并发现 CarPlay 工作正常。技师随后与客户交谈，并发现他正在试图通过蓝牙使用 CarPlay。				
原因：	客户试图通过蓝牙方式连接 CarPlay，而不是手机连接线。			
纠正：	向客户演示如何正确地将手机连接到汽车上。			

6.13 总结

- 许多电气系统是由车载计算机控制和操作的，因此诊断可能涉及从计算机中检索故障码。
- 当今车辆上使用的风窗玻璃刮水器系统的基本设计包括具有或不具有间歇或雨量感应功能的标准型两速或三速电动机系统。
- 电动机可以是电磁场或永久磁场式的。对于采用永久磁场的电动机，其转速由电刷在换向器上的位置来调节。采用电磁场的电动机转速由电磁场的强度来控制。
- 刮水器/洗涤器系统的诊断应从确定问题是机械的还是电气的开始。
- 目前大多数车辆都配有采用电子调节方式的巡航控制系统，它们用单独的控制模块或车辆的 PCM 来控制。
- 诊断 PCM 控制的巡航控制系统可借助故障诊断仪。
- 复杂的音响系统可能包括 AM/FM 收音机、立体声放大器、CD 播放器、盒式磁带播放器、MP3 播放器、均衡器、多个扬声器和电动天线系统。
- 扬声器或音质差通常是由天线不良、扬声器损坏、扬声器固定支架或周围区域松动、线路不良或扬声器外壳损坏引起的。
- 诊断电动门锁、车窗和座椅问题的最佳方法是将电路区分为单个电路和整体电路，并根据症状进行测试。
- 后风窗玻璃除霜器最常见的问题之一是玻璃上的网栅损坏，它通常是可以修复的。
- 导航系统使用全球定位系统来帮助驾驶员做出要在道路上行进的路线决策。
- 有三种基本类型的防盗装置可供使用：锁定装置、禁用装置和报警系统。
- 大多数新型车辆的点火开关钥匙都是电阻式或应答器式的，它们只能用于预设的对应车辆。
- 当取下点火开关钥匙或锁定车门时，被动式报警系统将自动启用。主动式系统是通过人工启用的。

6.14 复习题

1. 思考题

1）自适应巡航控制系统的工作原理是怎样的？
2）远程信息处理是什么？
3）如果车辆顶灯在移动电动座椅时明显变暗，可能的问题是什么？
4）如果后风窗玻璃除霜器中的网栅都不工作，应该检查什么？
5）刮水器系统中的什么部件可能造成刮水器关闭并停留在某个位置？它是如何工作的？
6）电动座椅中出现的两个最常见问题是什么？

2. 判断题

1）雨量感应式刮水器系统根据风窗玻璃上水的质量来调节刮水器的转速。对还是错？（　　）

2）在某些密钥系统上，更换 PCM 或 BCM 时，必须使用新的密码对密钥重新编程。对还是错？
（　　）

3. 单选题

1）技师 A 说带有电子节气门控制系统的车辆不需要单独的巡航控制模块、步进电动机或线缆来控制发动机转速。技师 B 说制动灯开关有故障可能会导致巡航控制不工作。谁是正确的？
（　　）

A. 仅技师 A 正确

B. 仅技师 B 正确

C. 技师 A 和 B 都正确

D. 技师 A 和 B 都不正确

2）后风窗玻璃除霜器通常有一个带定时器的继电器，这可使（　　）。

A. 除霜器在预定的时长后关闭

B. 除霜器仅在后风窗玻璃清洁之前起作用

C. 除霜器可独立于点火开关

D. 以上都不是

3）以下哪一项会是无线电干扰源？（　　）

A. 点火系统的线路　　B. 电源线路

C. 霓虹灯招牌　　　　D. 以上都是

4）前排乘客侧电动车窗电动机可以下降，但不能上升。技师 A 说电动车窗继电器有故障是其原因；技师 B 说乘客侧的车窗开关有问题可能是其原因。谁是正确的？（　　）

A. 仅技师 A 正确

B. 仅技师 B 正确

C. 技师 A 和 B 都正确

D. 技师 A 和 B 都不正确

5）以下哪个部件或电路故障可能导致一个电动车窗从主控制开关和车门开关上都不能操作？
（　　）

A. 电动车窗的熔丝

B. 电动车窗的电动机

C. 线路

D. 以上都是

6）在诊断真空／机械式巡航控制系统无法保持恒定车速的问题时，应检查的部位不包括（　　）。

A. 制动开关　　　　B. 真空管路

C. 真空伺服器　　　D. 车速传感器

7）以下哪一个不是正确的表述？（　　）

A. 当所有电动车窗都不工作时，检查到主控制开关的熔丝和接线，包括接地

B. 当一个电动车窗不工作时，检查到单个车窗开关的线路、开关和电动机。还要检查车窗是否在其导轨中

C. 当两个后电动车窗不能用它们的独立开关操作时，检查闭锁开关和主控制开关

D. 当一个电动车窗只能向一个方向移动时，检查至主控制开关的熔丝和接线，包括接地

4. ASE 类型复习题

1）在讨论电动门锁时，技师 A 说如果所有门锁都不工作，则应先检查每个车门的执行器；技师 B 说需要一个诊断仪来测试无钥匙进入系统遥控装置的操作。谁是正确的？（　　）

A. 仅技师 A 正确

B. 仅技师 B 正确

C. 技师 A 和 B 都正确

D. 技师 A 和 B 都不正确

2）车辆的喇叭不工作。当按下喇叭按钮时，可以听到继电器发出咔嗒声。技师 A 说喇叭按钮可能没有完成该继电器电路的接地；技师 B 说该喇叭的熔丝可能已熔断。谁是正确的？（　　）

A. 仅技师 A 正确

B. 仅技师 B 正确

C. 技师 A 和 B 都正确

D. 技师 A 和 B 都不正确

3）右前电动门锁不工作，技师 A 说该电动机可能接地不良；技师 B 说主车门开关可能是问题所在。谁是正确的？（　　）

A. 仅技师 A 正确

B. 仅技师 B 正确

C. 技师 A 和 B 都正确

D. 技师 A 和 B 都不正确

4）在讨论刮水器比正常刮水器转速慢的原因时，技师 A 说问题可能是在机械联动装置上；技师 B 说在该电气电路中可能存在过大的电阻。谁是正确的？（　　）

A. 仅技师 A 正确

B. 仅技师 B 正确

C. 技师 A 和 B 都正确

D. 技师 A 和 B 都不正确

5）一个六向的电动座椅在任何开关位置都不工作，技师 A 说应检查断路器；技师 B 说应使用该开关导通状态的图表来测试该开关。谁是正确的？（　　）

A. 仅技师 A 正确

B. 仅技师 B 正确

C. 技师 A 和 B 都正确

D. 技师 A 和 B 都不正确

6）技师 A 说一些防盗系统当有人在没有钥匙的情况下进入车辆时会发出警报。技师 B 说有些防盗装置会阻止发动机起动。谁是正确的？（　　）

A. 仅技师 A 正确

B. 仅技师 B 正确

C. 技师 A 和 B 都正确

D. 技师 A 和 B 都不正确

7）电动座椅电动机上的断路器连续跳开，技师 A 说这可能是座椅导轨问题造成的机械阻力导致的；技师 B 说这可能是电动机上的腐蚀所造成的电阻导致的。谁是正确的？（　　）

A. 仅技师 A 正确

B. 仅技师 B 正确

C. 技师 A 和 B 都正确

D. 技师 A 和 B 都不正确

8）技师 A 说电阻式钥匙上粘有一个小的热敏电阻。技师 B 说应答器钥匙向 PCM 发送一个无线电信号。谁是正确的？（　　）

A. 仅技师 A 正确

B. 仅技师 B 正确

C. 技师 A 和 B 都正确

D. 技师 A 和 B 都不正确

9）技师 A 说导航系统依赖于全球定位系统。技师 B 说导航系统依赖于在其存储器中编入的信息和存储在 CD 或 DVD 上的信息。谁是正确的？（　　）

A. 仅技师 A 正确

B. 仅技师 B 正确

C. 技师 A 和 B 都正确

D. 技师 A 和 B 都不正确

10）在诊断一个不能保持设定车速的自适应巡航控制系统时，技师 A 说应检查雷达装置周围是否有污物或障碍物；技师 B 说雷达传感器可能需要重新对齐。谁是正确的？（　　）

A. 仅技师 A 正确

B. 仅技师 B 正确

C. 技师 A 和 B 都正确

D. 技师 A 和 B 都不正确

第 7 章
供暖、通风和空调系统

学习目标

- 能识别供暖系统的常见部件。
- 能描述供暖系统真空和机械控制的工作原理。
- 能诊断加热器/通风系统中的温度控制问题。
- 能描述汽车空调系统是如何运行的。
- 能描述在空调系统中是如何使用制冷剂的。
- 能查找、识别空调系统的各个部件并描述它们的功能。
- 能描述不同类型空调控制系统的工作原理。
- 了解对汽车制冷剂的特殊处理流程。
- 能描述如何将歧管式压力表组和回收/再循环利用设备连接到空调系统。
- 能描述用于检查制冷剂泄漏的方法。
- 能确定制冷剂类型，测试制冷剂类型和检查密封件。
- 能使用准许的方法和设备来排空、回收/再循环利用、抽空和加注汽车空调系统。
- 能进行空调系统性能测试。
- 能解读压力读数并将其作为诊断空调问题的一种辅助手段。
- 能诊断和维修空调控制系统。

3C：问题（Concern）、原因（Cause）、纠正（Correction）

维修工单				
年份：2010	制造商：道奇	车型：Ram 1500	里程：102544mile	RO：19301
问题：	客户陈述空调不能正常工作，听起来好像空调频繁地接通和关闭。			
维修历史：	汽车空调系统 2 个月前曾维修和加注过制冷剂。			
根据该客户的问题，应用本章所学的内容，确定该车故障的可能原因、诊断方法以及必要的维修过程。				

早期的汽车几乎没有向驾驶员和乘客提供舒适环境的功能。在冬天，能使乘客抵御严寒和刺骨冷风的只有厚厚的大衣和毯子；在夏天，以 15 mile/h（约 24km/h）的车速行驶时产生的微风是能给乘客降温的唯一方式。

当今的汽车都有通风、供暖和空调系统来为乘客提供舒适。通风和供暖系统在所有乘用车上是标准配置，而空调是大多数车辆的标准配置，并且几乎用在所有车辆上。这些系统移动热量来为乘客供暖或降温。

▶ 参见

有关热量和热传递的详细讨论参见《汽车维修技术基础（原书第 7 版）》第 3 章。

7.1 通风系统

大多数车辆通风系统的设计目的是单独通过上、下通风口或同时通过这两个通风口给乘客舱内提供外部的空气。为此，汽车上采用了一些系统，其中最常见的是强制通风系统（图 7-1）。在这种布置中，外部空气的供应采用被称为冲压空气的方式，即空气在车辆行驶时流入汽车内。当汽车不移动时，通过加热器风扇可使外部空气稳定流入。在该系统工作期间，冲压空气被强制通过进气格栅。受压的空气随后循环流过乘客舱和行李舱。然后再通过乘客舱的排气区域将空气强制排出车外。

当没有冲压空气可用时（特别是当车辆静止时），可以利用通风系统的风扇。该风扇从仪表板下或从发动机舱内可接触到。鼓风机的电动机和风扇总成布置在鼓风机箱体内。当风扇（通常被称为笼式风扇）旋转时，在其进气口处会产生一个强大的吸力，并在其出气口产生一个压力。当风扇电动机被仪表板上的温度控制装置接通时，空气流过乘客舱。大多数车辆都有一个乘客舱的过滤系统，它清洁进入乘客舱之前的空气。

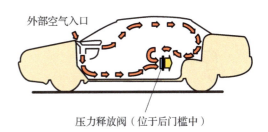

图 7-1 流通式强制通风系统

7.2 汽车供暖系统及检修

供暖系统的主要任务是提供舒适的乘客舱温度并保持汽车前后风窗玻璃和车窗上没有雾或霜。

为了满足联邦安全法规，所有车辆必须配备乘客舱供暖和风窗玻璃除霜系统。汽车供暖系统的主要部件有加热器芯、加热器控制阀、鼓风机电动机和风扇，以及加热器和除霜装置风道（图 7-2）。供暖系统和发动机冷却系统协同工作，以维持适宜的车内温度。

> **车间提示**
>
> 在大多数车辆中，当驾驶员选择了除霜功能且环境温度超过 35°F（约 1.67°C）时，空调将开启。这样做是为了除去车辆内部的潮气。

▶ 参见

有关发动机冷却系统的详细讨论参见《汽车发动机检修技术（原书第 7 版）》第 6 章。

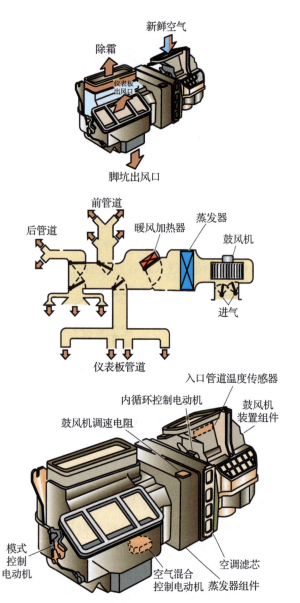

图 7-2 典型供暖和空调系统空气流动及主要部件

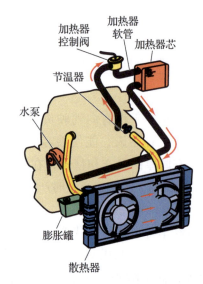

图 7-3 发动机冷却液从发动机上部送至加热器芯

图 7-4 加热器芯

建得像一个小型散热器（图 7-4）。它以进水口管、出水管、管路和带散热片的管芯为主要组成部分以方便冷却液在它们之间流动。

虽然所有的加热器芯基本上都以相同方式发挥作用，但不同的汽车制造商为达到同样的目的，在加热器芯的设计和材料使用上会有所不同。尽管加热器芯的结构不同，但这种类型的加热器都有一个带有塑料腔室的铝制加热器芯。

（2）加热器基本检查　当存在热量不足的问题时，诊断应从目视查看和检查冷却液液面及其状况开始。如果液面适当，打开加热器控制装置并运转发动机直到达到正常工作温度。如果发动机未达到正常的 220℉（约 104.4℃）左右的工作温度，则怀疑节温器或冷却风扇离合器失效。然后测量散热器上水管处的温度。可以用高温表、热电偶或 DMM 来测量。如果没有可用的测温装置，可小心触摸该软管。由于软管太热，切不可

在液体冷却系统中，来自在发动机内部循环的冷却液的热量被转换为吹入乘客舱的热空气。热的发动机冷却液通过加热器软管输送到加热器控制阀，然后到加热器芯入口（图 7-3）。当冷却液循环通过加热器芯时，冷却液的热量转移给加热器芯的管芯和散热片。当空气被鼓风机电动机和风扇吹过加热器芯时，从加热器芯表面获得热量并将其转移到车辆乘客舱。释放热量后的冷却液通过加热器芯的出口泵出，并从此处返回到发动机后重新被加热。

1. 加热器芯检查与维修

（1）加热器芯　加热器芯通常都被设计和构

长时间握住软管。同时,在这样做时,要确保远离冷却风扇周围的区域,旋转的风扇可能会打断手臂。如果软管的温度不在技术规格范围内,则节温器可能有故障。

如果软管温度合适,则检查加热器两根软管的温度,它们应该都是热的。如果只有一根软管是热的,则问题可能出在加热器控制阀,或是加热器芯堵塞。

如果下述三种症状中一个或多个的存在,通常很容易诊断出加热器芯的泄漏:地板上有泄漏的冷却液、水蒸气从通风口流出和乘客舱内有甜味。这些情况中的任何一种都表明应对冷却系统进行彻底检查。

(3) 加热器芯的维修　和散热器一样,随着时间的推移,加热器芯储液腔、管路和散热翅片都会被冷却液循环的铁锈、水垢和一些材料的沉积物堵塞。流过该系统的碎屑实际上扮演了喷砂器的作用,从内部侵蚀了加热器芯而导致泄漏。在发动机怠速和暖机后,将加热器温度控制装置调到 Hot(热)的位置,同时用手感觉加热器进、出口软管的温度。如果加热器控制阀下游的软管感觉不到热,则该控制阀没有打开。

当加热器芯堵塞时,会感觉到加热器芯的进水管是热的,而出水管却是凉的。用动力冲洗器反向冲洗加热器芯或许可疏通被堵塞的地方,但加热器芯通常是需要拆下来清洗或更换的。此外,加热器芯中的气穴也会妨碍正常的冷却液循环。当冷却液液面过低或在冷却系统排干后没有正确补充时,都会形成气穴。

> **车间提示**
>
> 　　维护冷却系统的一个常见步骤是反向冲洗它。但一些制造商不建议反向冲洗他们的加热器芯。在反向冲洗一个系统之前,务必先查一查维护信息。

因加热器芯泄漏而必须进行的维修或更换通常是一个非常困难和耗时的工作,主要是因为加热器芯的位置在汽车前隔板的深处。因此,在安装一个新更换的加热器芯前,务必先进行泄漏测试。此外,还要冲洗冷却系统并更换冷却液。

加热器芯通常深藏在仪表板下面。更换加热器芯可能还需要拆卸空调系统,这是由于加热器芯和蒸发器在同一个箱体中。在开始更换加热器芯之前,应查阅维护信息以确定需要拆解什么以及如何拆解。

在一些车辆上,加热器芯的更换要容易许多。为了拆卸加热器芯,先拆下检修盖板,从系统中排空冷却液,然后断开至加热器芯的软管。明智的做法是把车间的抹布或毛巾放在加热器芯下面,这样冷却液就不会漏到汽车的地毯上。松开并拆下加热器芯的固定螺栓,确保在拉出加热器芯时不损坏其他任何东西。安装加热器芯的步骤按照与拆卸相反的步骤进行。

当更换加热器芯时,应检查加热器软管,必要时应更换。大多数加热器软管都是模压成特定形状的,因此必须更换为相同尺寸和形状的软管。如果通过弯曲来安装到位,则大尺寸的加热器软管可能会扭结,这将减少通过加热器芯的水流量。当加热器的软管难以接近,而又必须从加热器芯上拆下时,许多技师会切断管子连接处的旧软管来更换软管。

2. 加热器控制阀原理与维修

(1) 加热器控制阀原理　加热器控制阀有时被称为水流量阀,它控制从发动机进入加热器芯的冷却液流量。控制阀在关闭位置时不允许热的冷却液流向加热器芯,从而使加热器芯保持凉的状态。控制阀在打开位置时允许被加热的冷却液循环流过加热器芯,以实现最大的加热器效率。加热器控制阀有几种操纵方式,包括拉索、恒温调节器、真空或电子方式。有些车辆不使用加热器控制阀,而是用加热器风门来控制有多少热量从加热器芯释放给乘客舱。

拉索操纵的控制阀直接由仪表板上的加热器控制杆控制。恒温控制阀的主要组成部分是一个用液体填充的毛细管,它安装在加热器芯的出口气流中。该毛细管感知出口气流的温度,无论发动机的转速或温度如何变化,控制阀会调节冷却液的流量以保持一个恒定出口气流的温度。

当前汽车中使用的许多加热器控制阀都是用

真空操纵的。这些控制阀通常位于加热器软管管路中，或直接安装在发动机气缸体上。当控制阀得到真空信号时，控制阀内部的膜片将克服弹簧力而被提起从而打开或关闭该控制阀。当仪表板上的温度选择改变时，给控制阀的真空被泄放，控制阀返回到原始位置。真空驱动的加热器控制阀可以是常开或常闭式的设计。

许多较新型的汽车使用电子控制的加热器控制阀。这种控制阀可能使用步进电动机来阻断冷却液的流动，或使用电动机来移动一根控制杆，就像非电子式控制阀那样来阻止冷却液流动。

在更新型的车辆上，为了耐腐蚀和轻量化，加热器控制阀通常由塑料制成（图7-5）。这类控制阀由很少的内部工作零件组成，且没有外部工作零件。由于控制阀的质量减轻，这类控制阀已不再需要外部的安装支架。

热的冷却液是始终流经加热器芯的。当需要热量时，才允许空气流过加热器芯。热量的多少由被允许通过加热器芯的空气量决定。

空气流量由鼓风机箱体内的一个混合门来控制。该混合门控制气流是穿过加热器芯，还是穿过空调的蒸发器。这可使驾驶员改变来自该系统的空气温度。混合门的移动可以通过拉索、真空，或用电动机的电子方式来控制。

3. 节温器

帮助调节冷却系统温度的节温器在供暖系统中起着重要作用。有故障的节温器会导致发动机过热或达不到正常的工作温度，这或许也是加热器性能不佳的原因。

更新型的车辆在节温器不能使发动机达到正常工作温度时会设置DTC（图7-6）。卡在打开位置或过早打开的节温器通常可通过观察散热器内冷却液在发动机预热期间的流动或监测冷却液温度来诊断。大多数发动机的节温器会在175℉（约79.4℃）左右开始打开，在195℉（约90.6℃）时完全打开。如果冷却液温度始终偏低，甚至达不到195℉，则怀疑节温器有问题。

a）真空控制的塑料单元

b）拉索操作的控制阀

图7-5 两种加热器控制阀类型

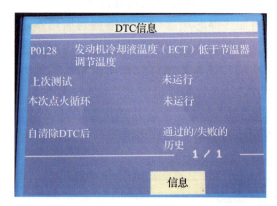

图7-6 冷却液不足的DTC示例

（2）加热器控制阀的维修 控制阀出现的问题通常都是由控制装置或控制阀本身引起的。如果控制阀是坏的，应更换。如果加热器控制阀或其控制装置阻碍阀门完全打开，对乘客舱内的供暖将会减弱。如果阀门不能完全关闭，则在打开空调时，乘客舱内也得不到适当地冷却。

对于使用拉索操作的控制阀，应检查拉索是否黏滞、滑脱（安装支架松动）或调整不当。对于真空操作的控制阀，在加热器接通时应无真空给控制阀（常闭式的和需要用真空来打开的控制阀除外）。

（3）无控制阀的系统 有些系统没有加热器控制阀，而是通过改变通过加热器芯的空气流量来控制进入乘客舱内部的热量。在这些系统中，

不同发动机所采用的节温器差异很大，所以有关细节应参考制造商的维护信息。确保新节温器的安装是正确的，其蜡丸应朝向发动机。此外，在将节温器外盖螺栓扭紧至规定力矩之前，应确保节温器座和密封件已正确地安装在节温器室内。一旦更换了节温器，应使用指定的冷却液来重新加注冷却系统，并确保从系统中排出了所有空气。

> **车间提示**
>
> 很多原因都可以造成加热不良。冷却液液面过低会使加热器严重缺水，导致热量输出很少或没有。检查散热器（不是溢流罐）中的冷却液液面，看其是否过低。在长的加热器软管中或当加热器的安装位置高于散热器时会形成气泡。为了排出被困住的空气，一些车辆在软管上设有排气阀。在系统被加注时，打开该排气阀可以使空气逸出。

4．PTC 加热器

如今的发动机设计是要减少发动机散出的废热数量，因此，可用于供暖系统的热量可能受到限制。对于带有起动-停机功能的混合动力汽车更是如此。此外，在传统车辆上，在冷却液升温且其热量通过加热器芯进行转移之前，车内是没有热量可用的。

一些更新型的车辆，尤其是混合动力汽车，在加热器芯中有一个正温度系数（Positive Temperature Coefficient，PTC）的辅助加热单元（图 7-7），又被称为 PTC 加热元件。这类加热器可在发动机冷却液升温之前提供温暖的空气。PTC 加热器采用电子控制，并独立于冷却系统工作。

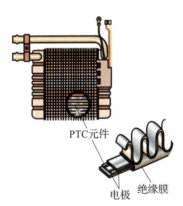

图 7-7　电子式 PTC 辅助加热器

一些车辆在来自鼓风机箱体的空气风道中配有附加的 PTC 元件，当电流通过 PTC 元件时产生热量，以加热流过加热器芯的空气。这有助于提高风道中的空气温度。

PTC 元件可快速响应电流的变化。这些元件是小的陶瓷体，它们通常是掺有金属的钛酸钡多晶陶瓷。大多数 PTC 元件是自调节的，这意味着不再需要一个温度自动调节装置来控制它的工作。当元件受热时，其电阻增加。一旦达到预定的温度，其内部电阻值显著增加，从而降低了电流并防止温度进一步升高。

PTC 加热器可以通过测量加热元件的电阻来检查。如果电阻值不符合规格要求（图 7-8），则应更换该总成。

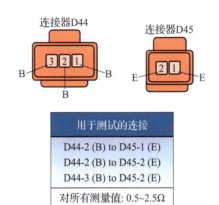

图 7-8　PTC 加热器各端子间的电阻测量点

5．鼓风机电动机

鼓风机电动机通常位于加热器箱体总成内。它确保空气是通过系统来循环的（图 7-9）。电动机转速由控制面板上的一个多档位开关来控制。该开关与通常位于加热器壳体上的电阻组相连来控制鼓风机电动机的转速。

图 7-9　鼓风机电动机总成

在某些车辆上，当发动机运转时，鼓风机电动机持续低速运转。而在自动温度控制系统中，鼓风机电动机只在发动机达到预定温度时才启用。鼓风机电动机电路由位于熔丝盒中的熔丝来保护。

由于绝大多数车辆的供暖系统所用的鼓风机与空调系统使用的是同一个鼓风机，因此，有关鼓风机的检查和维修参见本章后面的空调部分相应内容。

6. 加热器和除霜器风道

往乘客舱加热器出风口和除霜器出风口转移来自加热器芯的热空气是加热器和除霜器风道的工作。这些风道通常是大的塑料壳体的一部分，它们连接到所需的车内和车外通风口。这个通风管道还有用于蒸发器和加热器芯总成的安装点。风道内含有引导空气流向地板、仪表板和/或风窗玻璃所需的模式调整风门。风道有时会直接连接至通风口，而其他情况下则使用软管连接。

（1）内循环/新风风门　许多车辆都有内循环/新风模式。此功能可使驾驶员重复循环（车内循环）车内的空气。此模式通常会在进入车内的外部空气带有难闻气味时被选择。车外或新鲜空气一般是通过正常供暖、通风和空调系统进入车内的。在内循环模式运行期间，系统为这些系统使用来自车内的空气。内循环风门隔绝外部气流并打开车内空气的入口。

一些较新型的汽车使用传感器来检测进入车内的空气中存在的烟雾和污染物。在一些车型上，该传感器还能够检测一氧化碳、碳氢化合物和氮氧化物。一旦检测到这类污染物，系统将自动地将气流切换到内循环模式。内循环的空气经由灰尘和花粉过滤器以及活性炭过滤器来去除任何气味和污染物。

（2）加热器和除霜器风道的维修　如果鼓风机电动机运转，但没有空气流出管道，则问题可能是流量控制阀或混合门卡住或失效，也可能是空调滤清器堵塞。这还会影响除霜器的工作。这些混合门的工作可能是拉索、电动或真空操作的。为了进一步诊断该问题，需改变温度选择器旋钮的位置，从热到冷滑动它。如果没有听到混合门打开和关闭的声音，则意味着控制拉索已经从仪表板上的开关或控制臂上滑脱，这种情况时有发生，其表现为混合门不起作用。在这种情况下，当滑动温度控制旋钮时，将只感受到很小阻力或没有阻力。扭结或生锈的拉索也会阻碍对混合门的操作。如果是这样的情况，则在试图移动控制旋钮时会感受到阻力。在这两种情况下，都需要进入仪表板下面找到该拉索，然后更换、布置走向和重新连接它。混合门也会被落入除霜管道中的杂物卡住。用钩子或磁铁通过加热器出风口捕获障碍物并将它们从集气箱中取出，或先取下集气箱，再将这些障碍物取出。在钩取障碍物时要小心，某些类型的加热器芯很容易被刺破。

目前大多数 HVAC 系统使用伺服电动机来移动各个风门。每个电动机都带有一个电位计，它向空调控制单元发送关于风门实际位置的信号。如果实际位置与指令的位置不一致，大多数系统将会设置一个表明该风门工作不正常的 DTC。在开展电气系统的详细诊断之前，先确保连接装置没有问题或该风门没有物理性的卡滞。如果问题是电气问题，一般来讲是空调控制单元、伺服电动机或接线线束有故障。

对于真空控制的风门，最常见的故障原因是真空软管泄漏或松脱，或移动风门的真空马达膜片有缺陷。可起动发动机并断开一个连接风门真空马达的真空管检查真空。如果在尝试设置不同温度时能感受到真空或听到嘶嘶的声音，则真空源是好的。用手动真空泵给该真空马达施加真空，如果马达可移动并能保持真空 1min 左右，然后泄放，则该问题是真空马达不良。如果该马达没有移动，则检查真空软管的连接是否有泄漏、温度控制开关是否有故障、真空罐是否泄漏，以及检查仪表板下或发动机舱内的真空管单向阀是否泄漏。

7. 混合动力汽车中的供暖和空调

在混合动力汽车中，发动机可以用来提供热量，所以供暖和除雾系统与传统车上使用的系统相似。但某些混合动力汽车装有附加的电加热器，这些装置在发动机关闭时使乘客舱保持温暖。

其他系统有一个 12V 或 42V 的辅助电动水泵。该水泵用来在发动机怠速停机时循环冷却液通过发动机以维持加热器功能。加热器控制模块根据 PCM 的怠速停机信号来控制水泵。如果发动机的温度在怠速停机期间低于预定水平，发动机将重新起动。该系统在加热器芯上还有一个温度传感器，该传感器监测电动水泵的工作情况。它如果检测到加热器芯的热量正快速损失，控制模块将认为水泵已经失效，并会起动发动机，同时设置一个 DTC。

一些混合动力汽车使用的冷却系统有一个冷却液储热罐。热的冷却液被储存在一个容器中（图 7-10），冷却液在这里可以持续保温几天。热的冷却液在发动机起动后立即循环通过发动机。该冷却液还可以在发动机关闭后循环通过发动机多个小时。储存的冷却液可以为乘客舱提供热量，并可使发动机快速暖机，从而降低起动过程中的排放水平。

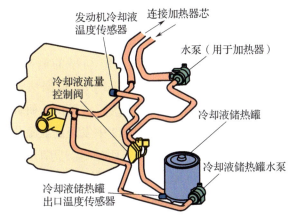

图 7-10 冷却液储热罐是一个大的真空保温容器，它可长时间保存冷却液的热量

一些混合动力汽车还使用供暖和空调系统来保持 HV 蓄电池的温度。由于温度对蓄电池效率十分重要，因此，加热和冷却的管网会连接到蓄电池箱。即使没有使用独立的液体加热和空调管路，也会有一个用于 HV 蓄电池的通风系统。许多混合动力汽车，如丰田的普锐斯、本田 IMA 和其他一些混合动力汽车等，会使用蓄电池通风风扇和管道系统将车舱内的空气抽入并流经蓄电池箱，空气随后被排出车外。重要的是，蓄电池冷却系统的入口不能有堵塞或受阻的情况，因为这会提高蓄电池温度并产生蓄电池温度方面的 DTC。

使用锂离子蓄电池的车辆，如通用汽车公司的 Volt，有专用的蓄电池箱加热和空调管路。除了循环冷却液流经逆变器和驱动电机总成外，Volt 还使用一个被称为蓄电池冷却器的单独的空调蒸发器来移去蓄电池充电器和电池包的热量。根据工作状态，液体冷却系统既可以用来为电池包加温，也可以用来冷却。当需要消散更多的热量时，系统将接通空调压缩机，用空调系统冷却电池。

当对供暖系统进行检查和维修时，应始终遵循制造商推荐的步骤。在大多数情况下，供暖系统的问题是与发动机冷却系统相关的问题。因此，大部分的维修工作和诊断都是对冷却系统进行的。只与加热器有关的问题很少，这类问题主要在加热器控制阀和加热器芯中。大多数情况下，如果这两个部件有故障，发动机冷却系统将会受到负面影响。这两个部件都应更换而不是维修。有些问题会仅与加热器控制装置有关。在某些情况下，有可能对真空软管和电气连接的维修是不需拆卸加热器总成的。如果需要拆卸加热器总成，则在拆卸前，必须先排空冷却系统。

▶ 参见

有关发动机冷却系统的详细讨论参见《汽车发动机检修技术（原书第 7 版）》第 6 章。

7.3 汽车空调基础知识

空调主要是为乘客舱提供凉爽的空气，同时还用于除去空气中的水分。空调系统通过将乘客舱有限空间内的热量转移到大气中来冷却车内的空气。所有空调系统的工作原理都是基于自然界基本定律的。

▶ 参见

有关这些定律的详细讨论参见《汽车维修技术基础（原书第 7 版）》第 3 章。

1. 热量的流动

空调系统设计的目的是将热量从某点泵送到另一点。所有材料或物质在冷却到 $-459℉$（约 $-273℃$）之前，其内部都含有热量。低于这个被称为绝对零度的温度时，就不再留有热能了。热量总是从较热的物体流向较冷的物体。例如，如果一个物体是 $30℉$（约 $-1.1℃$），另一个物体是 $80℉$（约 $27℃$），则热量将从较热的 $80℉$（$27℃$）的物体流向较冷的物体。物体之间的温差越大

（此例的温差约为28℃），热量流动的数量就越多。

2. 热量的吸收

物体可以是三种形态之一：固态、液态或气态。当物体从一种形态转变到另一种形态时，将会转移大量的热量。例如，当水的温度降到32℉（0℃）以下时，水从液态变为固态（冰）。如果水的温度升高到212℉（100℃），将从液态变成气态（蒸汽）。但当水或任何物质从固态变成液态，然后再从液态变成气态时，会发生一件有趣的事情。为改变物质的形态需要额外的热量，即便这种热量不会反映在温度计上。例如，32℉（0℃）的冰要变成水需要热量，但变成的水仍然是32℉（0℃）。用额外的热量提高水的温度，直到它达到212℉（100℃）的沸点。将水变为蒸汽使用了更多的热量，但如果测量蒸汽的温度，它也会是212℉（100℃）。改变物质状态所需的热量被称为潜热（即隐含的热量），因为它无法用温度来度量。这种隐含的热量是所有空调系统背后的基本原理。

> ▶ **参见**
>
> 有关热量和如何度量热量的讨论参见《汽车维修技术基础（原书第7版）》第3章。

3. 压力和沸点

压力在空调中也扮演着重要的角色。物质上的压力会改变物质本身的沸点，比如液体上的压力越大，其沸点就越高。如果压力施加在蒸汽上，该蒸汽会在高于正常温度的温度上冷凝。此外，当物质上的压力降低时，其沸点也会降低。例如，水的沸点是212℉（100℃）。通过增加液体上的压力可以提高其沸点。这是因为随着压力增加，水分子要膨胀和转为气体所需的能量也增加。沸点还可以通过降低压力或将液体放置在真空中来降低。通过降低压力，水分子可以在较低的温度下改变形态。如果压力足够低，水在室温下就会沸腾。

4. 相对湿度

空气中可容纳的水分的数量与空气温度直接相关，越暖和的空气所能容纳的水分就越多。因此，降低空气温度也从空气中抽取了水分，因而降低了空气的相对湿度。所谓的相对湿度是空气中的水分含量与在同温度下实际可以保持的水分含量之比。如果空气不能再容纳任何更多的水分，水分就会凝结成水。这就是导致物体表面上有露水和凝结水珠的原因。对许多人来说，低的相对湿度通常比过高的湿度更感到舒适。

7.4 制冷剂

空调（A/C）系统的设计目的是将热量从某点转移至另一点。在汽车中是将乘客舱中的热量转移到车外。用来移动热量的物质被称为**制冷剂**。

1994年之前，大多数汽车空调系统都使用一种通常被称为R-12或氟利昂的制冷剂。R-12为二氯二氟甲烷（CCl_2F_2）。根据法律规定，R-12已不再用于空调系统，这是由于研究表明，地球的臭氧层正被在R-12中发现的氯氟化碳（chlorofluorocarbons，CFC）所耗尽。臭氧层是地球最外层的保护屏障，这一脆弱的保护层可以阻止太阳紫外线的有害影响。由于采用R-12的空调系统有可能泄漏，因此，通过不在空调设施中使用R-12可以避免对臭氧层的进一步破坏。

1. R-134a

在许多已经可以取代R-12的化学物质中，汽车制造商决定使用不含氯的R-134a。这种制冷剂还可能被称为SUVA。R-134a是四氟乙烷（CH_2FCF_3），被认为是一种氢氟碳化合物（Hydrofluorocarbon，HFC），当其被释放到大气中时，对臭氧层造成的损害较小。尽管采用R-134a的空调系统与使用R-12的系统在工作方式和基本部件上相同，但这两种制冷剂是不能互换的。

R-134a系统工作在更高的压力下，因此，该系统是为了应对这种压力而设计的（表7-1）。R-134a系统还需要不同的维修方法和设备。所有的R-134a系统都可以通过发动机舱盖下的贴签（图7-11）或通过系统中使用的软管和接头来识别。用于R-134a系统的维修设备也有所不同。改造的套件可用来将旧的R-12系统改为R-134a系统。

表 7-1　R-134a 和 R-12 在不同温度下的压力对比

环境温度	压力 / (lbf/in^2)			
	高压侧 R-134a	低压侧 R-134a	高压侧 R-12	低压侧 R-12
60℉（15.6℃）	120~170	7~15	120~150	5~15
70℉（21.1℃）	150~250	8~16	140~180	8~16
80℉（26.7℃）	190~280	10~20	160~250	10~18
90℉（32.2℃）	220~330	15~25	200~280	12~25
100℉（37.8℃）	250~350	20~30	220~300	15~30

注：1lbf/in^2≈6.89kPa。

图 7-11　告知系统使用 R-134a 的典型贴签

尽管 R-134a 可能对臭氧层产生的危害较小，但当它被释放到空气中时，仍有能力参与"温室效应"。所以 R-12 和 R-134a 的回收和再循环利用是法律所强制要求的。

1987 年，世界上许多国家签署了《蒙特利尔议定书》。该协定要求开始逐步淘汰 R-12 制冷剂。在该协定之后，1990 年美国《清洁空气法案》规定所有制冷剂都必须回收和再循环利用。该法案第 609 节规定，进行空调系统维修的所有技师都必须获得正确回收和再循环利用制冷剂的认证，该节还规定所有的回收和再循环利用的设备也都必须经过认证。该法案第 609 节是美国的要求，在其他国家无效。美国一些州对制冷剂有更严格的法律且必须遵守。虽然第 609 节对购买 R-134a 的人没有要求认证，但对那些回收利用 R-134a 的人来说却是需要的。

全球环境项目的《京都议定书》（Kyoto Protocol）已为减少温室气体设立了标准，其中也包含了对 R-134a 的内容。虽然不是每个国家都签署了《京都议定书》，但欧盟（EU）和美国环保署（EPA）已经强制要求向新的具有降低全球变暖可能性（Global Warming Potential，GWP）的制冷剂过渡。作为结果，一些欧洲和日本制造商在 2013 年开始淘汰 R-134a 的空调系统。这意味着这些公司销往美国的车辆将使用替代的制冷剂，因此，美国的维修机构将需要同时配备能维修 R-134a 系统和其替代品 HFO-1234yf 系统的设备。1234yf 计划在 2017 年被全面采用。

2. HFO-1234yf

R-134a 的替代品是 HFO-1234yf（R-1234yf）。HFO 表示该制冷剂是一种基于氢氟烯烃的化学物质。与 R-134a 不同的是，1234yf 的 GWP 为 4，而 R-134a 的 GWP 为 1430。这提供了一种在制冷剂意外释放到大气中的情况下能够大幅降低对防止全球变暖造成不利影响的制冷剂。由于 1234yf 的工作压力和温度与 R-134a 非常相似，因此，改用 1234yf 的另一个好处就是仅需进行非常小的改动便可使该制冷剂用在现有的车载空调系统中。

与 1234yf 有关的一个问题已经引起了一些争论，并且因其易燃性而不得不将其应用推迟。当戴姆勒公司的配备了 1234yf 的车辆在碰撞测试中显示出可燃性的问题后，该公司于 2012 年宣布不再使用 1234yf。这是因为当制冷剂释放到热的发动机舱中时，存在制冷剂被点燃的可能性。

3. 用于替代的制冷剂

作为《清洁空气法案》的一部分，美国国家环境保护局确定并发布了一份可接受和不可接受的制冷剂清单。这是重要新替代品政策（SNAP）的一部分。除制冷剂外，SNAP 还适用于所有会减少臭氧层的化学品。SNAP 列出的制冷剂清单并不意味着 EAP 批准在特定车辆中使用这些制冷剂；它只是表示这些制冷剂在按其要求使用时，会比所取代的 R-12 制冷剂对人类和环境更安全。目前，超过十二种不同类型的在 SNAP 中列出的制冷剂被批准用作移动空调（Mobile Air-

Conditioning，MAC）系统的制冷剂。

有不同的制冷剂可用于汽车空调系统，它们通常被称为替代制冷剂。EPA 有一份经核准的替代制冷剂清单，但原始设备制造商（OEM）声称在改装 R-12 系统时只能使用 R-134a。使用任何含有易燃物质的制冷剂，如丙烷和丁烷，都是非法和危险的。在没有先清除旧制冷剂的情况下，将 R-134a 加注到 R-12 系统中也是违法的。

4. CO_2 系统

为了满足《京都议定书》制定的标准，汽车制造商需要找到一种能替代 R-134a 的制冷剂。BMW（宝马）和其他欧洲制造商已经选择将 CO_2 作为他们的空调系统未来可能使用的制冷剂。CO_2 在用作制冷剂时是无毒的，它被称为 R-744 且 GWP 为 1。极低的 GWP 意味着它的使用几乎没有环境问题。事实上，这种制冷剂不需要回收和再循环利用。如果 CO_2 从空调系统泄漏，对环境的影响非常小。CO_2 在我们的空气中大量存在，因此，它不需要去制造。

据称，基于 CO_2 的空调系统将比目前最好的 R-134a 系统提高 25% 的能效。此外，CO_2 还可用于热泵系统。热泵系统可以提供冷和暖空气，并可用于混合动力汽车中。CO_2 空调系统还比传统的空调系统需要的气体数量更少，这意味着该系统的尺寸明显小于传统系统。

CO_2 系统的工作原理与任何其他空调系统相同，但由于压力较高，因而部件有所不同。CO_2 系统的工作压力几乎是 R-134a 系统的 10 倍。CO_2 的临界温度远低于 R-134a。临界温度是指在该温度以上，无论压力如何，物质都不能以液态存在的温度。因此，这类系统需要一个内部热交换器（Internal Heat Exchanger，IHX）和蓄能器。该系统的软管和衬垫所用的材料也必须稍有不同。IHX 位于冷凝器和蒸发器之间。蓄能器是 IHX 的一部分（图 7-12）。

有关使用 CO_2 系统的一个问题是泄漏到乘客舱的后果。如果泄漏发生在蒸发器，二氧化碳会使车舱内的空气有毒。就像 CO_2 灭火器取代氧气来灭火一样，CO_2 泄漏到乘客舱可以明显地降低车内的氧含量。由于这个问题，CO_2 系统需要传感器来监测车舱内的空气质量，或者可以将空调系统分成前级和后级制冷回路（图 7-13）。许多商业制冷系统使用冷却装置，这样可以使用于人居环境的系统中不会有氨等有毒化学物质。冷却器是一种两级的热交换器，它使用危险性较小的制冷剂，甚至是一种防冻剂和水的混合物来冷却内部。空调系统使用冷却前级的蒸发器，随后再用前级蒸发器来冷却后级的蒸发器。

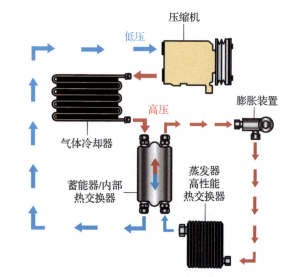

图 7-12 CO_2 空调系统的布局

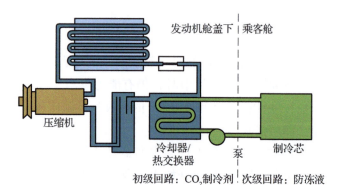

图 7-13 CO_2 系统所需的前级和后级回路

5. 制冷剂使用的安全注意事项

1）始终在通风良好和干净的区域作业。制冷剂是无色且看不见的。制冷剂比氧气重，因而在狭小的区域内会取代氧气。所以应避免吸入制冷剂蒸气。接触制冷剂可能会刺激眼睛、鼻子和喉咙。

2）当制冷剂暴露在大气中时会迅速蒸发。它会冻结它所接触到的任何东西。如果液态制冷剂进入眼睛或溅到皮肤上，将会引起冻伤。如果制冷剂已经接触到眼睛或皮肤，切不可揉擦，应立即用冷水对那些接触制冷剂的部位清洗 15min，并寻求医疗帮助。还要查看制冷剂的安全数据表（SDS）以确定其他与安全相关的规程。

3）如果制冷剂的软管破裂，空调系统的高压会对人的眼睛和/或皮肤造成严重的伤害。在空调系统和制冷剂周围作业时，应始终佩戴护目用品。佩戴防护手套和穿着防护服也是明智的。

4）切勿将 R-134a 与压缩空气混在一起来测试泄漏。在有氧气存在的情况下，加压的 R-134a 会形成可燃的混合物。切勿将压缩空气引入 R-134a 的容器（空的或满的）、空调系统或空调维修设备中。

5）在处理制冷剂容器时要小心，切不可跌落、击打、刺穿或烧烤该容器。始终使用美国交通部（DOT）批准的制冷剂容器。

6）切勿将空调系统的部件暴露在高温下，热量会导致制冷剂的压力增加；切勿将制冷剂暴露在明火中。

7）切不可过度填充制冷剂容器，容器的填充水平不得超过容器毛重额定值的 60%。制冷剂容器应始终存放在低于 125℉（约 52℃）的温度下，并避免阳光直射。

8）制冷剂装在 30lb（约 13.6kg）和 50lb（约 22.7kg）的气瓶中。应保持气瓶在直立位置。在气瓶不使用时，应确保其阀门用安全帽保护。应避免气瓶跌落，小心对待它们。

9）R-1234yf 用带有红色贴签或手柄的白色容器来储存和销售，而 R-134a 应储存在浅蓝色的容器中（图 7-14）。R-1234yf 和 R-134a 切不可混用。如果这两种制冷剂混合，将发生污染，并可能导致空调系统故障。对不同的制冷剂必须使用不同的维修设备。

10）为了防止交叉污染，应识别要被维修的空调系统使用的是 R-1234yf 还是 R-134a。检查系统中所用的连接头，所有基于 R-134a 的系统均使用 1/2in 16ACME（梯形）螺纹的接头和快速断开的维修接头。R-1234yf 系统可以通过发动机舱盖下的明确说明使用 R-1234yf 的贴签来识别（图 7-15）。大多数制造商用贴在压缩机上的标签来识别所使用的制冷剂类型。还要查看写有"警告 - 本系统应由有资质人员维修"的标签。这个标签或标牌可在发动机舱盖下空调系统部件的附近找到。此标签还写明了所用的制冷剂类型、加注该系统所需的制冷剂加注量，以及冷冻油的类型。

图 7-14 R-12 使用白色容器存储和销售，而 R-134a 使用浅蓝色容器

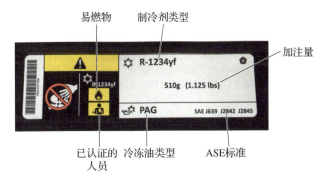

图 7-15 发动机舱盖下的 R-1234yf 的警示贴签及各条目的含义

11）在将制冷剂储存在罐中之前，应先将储存罐排空后再加注。储存罐内的压力切不可超过罐上标明的最大允许压力。

6. 针对混合动力汽车的特殊注意事项

混合动力汽车具有高压电系统。大多数情况下，空调压缩机是由高压电提供电力的。对某些部件的随意处理会导致严重的人身伤害，甚至死亡。始终应遵循并坚持制造商给出的预防措施。这些预防措施在制造商的维修信息中都有明确标示。所有维修步骤都应完全按照制造商的规定执行（图7-16）。如果粗心大意或不遵守这些步骤，可能会造成严重的伤害，并可能导致蓄电池爆炸！以下列出的是在混合动力汽车上作业时需要考虑的常识性要求。

1）由于空调压缩机也是电力驱动的，所以HEV和EV系统中使用了特殊的不导电的冷冻油。在准备维修空调系统之前，必须对曾使用过标准聚亚烷基二醇（Polyalkylene Glycols，PAG）冷冻油的压力表组或加注设备进行清洗，确保没有PAG冷冻油的任何遗留痕迹。混合动力汽车空调系统的意外污染会导致压缩机内的导电，并可能对整个高压电系统造成严重的损坏。进行混合动力汽车维修的一些维修店应持有专用的单独设备以避免污染。

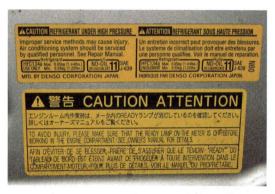

图7-16 注意所有警示和维修的贴签

2）在混合动力汽车上进行任何维修前，应参考该车辆的特定维修信息。所有混合动力汽车的空调系统都以近乎相同的方式工作，但有不同的系统和部件；即便是由同一制造商生产的汽车也会如此。

3）所有的高压电线路和线束都包裹在黄色或橙色的绝缘材料中。应敬畏这种颜色并远离它，除非该系统已断电。

4）所有采用高电压的零部件上都贴有警告和/或提醒类的标签。在没有安全手套等正确的防护装备时，注意不要触及这些电缆和零部件。

5）在任何高电压部件上或其附近作业之前，应确保高压电系统已经关闭并与车辆隔离。

6）在高压电系统上或其附近作业时，即使已经断电，也要始终使用绝缘工具。

7）切勿将工具或已松开的部件遗留在发动机舱盖下或靠近电池包的地方。这些部件很容易导致短路。

8）在混合动力汽车上作业时，千万不要佩戴任何金属物品，如戒指、项链、手表和耳环。

▶ 参见

有关隔离混合动力汽车高压电系统的细节参见《汽车维修技术基础（原书第7版）》第10章。

▶ 参见

有关用于空调系统诊断和检修的各种工具的全面描述参见《汽车维修技术基础（原书第7版）》第8章。

⚠ **警告** 由于环境和健康问题，在任何情况下都不可将不同制冷剂或冷冻油混用。不要向一个已有或曾经已有过其他类型制冷剂的系统中添加另一种类型的制冷剂。还要确保清楚地标明该车辆所使用的被改变的制冷剂类型。

车间提示

根据美国《清洁空气法案》第609条，若要维护和维修移动空调系统和购买大量制冷剂，必须获得EPA核准项目的认证。要获得该认证，一个技师必须拥有并使用批准的制冷剂回收设备，并通过制冷剂回收和再循环利用的考试。该认证的常见考试由ASE、移动空调协会（MACS）等全球培训/测试机构管理；美国一些州也提供这种考试。

7.5 冷冻油

一般来讲，压缩机润滑的唯一来源是与制冷剂混合的冷冻油。空调系统用制冷剂携带冷冻油通过整个系统来润滑该系统的各个部件，包括压缩机。由于压缩机运转在一定负荷和转速下，所以适当的润滑是延长压缩机寿命的必要条件。

系统所需的冷冻油类型取决于许多因素，但它主要是由系统中所用的制冷剂所决定的。矿物冷冻油用在R-12系统中，但它不能与R-134a系统一起使用。R-134a系统需要合成的冷冻油，即聚醚类合成（PAG）冷冻油或聚酯（Polyester，POE）冷冻油。大多数制造商在 R-134a 系统中使用 PAG 冷冻油。而售后市场的公司经常选择酯类的冷冻油用作 R-134a 系统的润滑，因为它们往往比 PAG 冷冻油吸引的水分更少。通常情况下，当系统已从 R-12 系统改装为 R-134a 系统时，建议使用酯类的冷冻油。因为酯类油与矿物油都是以碳氢化合物为基础的，所以它们之间可很好地混合。

冷冻油有许多不同的混合物，应始终使用车辆制造商或压缩机制造商推荐的冷冻油。使用不正确的冷冻油将导致压缩机损坏。

⚠ **警告** 混合动力汽车通常都有一个用电驱动的压缩机。由于该电动机在压缩机壳体内，并与压缩机内的冷冻油接触，所以在压缩机内只能使用指定的冷冻油。这种油具有电气的绝缘特性，可以保护你免受电击危险。此外，如果使用错误的冷冻油，空调单元将受到污染，而且这会导致需要更换压缩机、冷凝器、蒸发器和/或所有制冷剂管路。

此外，系统所需的冷冻油除取决于系统所使用的制冷剂外，还取决于车辆是传统汽车、混合动力汽车还是电动汽车。

一般情况下，只有在系统中的冷冻油已严重缺失时才需要检查压缩机的油面，这种缺失是制冷剂软管破裂、软管接头严重泄漏、压缩机密封件严重泄漏或碰撞损坏了系统部件而导致的。

更换冷冻油时，使用制造商推荐的制冷剂类型和数量是非常重要的。如果系统中有过量的冷冻油，则过多的冷冻油将与制冷剂一起循环，导致系统的制冷能力降低。冷冻油过少会导致润滑不良。当出现过多的泄漏或需要更换空调系统的部件时，必须遵循规定的步骤，以确保维修后系统中冷冻油的总加注量是正确的。大多数空调回收/循环再利用设备会显示有多少冷冻油已随制冷剂抽出（图 7-17）。

当压缩机运转时，冷冻油会逐渐离开压缩机，并随制冷剂一起循环通过制冷系统。当最终达到一种平衡状态时，会有一定量的冷冻油留存在压缩机中，一定量的冷冻油将继续循环。如果在系统运行后更换系统中的某个部件，就会有冷冻油伴随该部件一起被丢失。在更换一个零部件时，应始终添加规定数量和正确类型的冷冻油（图 7-18），并按照制造商的建议进行作业。

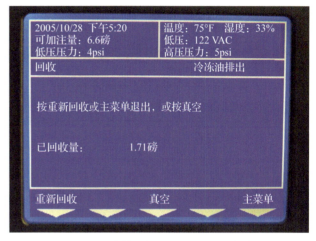

图 7-17　大多数回收/循环再利用设备会显示已随制冷剂抽出了多少冷冻油

图 7-18　更换部件后，应确保添加的冷冻油数量和类型与系统所需的一致且正确

7.6　空调系统基本工作原理

制冷剂用于将车辆内部的热量携带到车辆的外部。车用制冷剂具有较低的沸点（出现蒸发的点）。例如在大气压力下，液态的 R-134a 在 -15.34℉（-26.3℃）沸腾并变成蒸气，当制冷剂改变状态时将吸收大量的热量。因为它吸收的热量来自汽车的内部，所以乘客会感到更凉爽。

为了理解制冷剂是如何用来冷却车辆内部的，

必须首先理解压力和温度的影响。如果制冷剂的压力高，则其温度也高。同样，如果压力低，其温度也低。因此，制冷剂的温度可以通过它的压力来改变。随着液体压力的提高，它的沸点也提高。同样，随着压力的降低，液体的沸点也降低。表 7-2 展示了 R-134a 在不同温度下的压力。

表 7-2　R-134a 压力与温度关系

温度/℉	温度/℃	压力/(lbf/in^2)	压力/kPa
10	-12.2	12.0	82.7
20	-6.67	18.4	127
30	-1.11	25.3	174
40	4.44	35.0	241
50	10.0	45.4	313
60	15.6	57.4	396
70	21.1	71.1	490
80	26.7	86.7	598
90	32.2	104.3	719
100	37.8	124.1	856
110	43.3	146.3	1009
120	48.9	171.1	1180
130	54.4	198.7	1370
140	60.0	229.2	1580
150	65.6	262.8	1812

为了吸收热量，制冷剂的温度和压力都要保持在较低的状态，而为了散热，温度和压力都要升高。当制冷剂吸收热量时，它从液体变为蒸气；当它散热时，它从蒸气变成液体。从蒸气到液体的变化被称为**冷凝**。随着制冷剂循环通过系统，蒸发和冷凝这两种状态的变化不断循环发生。

制冷循环：在基本的空调系统中，热量按照下述步骤被吸收和转移（图 7-19）。

1）当系统关闭时，制冷剂以蒸气的形式占据系统，且整个系统的压力是相同的。

2）当空调压缩机运转时，它提高制冷剂的压力，从而升高了制冷剂的温度。

3）从压缩机泵出高压、高温蒸气形态的制冷剂。

4）该高压的制冷剂蒸气被输送到冷凝器。制冷剂中的热量通过传导和对流方式被转移给冷凝器外部的空气。热量的迁移使制冷剂蒸气在高压下冷凝成液态。

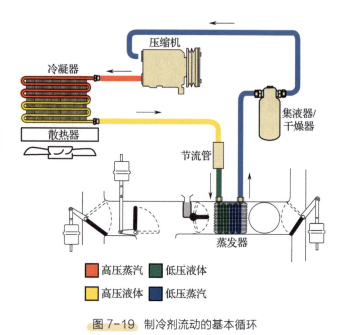

图 7-19　制冷剂流动的基本循环

5）高压、高温的液态制冷剂从冷凝器底部离开，进入集液器/干燥器。集液器/干燥器去除制冷剂中的水分和污垢，并储存清洁的制冷剂直到它被需要时。在某些系统中，集液器被布置在蒸发器和压缩机之间，以在任何液体制冷剂可能进入压缩机之前将其截获。

6）制冷剂随后流向蒸发器芯的节流管或膨胀阀入口侧。它们控制制冷剂进入蒸发器的流量。这种节流装置降低了制冷剂的压力和沸点。

7）当液态的制冷剂离开节流装置时，它处在其最低的压力和温度点。

8）制冷剂随后流过蒸发器，它在此处通过对流吸收来自乘客舱内空气中的热量。增加的热量导致制冷剂沸腾而变回蒸气。

9）制冷剂随后以低压、低温蒸气的形式返回压缩机并继续循环。

汽车空调系统是一个封闭的加压系统。它由压缩机、冷凝器、贮液器/干燥器或集液器、膨胀阀或节流管以及蒸发器组成。为了理解这些部件的作用，应记住空调系统被划分为高压和低压的两侧（图 7-20）。**高压侧**指的是系统处于高压、高温下的一侧。**低压侧**是指系统的低压、低温一侧。

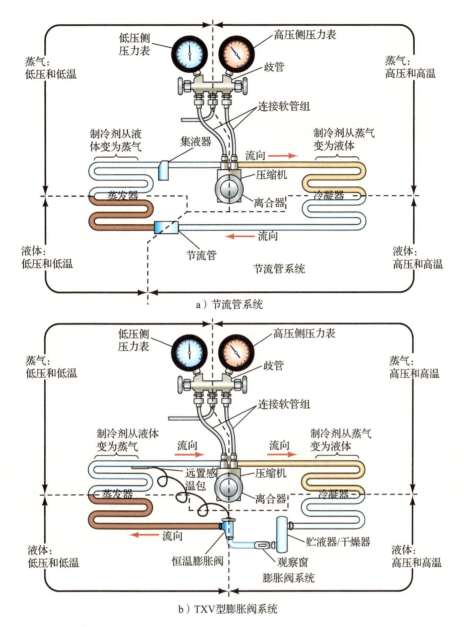

图 7-20 节流管系统和 TXV 型膨胀阀系统的低压和高压划分

7.7 汽车空调主要部件及检修

1. 压缩机

压缩机是汽车空调系统的核心。它将系统分隔为高压侧和低压侧。压缩机的设计目的是只泵送制冷剂蒸气，而不是压缩液态的制冷剂，因此，一旦有液态制冷剂出现就会毁坏压缩机。压缩机的主要作用是吸入来自蒸发器的低压低温蒸气，并将其压缩成高温、高压的蒸气。此时的制冷剂温度高于周围的空气温度，并在冷凝器中冷凝而回到液态形式。压缩机的第二个作用是以空调系统正常运行所需的不同压力循环或泵送制冷剂通过空调系统。压缩机安装在发动机上，而且通常由发动机曲轴通过传动带来驱动。混合动力汽车和电动汽车的压缩机中通常有一个三相高电压电动机，以备在发动机关闭时使用。

尽管目前使用的压缩机有许多类型（图7-21），但它们通常都基于下述设计中的一种。

图 7-21 各种空调压缩机

（1）活塞式压缩机　活塞式压缩机（图7-22）的活塞布置可以是直线、轴向、径向或V型的设计。它被设计成每个气缸都有一个进气行程和一个压缩行程。在进气行程，压缩机从系统的低压侧（蒸发器）吸入制冷剂。制冷剂的吸入通过进气簧片阀进行（图7-23）。这些单向阀控制制冷剂蒸气进入气缸的流动。在压缩行程中，制冷剂蒸气被压缩，这同时提高了制冷剂的压力和

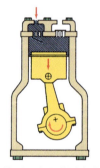 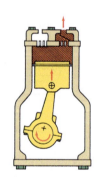

a）下行（吸气）的活塞将低压制冷剂吸入气缸内。此时进气（吸入）阀打开，排气阀关闭

b）上行的活塞压缩制冷剂蒸气并强制其通过排气阀排出。此时进气（吸入）阀关闭，排气阀打开

图 7-22 活塞式压缩机

图 7-23 空调压缩机的簧片阀

温度。随后出口或排放侧簧片阀开启，以使制冷剂移向冷凝器。该出口的簧片阀是系统高压侧的起点。它用弹簧钢制成，如果使用不适当的加注步骤会使簧片阀弹力减弱或断裂，比如在发动机运转时加注液态的制冷剂。

（2）可变排量压缩机　如今几乎所有的制造商都使用可变排量压缩机（图7-24）。这类压缩机通常是轴向压缩式的压缩机，其活塞是围绕并且平行于驱动轴布置的。这些活塞由一个摆动的盘或倾斜的旋转盘来驱动。当使用摆动盘结构时，一根短连杆将活塞连接至摆动盘上（图7-25）。当压缩机的驱动轴旋转时，该盘摆动，使活塞在其缸筒中移动。当采用斜盘结构时，该盘相对于驱动轴有一个角度。随着驱动轴的旋转，活塞在其缸筒中前后移动。

a）斜盘和活塞处于最小行程和排量

b）斜盘倾斜，行程增加，排量增加

图 7-24 V5 可变排量压缩机

图 7-25 活塞由连接活塞与摆动盘的短连杆驱动

摆动或斜盘的角度决定了活塞的行程。当增加活塞的行程时，就会泵出更多的制冷剂，从而增加了制冷量。该角度由压缩机出口和入口之间的压力差来控制。当压缩机内部的压力增加时，

该压力作用在活塞的底部并推动活塞向缸筒顶部靠近。这一动作缩短了活塞的行程，从而减少了泵的排量。随着压缩机内部压力的降低，弹簧的张力克服压力，使活塞在其缸筒中向下移动。这增加了盘的角度，从而增加了活塞的行程和排量。

一些旋转斜盘式压缩机利用电磁式控制阀的打开和关闭来调节压缩机的入口。控制压缩机的吸入侧可改变压缩机的体积容量和压力。压力的变化也会影响该旋转斜盘倾斜角度。

在某些车辆上，空调压缩机没有离合器，这意味着压缩机将持续运行。这类装置在压缩机后部有一个电控旋转阀，它控制进入特定腔室的制冷剂流量，从而改变斜盘角度，进而通过改变活塞的行程来调节制冷剂的流量。

（3）旋转刮片式压缩机　旋转刮片式压缩机没有活塞。它有一个带多个刮片的转子和一个精密成型的壳体。滑动的刮片在两端与壳体形成密封。当压缩机轴旋转时，刮片和壳体之间形成一个腔室。随着转子的转动，该腔室的大小也随之变化。

制冷剂通过吸入口被吸入腔室。排出口位于气体被完全压缩的地点。刮片式压缩机不使用密封环。刮片通过离心力和润滑油与壳体密封。机油池在排出口侧，因此，高压通常会迫使环绕刮片的冷冻油进入低压侧。这种行为确保了持续的润滑。因为这类压缩机依赖于冷冻油的良好供给量，所以如果系统中的冷冻油加注量不足，有可能导致压缩机损坏。一个保护装置用来在压力降得过低时分离压缩机的离合器。

（4）涡旋式压缩机　涡旋式压缩机有一个可旋转的涡旋盘和一个提供类似偏心运动的不可转动或固定的涡旋盘。当压缩机的曲轴旋转时，可旋转的涡旋盘强迫制冷剂沿着固定的涡旋流向压缩机的中心，这种运动压缩了制冷剂。涡旋式压缩机的行为类似于龙卷风。以环状模式移动的气体的压力随气体向环形物中心移动而增加（图7-26）。一个输送口位于压缩机的中心，并允许高压制冷剂流入空调系统。这类压缩机没有吸入阀。涡旋式压缩机比其他结构的压缩机更小且运转得更平稳。

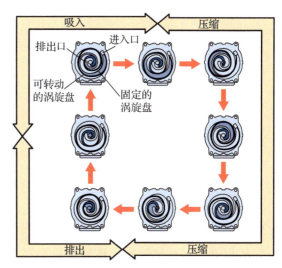

图7-26　涡旋式压缩机有三个不同工作阶段：吸入、压缩和排出

（5）无离合器式压缩机　一些更新型的空调系统使用无离合器或可变驱动式压缩机。无离合器的系统通过脉宽调制控制的电磁阀来改变斜盘角度，进而控制通过压缩机的制冷剂流量。气候控制模块使用乘客舱温度、环境温度、蒸发器温度、发动机转速和系统压力等输入数据来确定需要通过压缩机的制冷剂流量。当系统关闭或不需要制冷时，电磁阀将斜盘倾斜程度限制在2%～3%。随着制冷负荷的增加，斜盘倾斜角度最大可增加到100%。

（6）电驱动式压缩机　混合动力和其他新型汽车的特点之一是在急速时停机，实现该功能的系统被称为停机-起动系统。当车辆停在交通信号灯前时，系统会关闭发动机，这意味着此时没有动力来驱动空调压缩机。因此，大多数混合动力汽车都有一个用电驱动的压缩机。一个电动机内置于压缩机内并由车辆高压电系统提供动力（图7-27）。这意味着空调系统在发动机停机时也可运转。

混合动力汽车中的空调压缩机除了由电动机驱动的部分外，其他部分通常与传统车辆中所用的相同。因为该压缩机是用电力来驱动的，因此其控制模块可以控制压缩机的转速。这使得空调系统在以最少的能量来运行的同时，还可提供最佳的制冷效果。

图 7-27 电动式空调压缩机

在大多数情况中，这类压缩机电动机是用来自车辆逆变器的 AC 电压驱动的。该系统控制电压使压缩机以期望的转速旋转。该转速是控制模块根据蒸发器目标温度和实际温度计算出的。

本田的雅阁混合动力汽车还配备了"混合动力"式的双涡旋空调压缩机（图 7-28）。该空调系统使用内置在一个壳体中的两台压缩机，一台压缩机由发动机驱动，另一台用高压蓄电池提供电力的电动机驱动。控制模块中的驱动器电路向该电动机提供转换的高电压。驱动器的动作由来自气候控制模块的设置和 CAN 总线的输入决定。机械式驱动的一侧使用一个由气候控制模块控制的普通电磁离合器。用电力驱动的一侧使用一个由控制器驱动的高电压无刷三相电动机。当需要最大制冷量时，空调单元依靠这两个动力源来提供最大的制冷量。在正常制冷期间，空调系统使用传动带驱动的压缩机或电动机驱动的压缩机来提供制冷。

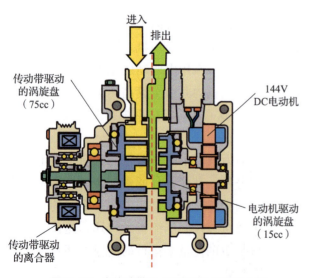

图 7-28 由传动带和 / 或电动机提供动力的双涡旋空调压缩机

（7）更换压缩机　当压缩机出现故障或损坏时，通常应更换，而不是维修。以下是更换非电动压缩机的典型步骤。

步　骤

按照下述步骤拆卸和安装压缩机：
步骤 1　确定并断开至压缩机的所有电气连接。
步骤 2　使用回收 / 循环再利用设备排空制冷系统。
步骤 3　断开压缩机上的制冷剂管路，立即盖住或密封该管路或软管端部。
步骤 4　拆下压缩机的传动带。
步骤 5　松开并拆下压缩机安装支架。记住螺栓的原安装位置，因为它们的长度通常是不同的。
步骤 6　取下压缩机。
步骤 7　安装压缩机的步骤与拆卸时相反。确保传动带被张紧到正确的张力。

（8）更换压缩机轴油封　压缩机轴的油封是一个常见的泄漏源。为了更换该油封，需要拆下离合器总成，然后取下将该油封固定在位的内卡环。正对着该油封的表面安装专用的油封拆卸 / 安装工具。转动该工具以扩张它的钳口。通过轻轻地扭转和拉动以取下油封。然后取出位于壳体与压缩机轴油封中间的 O 形密封圈并将其废弃。

润滑一个新的 O 形密封圈并将其安装到环槽内。用冷冻油涂抹新的油封，然后将其放入油封拆卸 / 安装工具的钳口中。在压缩机轴的螺纹上安装一个油封保护套（图 7-29）。通过轻轻地扭动，滑动油封穿过螺纹保护套，并装入压缩机的环槽中。从油封上松开安装工具，然后重新安装卡环和离合器总成。在重新加注制冷系统之前需要先对系统进行排空。

图 7-29 在压缩机轴上安装保护套。将新油封放入安装工具，轻轻扭动以将油封装入

2. 压缩机离合器

大多数空调压缩机都配有一个电磁离合器，它是压缩机带轮总成的一部分（图7-30）。其设计是当离合器绕组通电时，将带轮与压缩机轴接合。离合器的作用是将动力从发动机传递到压缩机，并提供一种将制冷系统与发动机的运转接合和分离的手段。离合器由来自发动机曲轴的动力驱动，发动机通过一根或多根传动带（少数使用齿轮）将动力传递给压缩机带轮，只要发动机运转，带轮就会转动。当离合器接合时，动力通过离合器主动盘从带轮传递到压缩机轴上。当离合器分离时，压缩机不再旋转，而此时的带轮变为自由轮。

离合器使空调系统可通过一个电子电路来控制。离合器继电器由来自蒸发器的温度信号和制冷剂管路中的压力开关来控制。在大多数系统中，压缩机离合器会间歇性地循环接合和分离，以使蒸发器在高冷却状态下升温。

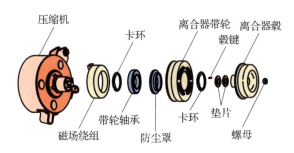

图7-30 空调压缩机离合器总成

离合器凭借磁场来接合，当磁场消失时用簧片来分离。在控制装置要求压缩机运转时，接通离合器的电气电路，给电磁离合器通电，离合器与压缩机接合。当该电子电路断开时，离合器与压缩机分离。许多系统使用一个与压缩机离合器绕组并联的二极管来吸收离合器分离时所产生的电压脉冲尖峰。一旦该电路开路，随着维持离合器接合的磁场消失，有可能出现电压脉冲尖峰。如果漏检了这个二极管，该电压脉冲尖峰可能会损坏控制离合器工作的电子装置。

新式的离合器使用固定的离合器绕组。当系统接通时，带轮总成被压缩机机体上的固定绕组磁化，从而将离合器与连接在压缩机轴上的离合器毂接合，这将启动空调系统。根据系统的不同，电磁离合器通常由压力控制，以循环压缩机的运转（取决于系统的温度或压力）。在某些系统的设计中，当空调系统打开时，离合器可能持续起作用。

（1）离合器的检查 应仔细检查离合器总成是否有变色、剥落或其他损坏。如果有损坏，应更换离合器总成。还应通过用手转动带轮来检查压缩机带轮轴承的间隙和转动阻力。如果离合器总成有噪声、间隙，或阻力过大，都应更换。离合器的磁场绕组可以用欧姆表检查（图7-31）。车辆的维修信息中给出了准确的测试点和允许的电阻值范围。如果电阻值不在规格范围内，应更换磁场绕组。此外，还应检查离合器磁场绕组的箝位二极管。

如果离合器不工作，应检查至离合器的电气连接，确保它们牢靠且无腐蚀。然后用试灯或DMM检查离合器上是否电源。如果没有，应确定其原因并修复。如果离合器上有电源，则用DMM

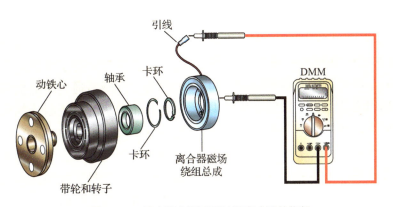

图7-31 用欧姆表测试压缩机离合器的绕组

检查其接地电路。如果有电源且接地良好，则是离合器有缺陷，必须将其更换。

（2）检查和调整离合器间隙　几乎所有的离合器总成对离合器与压盘之间的距离都有一个间隙规格。该间隙可用塞尺来测量。如果间隙过大，离合器可能会打滑，并引起刮擦或尖叫声。如果间隙不足，则压缩机可能在没有被启用时运转，而且离合器可能会持续发出吱吱的声音。随着离合器总成磨损，该间隙增加，因此，只要有症状，就要检查和调整该间隙。应始终遵循制造商给出具体步骤测量和修正该间隙。

在多个点测量旋转带轮与吸盘之间的间隙（图7-32）。如果间隙不在规定的限值内，应拆下吸盘，根据需要添加或取下垫片以增大或减小该间隙。有不同厚度的垫片可供选择，建议为纠正间隙而安装的垫片不要超过3个。

图7-32　用塞尺检查吸盘与带轮之间的间隙

（3）更换离合器和带轮　在某些车辆上，离合器可以在车上进行维修，而在其他车辆上，必须将压缩机总成从车上拆下后才能维修。参考针对特定车辆的维修信息以确定需要如何做。

一般情况下，为了拆下离合器总成，在松开固定螺栓时必须固定住电磁离合器的离合器毂。拆下固定螺栓后，取下离合器毂和垫片。此时可以触及压缩机轴周边的卡环。使用卡环钳子扩张该卡环并将其取下，然后取下电磁离合器的旋转部分。在拆卸卡环时，小心不要损坏压缩机的油封。然后取下离合器固定部分的卡环和固定部分。

当安装新的离合器总成时，首先将离合器固定部分上的凸起对准压缩机上的凹槽，然后安装一个新的卡环，有切角的一侧朝上。用新的卡环安装离合器的旋转部分。然后安装离合器垫片和离合器毂。固定住离合器毂的同时拧紧中心螺栓至规定力矩。在安装离合器总成时，要确保所有零部件保持清洁，且无润滑油或油脂。

（4）更换离合器带轮轴承　离合器带轮有可能是多余噪声的来源，在大多数系统上是可单独更换的。为了更换轴承，需拆下带轮。使用轴承拉拔器或压力机将轴承从带轮前面拉/推出。为安装新的轴承，应对准带轮并将其压入到位。

3. 冷凝器

冷凝器（图7-33）由盘绕的制冷剂管组成，为了在最小空间内提供最大的热量传递，制冷剂管安装在一系列薄的散热片上。冷凝器通常安装在车辆散热器的正前面，它接收车辆移动产生的全部冲压空气，或在车辆静止不动时接收来自散热器风扇或冷凝器专用风扇的气流。

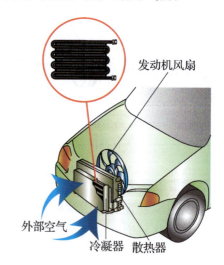

图7-33　典型的冷凝器

冷凝器的作用是冷凝或液化来自压缩机的高压、高温蒸气。为了做到这点，它必须释放出它的热量。冷凝器通过压缩机排出管路接收来自压缩机的非常热的高压制冷剂蒸气，该蒸气温度通常为200~400°F（约93~204℃）。制冷剂蒸气进入冷凝器上部的入口，当高温的蒸汽向下通过冷凝器盘管时，热量（按照其自然趋向）在其通过冷凝器盘管和散热片时从较热的制冷剂移动到较冷的空气中。这一过程导致大量的热量被转移给外部空气，而制冷剂则从高压热蒸气转变为高压的较热液体。这种较热的高压液态制冷剂从冷凝器底部的出口通过管路流向贮液器/干燥器，如果系统使用的是集液器，而不是干燥器，则制冷剂将流向制冷剂的计量装置。

在空调系统以中等热负荷运行时，在冷凝器上三分之二的盘管中是热制冷剂蒸气的两相物；在下三分之一的盘管中含有已冷凝的较热的液态制冷剂。这种高压的液态制冷剂从冷凝器流向蒸发器。冷凝器事实上就是一个热交换器。

（1）过冷却器 有些车辆有一个内置于冷凝器中或单独的过冷却器。过冷却是指从液体制冷剂中去除显热（可感测热量）而使制冷剂温度更低的一个过程。显热是一种可以感觉和测量的热量，它表示为改变物质的温度但不引起形态改变所需的能量。独立的过冷却器处在冷凝器和蒸发器之间。过冷却器是一种热交换器，它可使制冷剂在其变为液体后进一步失去额外的热量。过冷却器通过冷却制冷剂来提高系统的效率，并防止制冷剂在经过膨胀阀但还未到达蒸发器之前过早地蒸发或闪蒸。过早地闪蒸会导致部分制冷剂中断蒸发，而这部分制冷剂对车辆的制冷不会产生有效作用。热交换器使液体制冷剂过冷却到可确保其在进入蒸发器的管路中很少或不会发生闪蒸的程度。

许多车辆都有一个带有过冷却器的冷凝器（图7-34）。在这类冷凝器中，制冷剂以高压气体的形态进入冷凝器的上部，随后通过一个贮液器/干燥器或调制器，以便使液态制冷剂从气态的制冷剂中分离出来。调制器含有干燥剂和过滤器，用来去除制冷剂中的水分和其他杂质。通过调制器后，制冷剂流入底部的过冷却器以进一步冷却液态制冷剂。这可以使制冷剂完全液化并提高空调性能。这类冷凝器有很薄的管壁和低高度的散热片，从而提高了热交换效率。由于采用了这种两级式的冷却方式，送到蒸发器的制冷剂几乎已

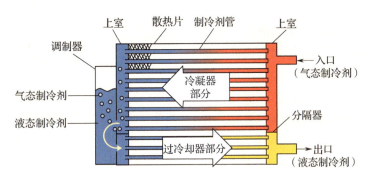

图7-34 带内置式过冷却器的冷凝器

完全液化。

（2）内部热交换器 R-1234yf系统和一些R-134a系统使用一个内部热交换器（Internal Heat Exchanger, IHX）。IHX是液体与蒸气的热交换器，它看起来像是一个管内管（图7-35）。来自冷凝器的液态热制冷剂流经内管，该内管被来自蒸发器出口的气态冷制冷剂所包围。用较冷的气态制冷剂包围热的液态制冷剂从而移去液态制冷剂的热量，使其过冷却到低于在冷凝器中的温度。这提高了整个系统的效率和性能。

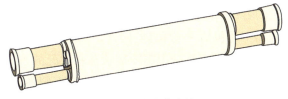

图7-35 内部热交换器

（3）检修冷凝器 冷凝器相当耐用，只有在因损坏而泄漏时才需要更换。在许多车辆上，都必须拆下散热器、冷却风扇和/或风扇护罩后才能接近冷凝器。如果是必须拆下散热器，应排干冷

却液。断开并标记连接到冷凝器上和有可能妨碍取出冷凝器的所有电气插接器。断开冷凝器上的制冷剂软管，堵住或盖上这些软管的端部，以防止污物和水分进入制冷系统。松开冷凝器固定螺栓后取下冷凝器。如果贮液干燥器/集液器安装在冷凝器上，则断开其制冷剂管路并与冷凝器一起拆下。将冷凝器中的冷冻油排入一个有刻度的容器中并进行测量。检查冷冻油中是否有污物和碎屑。如果冷冻油已被水分污染，应更换该集液器或贮液器/干燥器。按照之前所测的冷冻油数量或按照维修信息所规定的数量向新冷凝器中添加新的冷冻油。装上新的冷凝器，并松松地拧上固定螺栓。在冷凝器新O形圈以及冷凝器的管路接头上涂抹清洁的冷冻油，旋紧这些接头，然后拧紧固定螺栓。随后立即排空制冷系统，重新安装和连接在拆卸过程中断开或拆卸的所有零部件、导线、线束和真空软管。连接蓄电池负极电缆。检查冷却液和制冷剂是否有泄漏。

图7-36 两种不同设计的集液器

4. 贮液器/干燥器

用在很多系统上的贮液器/干燥器是一个贮存来自冷凝器的液态制冷剂的一个贮液罐，制冷剂流入含有一包干燥剂（例如硅氧化铝或硅胶等吸收水分的材料）的贮液罐上部。当制冷剂流过贮液罐下部的开口时，通过安装在贮液罐底部挡板上的网筛进行过滤。贮液罐总成中干燥剂的作用是吸收在组装过程中可能进入系统的任何水分。该总成的这些特性防止了对阀门的堵塞或对压缩机的损伤。

根据制造商的不同，贮液器/干燥器可能用其他名称来命名，例如过滤器或贮液器/干燥器。不管它的名称如何，其功能是相同的。在许多贮液器/干燥器中还包括一些额外的附件，如高压接头、泄压阀和用于确定系统中制冷剂状态和状况的视窗。

（1）集液器 大多数新型的系统不配备贮液罐/干燥器，而是使用集液器来完成同样的工作（图7-36）。该集液器连接到蒸发器出口的低压侧。集液器中也含有干燥剂，并被设计成可储存过量的制冷剂，同时过滤和干燥制冷剂（图7-37）。如果液态制冷剂流出蒸发器，它将被该集液器收集并储存。该集液器的主要作用是防止液体进入压缩机。

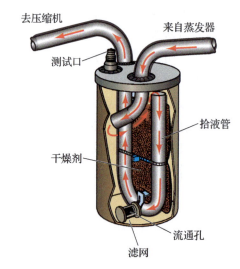

图7-37 集液/干燥器

（2）检修贮液干燥器/集液器 在维护或维修空调系统时，经常忽略了贮液干燥器/集液器。没有更换它可能会导致空调系统性能不良或更换的部件失效。建议只要更换了部件、系统已经缺失制冷剂，或系统已长时间开放在空气中，就更换贮液干燥器/集液器和/或它们的干燥剂。

干燥剂对于水分就像有吸引力一样，如果暴露在大气中，在不到5min的时间内就会被污染，所以要使其保持密封。为了更换贮液干燥器/集液器，先断开连接其上的电气插接器（如果有），然后断开接贮液干燥器/集液器入口和出口的软管或管路。从贮液干燥器/集液器上拆下安装螺栓和支架，并将其取出。其安装步骤与拆卸顺序相反。

如果系统使用的是集液/干燥器，当空调系统中存在过多的水分或杂物，或集液器有泄漏时，应更换集液/干燥器。要更换集液器，先断开集液器进口和出口接头上的管路，然后松开和/或拆下集液器的固定螺栓或螺钉，将集液器取出。其安装步骤与拆卸顺序相反。一旦安装好集液器，应立即对制冷系统进行排空。

5. 恒温膨胀阀/节流管

（1）恒温膨胀阀　必须控制进入蒸发器的制冷剂流量，以在确保蒸发器内的液态制冷剂完全蒸发的同时还能获得最大的制冷效果。这是通过恒温膨胀阀（Thermostatic Expansion Valve，TEV或TXV）或固定式节流管（Fixed Orifice Tube）完成的。

TEV安装在蒸发器的入口处，从而将系统的高压侧与低压侧隔开。TEV调节进入蒸发器的制冷剂流量以防止蒸发器内制冷剂过多或不足。在空调系统工作时，TEV通过平衡从蒸发器入口流向出口的温度来调节流入蒸发器的制冷剂流量。

外部和内部平衡式的TEV都用于空调系统中。这两种膨胀阀的唯一区别是外部的TEV使用一个连接在蒸发器出口上的平衡管路作为感应蒸发器出口压力的方法；内部的TEV则是通过内部平衡装置的通道感知蒸发器入口的压力。这两类膨胀阀都有一个毛细管来感知蒸发器出口的温度。毛细管中用气体充填，如果由于操作粗心而使气体流失，将毁坏TEV。

在稳定状态期间，膨胀阀膜片下部的压力变得与膜片上部的压力相等，这使得膨胀阀弹簧关闭了膨胀阀。当空调系统启动后，膜片下部的压力迅速下降，这使得膨胀阀开启并计量流向蒸发器下面管路的液态制冷剂，制冷剂在此处开始蒸发（图7-38）。

压缩机的吸力从蒸发器最上面的管子出口吸入汽化的制冷剂，制冷剂在此处经过紧贴着密封的感温泡。膨胀阀膜片下面从内部感知在密封感温泡旁边的内部平衡通道中通过的蒸发器压力。随着蒸发器压力增加，膜片向上弯曲，拉动推杆离开膨胀阀的球阀。膨胀阀弹簧强制球阀压回到锥形阀座上，从而减少了液态制冷剂的流量。

随着压力因制冷剂流量受限而降低，膜片再次向下弯曲，打开膨胀阀，提供受控的所需压力和制冷剂流量。当冷的制冷剂通过感温泡外壳附近时，膜片上方的气体收缩并使膨胀阀弹簧关闭膨胀阀。当制冷剂吸收了来自乘客舱的热量时，将导致感温泡中的气体膨胀。推杆再次强迫膨胀阀打开，以使更多的制冷剂流入，并吸收更多的热量。

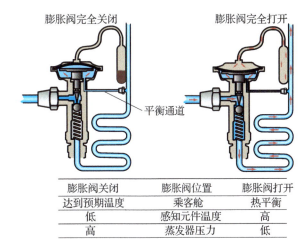

图7-38　TEV调节蒸发器的制冷剂流量的方式

（2）H型热力膨胀阀　许多较新型的汽车使用H型TEV。H型TEV位于防火墙附近的靠近蒸发器的地方，它有四个独立的管路连接：一个去蒸发器，一个来自蒸发器，一个返回到压缩机，一个来自冷凝器（图7-39）。来自蒸发器出口的制冷剂经过H型热力膨胀阀中的感知元件。如果蒸发器出口处的气体温度高，则感知元件将允许更多的制冷剂流向蒸发器。如果出口的温度低，则将减少流量。

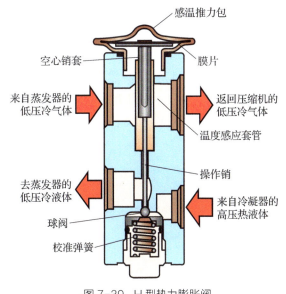

图7-39　H型热力膨胀阀

（3）节流管　就像 TEV 一样，节流管是系统高压和低压部分之间的分界点。但它的计量或流量控制并不依赖于比较蒸发器的压力和温度。它是一个固定的节流孔（图 7-40）。流量由该节流管两端的压力差和冷凝器下部的过冷状态确定。由于节流管是不能改变流量的，所以它与循环离合器式的压缩机一起使用。用压缩机的接通和关闭来控制通过系统的制冷剂流量。节流管在使用可变排量压缩机的近代空调系统中已经逐步淡出。

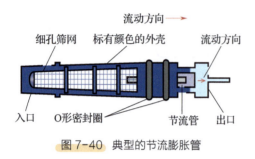

图 7-40　典型的节流膨胀管

（4）更换恒温膨胀阀/节流管　基本上有两种类型的膨胀装置。为了更换节流管总成，应始终使用制造商推荐的工具和步骤。首先断开蒸发器的入口管路，然后向节流管中倒入少量清洁的冷冻油。插入节流管的拆卸工具。转动工具的手柄，使其刚好能够连接在节流管的拉环上。将工具手柄保持在此位置的同时，顺时针转动工具的外套筒以取出节流管（图 7-41）。在新的节流管上涂抹干净的冷冻油，将其放入蒸发器管路的入口并将其推入直至它停住。在制冷剂管路上安装一个新的 O 形圈（图 7-42），并重新连接制冷剂管路。

为了更换恒温膨胀阀或 H 型膨胀阀，要断开 TEV 上的入口和出口管路。然后拆除用来保持感温泡稳固的任何物品。松开和/或取下 TEV 的固定夹子，然后从蒸发器上取下 TEV。安装步骤与拆卸时相反。

图 7-41　用于拆卸和安装节流管的工具

图 7-42　更换节流管后，始终安装新的 O 形圈

⚠ **小心**　当用制冷剂容器进行作业或维修空调系统时应始终佩戴护目镜。

6. 蒸发器

蒸发器像冷凝器一样，由安装在一系列薄的散热片中的制冷剂盘管组成（图 7-43）。它以最小的空间提供最大的热传递量。蒸发器通常在仪表台或仪表板的下方。

图 7-43　典型的蒸发器

当蒸发器从 TEV 或节流管接收到雾化（或液滴）形式的低压、低温液态制冷剂时，它充当了一个汽化锅或汽化装置。这种流量被调节的制冷剂立即沸腾。蒸发器芯表面的热量转移给沸腾和汽化的制冷剂，由于此时的制冷剂比蒸发器芯冷，因而可冷却蒸发器芯。通过蒸发器的空气将自己的热量转移给更冷的蒸发器芯表面，从而冷却了车内的空气。在热量从空气转移给蒸发器芯表面的过程中，空气中的任何水分（湿气）将凝结在蒸发器芯的外表面并以水的形式排出。蒸发器箱底部的排水管将凝结的水引流到车辆外部。除湿是空调系统的一个附加功能，它增加了乘客的舒

适度，还可用作控制车窗起雾的一个手段。但在某些条件下，过多的水分会积聚在蒸发器盘管上。一个实例是当湿度极高并选择了最大冷却模式时，蒸发器的温度可能会变得非常低，以至于水分在被排出蒸发器之前会冻结在蒸发器盘管上。

通过对 TEV 或节流管行为的定量或控制来向蒸发器提供更多或更少量的制冷剂，以在各种热负荷状况下充分冷却汽车。如果允许过多的制冷剂进入，蒸发器就会充满液态制冷剂，这将导致因制冷剂的压力（温度）较高而制冷不良，因为制冷剂既不能迅速汽化，也不能蒸发；另一方面，如果定量的制冷剂过少，蒸发器内的制冷剂会严重不足，由于制冷剂在其通过蒸发器之前已被过快地汽化或蒸发，这同样将导致制冷不良。

蒸发器出口的制冷剂蒸汽温度将比蒸发器入口的液态制冷剂温度高 4~16℉（约 2.2~8.9℃）。这个温差确保了蒸气中不会含有任何对压缩机有害的液态制冷剂的液滴。

蒸发器及其控制装置常常需要维修。如果蒸发器堵塞、泄漏或已损坏，应予以更换。随着生产的车辆从 R-134a 切换为 R-1234yf，来自一个制造商的一些车辆可能会使用这两种制冷剂中的一种，而来自同一制造商的其他车辆则可能会使用另一种制冷剂。对于使用 R-1234yf 的车辆，其蒸发器比使用 R-134a 系统的更结实坚固，但可能看起来没有任何不同。重要的是，如果要更换使用 R-1234yf 的车辆上的蒸发器，需要安装正确的部件。

蒸发器排水管： 由于蒸发器还负责控制车内的湿度，因此需要检查其排水管（图 7-44）。特别是在客户已经抱怨有气味或地毯上有水时，更需要检查。为了检查排水管，在举升机上举起车辆，找到蒸发器箱的排水管，将接水盘放在蒸发器箱下，从箱体上断开排水管。如果没有水流出，应仔细清洁蒸发器箱上的排水孔和排水管，可能需要在管子中插入一根杆来清理它。这需要小心地操作，因为管路是折叠形状的，它的每个弯曲部分就像是一个限流器。如果在尝试清理排水管时没有水流出，则必须清洁整个蒸发器箱。如果有水从箱体中流出，应将空气喷嘴插入排水管的末端以清洁蒸发箱外侧的排水管。低压空气可清除排水管内的任何阻塞物。

图 7-44 蒸发器的排水管

下面是拆卸和安装蒸发器的一般步骤：

> **步　骤**
>
> 按照下述步骤拆卸蒸发器并安装一个新的。
>
> 步骤 1　使用经批准的回收 / 再利用设备回收制冷剂。
>
> 步骤 2　如果维修信息有规定，应先断开蓄电池的负极电缆。
>
> 步骤 3　如果蒸发器与加热器芯是合二为一的装置，则应排出发动机的冷却液。
>
> 步骤 4　断开并标记连接到蒸发器上的所有电气连接器、线束和真空软管。
>
> 步骤 5　断开蒸发器上的制冷剂软管，并堵住或盖住软管端部，以防止污物和水分进入系统。
>
> 步骤 6　松开螺栓并取出蒸发器。
>
> 步骤 7　将蒸发器中的冷冻油排到一个有刻度的容器中。记录排出的冷冻油数量。
>
> 步骤 8　检查冷冻油上是否有污垢。如果已被污染，应更换集液器或贮液器 / 干燥器。
>
> 步骤 9　向新的蒸发器中添加与排出冷冻油等量的或维修信息中规定的新冷冻油。
>
> 步骤 10　用清洁的冷冻油涂抹用于蒸发器的 O 形环和蒸发器上的管路接头。
>
> 步骤 11　安装新的蒸发器，并拧紧接头。还要安装一个新的贮液 - 干燥器 / 集液器或其干燥剂包。
>
> 步骤 12　立即排空该制冷系统。
>
> 步骤 13　重新安装和连接在拆卸过程中拆开的所有部件、线路、线束和真空软管，必要时添加冷却液。
>
> 步骤 14　连接蓄电池负极电缆。
>
> 步骤 15　对系统抽空并重新加注制冷剂。
>
> 步骤 16　进行泄漏测试并纠正任何问题。

7. 箱体和风道系统

典型的汽车加热器和空调的箱体及风道系统如图7-45所示。该系统的作用是双重的：它用于包裹加热器芯和空调蒸发器，并将已选定来源的供给空气通过这些部件引入车辆的乘客舱。根据选定的系统模式，所选定的供给空气来源可以是新鲜（外部）的空气或是车内再循环的空气。被加热或冷却的空气被输送到地板、仪表板或除霜的出口。

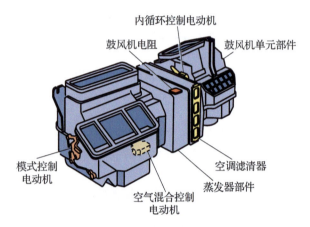

图7-45 典型的加热器/空调风道

在美国产的车辆中，使用了两种基本的风道系统。在堆叠芯式循环加热系统中，基本的控制是在热水阀上。在选择了最大空气量时，热水阀被完全关闭，所有空气通过加热器芯后进入车辆乘客舱。

由拉索操作的空气入口风门只控制进入的空气是新鲜空气还是内循环的空气。内循环空气用在最大制冷工作期间。当空调部分不工作时，蒸发器不会变冷。蒸发器仅用在最大空气量或最大制冷位置时。随着车内控制杆的移动，借助真空或拉索控制热水阀来控制进入加热器芯的热水数量和加热器芯的出口空气温度。

在一些通用汽车和一些福特汽车的原装加热器系统单元以及一些货车的空调单元中有一个混合空气循环加热模式的风门。在仅有加热器工作期间，空调单元是关闭的（加热模式风门打开），因此，蒸发器在空气分配或温度控制上不起作用。在需要最多或最冷的空气时，空调系统运行，蒸发器变冷，此时混合空气的风门被完全关闭，只有冷空气进入车内。

在空调设备接通的情况下，随着车内的空调器控制杆从最大冷空气向热空气方向的移动，混合空气风门也逐步移动。在最大制冷时，它被完全关闭；在最大加热时，它被完全打开。该装置上的热水阀是一个用真空控制打开或关闭的装置，它用来调节水流量，在正常位置时是打开的。这种类型的混合空气系统很受欢迎，并且可以选择与不与水阀一起使用。

为了检查风道系统是否正常工作，可移动温度控制杆，同时查看有什么变化。如果没有变化，关闭空调，接通加热器并移动温度控制杆，看此时是否有任何变化。如果仍然没有，应检查连接到温度控制杆的拉索和与温度控制杆相连的风门。或许可以从仪表板下摸到它，以便重新连接拉索或使卡住的风门能自由转动。

如果没有大量的气流从相应区域流出，应检查鼓风机电路中的熔丝。拆下鼓风机开关并进行测试，可用一根跨接线直接将鼓风机的供电导线连接至蓄电池来检查鼓风机电动机。

8. 鼓风机电动机/风扇

鼓风机电动机/风扇总成位于加热器芯和蒸发器箱内。空调的鼓风机电动机与供暖系统中所用的相同或是同一个，它的作用是增加乘客舱内的空气流动。在供暖模式下，它将流过加热器芯的被加热的空气吹入乘客舱，而在空调模式吸入乘客舱内的较热的空气，并推动空气通过蒸发器的盘管和散热片，再将变凉、清洁和除湿后的空气吹入乘客舱。

鼓风机电动机通常由一个风扇开关控制。在某些系统中，鼓风机的转速根据压缩机的速度来调节。而在某些车辆上，当发动机运转时，鼓风机电动机会以低速持续运转。在自动温度控制系统上，鼓风机电动机只有当发动机达到预定的温度时才会起动。鼓风机电动机电路由位于熔丝盒中的熔丝保护，该熔丝的额定值通常为20~30A。

（1）鼓风机电动机控制 鼓风机确保空气通过系统循环，其转速由控制面板上的多位置开关控制，该开关通常与位于加热器外壳上的电阻组连接在一起工作,该电阻组用来控制鼓风机电动机的转速。典型的电阻组由与鼓风机电动机串联的3个或4个电阻组成,电阻组控制电动机的电压和电流。控制面板上的多位置开关选择要串联的电阻器个数以增加或减少系统中的电阻使鼓风机的转速降低或提高。

采用自动气候控制的车辆通常使用一个鼓风机转速控制模块,它以脉宽调制方式来控制鼓风机转速。控制模块不采用固定式电阻组和固定鼓风机转速,而是以脉冲方式接通和关闭鼓风机电动机的电源电路。通过改变电动机的工作时间,从而根据需要增加或降低风扇速度。

一些较新型的车辆,例如丰田普锐斯(Prius)和某些梅赛德斯-奔驰(Mercedes-Benz)的车型,在车辆停机时使用太阳能电池来为鼓风机电动机供电以循环通过乘客舱的空气。日照传感器和环境温度传感器给气候控制模块提供输入,控制模块可以根据需要改变鼓风机的转速。一旦车辆重新起动,通过驾驶舱的循环空气会有助于降低空调系统的温度和负荷。

(2)鼓风机电动机的维修　如果鼓风机电动机不工作,使用试灯或DMM检测,确保在熔丝两端都存在电压,然后检查电动机上的电压和接地是否正常。一些系统对电动机提供恒定的电源和不同接地的控制方式,而另一些系统则采用恒定的接地和不同电压的控制方式,所以应查阅电路图并确认鼓风机电路是由接地侧开关控制的,还是由供电侧开关控制的。图7-46展示的是电源控制式的鼓风机电路。

对于非脉宽调制(PWM)控制的鼓风机电动机,如果鼓风机电动机获得电压且接地良好,则问题是该鼓风机电动机已烧坏。如果电动机有电压,但不运转,可为电动机提供接地来检查其是否能转动。如果电动机此时工作,则问题很可能是电阻或开关开路。当电动机没有可用电压时,应沿电源电路检查电阻、开关或继电器是否开路。检查继电器工作是否正常,鼓风机继电器或前隔板上的插接器是否烧坏或腐蚀。仔细检查风扇电路中的所有接线和插接器。有缺陷的连接会导致过热,塑料融化,或插接器和端子损坏。

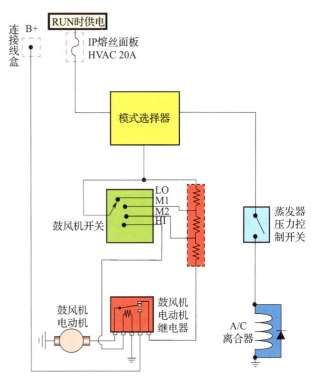

图7-46　电源控制式鼓风机电动机的电路示例

如果鼓风机只在某些转速而不是所有转速下工作,应检查在不同开关位置时给鼓风机电动机的电压。如果在选择新的开关位置后没有电压变化,应检查从开关到电阻组的电路。如果在开关某个位置时的电压是零,应检查电阻组中是否有开路。有关鼓风机电动机的诊断,可参考表7-3。

表7-3　鼓风机电动机诊断

问题	可能原因
鼓风机在所有转速都不工作	熔丝开路、继电器有缺陷、鼓风机电动机有故障、接地电路开路、开关有故障
仅在高速工作	熔丝开路、继电器有缺陷、鼓风机开关故障
在高速时不工作	高速的熔丝开路、高速继电器有缺陷、鼓风机开关有故障、高速电路开路
在各转速上都不工作	鼓风机电阻中有开路、鼓风机开关有故障

如果电动机在不该工作时运转,则可能电路中有短路。如果该电动机的控制电路是接地侧开关控制的,则检查该控制电路是否对地短路。可以采用逐次断开该电路的各段直到电动机停止的方式来剥离出准确的故障点。短路是在最后被断开的那段电路中。如果电路是由供电侧开关控制

的，则检查相关导线之间是否有短路。还应检查车辆的其他电路以确认哪些电路与此故障相关。鼓风机电动机也会因这些电路失去控制，或者因它们的关闭而关闭。还可以通过断开该电路的各段直到电动机停止的方式来剥离出准确的故障点。

对于使用 PWM 电动机的系统，应连接诊断仪并检查是否有 DTC，然后尝试用诊断仪控制鼓风机。可能还需要将万用表或示波器连接到风扇电路上以确定风扇控制电路是否在起作用。为了诊断 PWM 式鼓风机电动机的控制系统，首先将系统设置为鼓风机应工作的位置。如果鼓风机完全不工作，应参考制造商的维修信息以确定如何访问自动温度控制（ATC）系统的自诊断功能。一般来说，ATC 系统鼓风机电动机问题的诊断类似于非 ATC 系统。先确定电动机是由供电还是接地电路控制的，并测试电动机的电源和接地。查证供电和接地中哪个是始终存在的。如果鼓风机的控制电路是完好的，则是电动机有故障。

如果电动机上没有 PWM 信号，则需要确定其原因。使用自诊断功能或故障诊断仪，确定是否接收到起动鼓风机电动机的请求，以及控制模块是否试图去控制鼓风机电动机的转速。如果输入信号存在且正确，并且已指令鼓风机工作，但电动机不运转，应查找鼓风机控制部分与电动机之间的线路中是否开路。

随着鼓风机电动机的老化和/或碎屑在鼓风机壳体中的堆积，鼓风机电动机转速会降低，这会导致电动机增加其电流的消耗。电动机的过大电流消耗进而会导致电阻器烧坏和插接器损坏。许多技师在更换鼓风机电阻器时都会测量鼓风机电动机电流消耗，并将读数与标准值或类似车辆的读数比较。如果电动机消耗的电流超过规定范围，应更换。

9. 制冷剂管路

空调系统的所有主要部件都有适应喇叭口或 O 形环等连接件的入口和出口连接部分。连接在这些装置之间的制冷剂管路由适当长度的软管或管子组成，它们的两端都带有喇叭口或 O 形环连接件（图 7-47）。在任何一种情况下，软管或管子端部的连接部分都带有用于密封的凸缘以适应软管或管子的夹箍紧固。

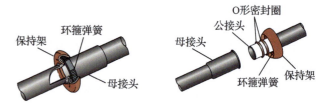

图 7-47 带 O 形密封圈的弹簧锁定式管路接头

有三个主要的制冷剂管路。吸入管路位于蒸发器出口侧和压缩机进口侧或吸入侧之间。它们将低压、低温的制冷剂蒸气运送到压缩机，然后重新循环通过系统。吸入管路可以通过触感和尺寸来与排出管路区分。在空调系统运行中，吸入管路摸起来是凉的。吸入管路的直径也大于排出管路。

从压缩机上的排出口开始是连接压缩机和冷凝器的排出或高压管路。而液体的管路是从冷凝器连接到贮液器/干燥器，再从贮液器/干燥器连接到膨胀阀的入口侧。通过这些管路，制冷剂在其路径中移动时从气态（压缩机出口）转变为液态（冷凝器出口），然后到达膨胀阀的入口侧，并在进入蒸发器的地方汽化。在空调系统运行时，排出管路和液体管路摸起来都非常热，因此很容易与吸入管路区分。

铝制的管路通常用来连接那些安装位置不需要柔韧性的空调部件。在管路会受到振动的地方，应使用专用的橡胶软管。一般来讲，压缩机出口和入口的管路是带有铝制端部和连接件的橡胶软管。

在 R-134a 和 R-1234yf 的整个系统中必须具有可快速断开的维修接头（图 7-48）。这两个系统有看似一样的维修接头，但它们是不同的，因此不可互换。也有专门为 R-134a 系统制造的软管，它们有一层额外的橡胶层作为屏障以防止制冷剂通过软管的毛细孔逸出。一些后期的 R-12 系统也使用这种带屏障的软管以防止制冷剂通过软管壁逸出而造成缺损。

（1）维修软管和接头　虽然更换整根软管是解决软管泄漏的首选方法，但有几种公认的修复制冷剂软管和接头的方法。利用插入式倒锥形接头和一根长度合适的替换软管,可以制造一根可替换原始配件软管的制冷剂软管。插入式倒锥形接头也可以用来替换不良的原始接头或更换一段软管,具体步骤如下。

a）空调管路上可快速断开的维修接头

b）在维修接头上连接压力表

图 7-48　维修接头

步　骤

遵循下述步骤制作一个用于更换的空调压力软管。

步骤 1　测量并标记更换高压软管所需的长度。

步骤 2　用剃须刀片切割软管到所需的长度,确保切口是直角和平整的。

步骤 3　在软管内侧涂抹清洁的冷冻油。

步骤 4　将正确的金属包头安装到该软管的末端。

步骤 5　仔细检查新的接头以确保它没有裂纹和其他损伤。

步骤 6　用冷冻油涂抹接头并将其插入软管中。

步骤 7　使用专为该金属包头设计的压接工具,压紧金属包头（图 7-49）。

图 7-49　用专用压接工具压紧金属包头

当使用插入倒锥形的接头（图 7-50）来替换不良的原始接头时,必须在不损坏过长软管的情况下拆除原始接头。从车辆上拆下软管,将软管放入虎钳中,然后用钢锯锯开接头的整个金属包头。注意应顺着软管的方向锯开,而不是横穿软管。切开金属包头后,用钳子剥离或拔出金属包头。在紧挨着原接头插入点以外的地方切断软管,确保切口垂直和平整。在软管内侧准备插入接头的地方涂抹清洁的冷冻油,将接头插入到软管中。将软管夹子放在最接近接头有倒锥形的位置,然后拧紧夹子。

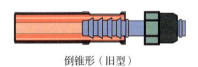

倒锥形（旧型）

锁环式（新型）

图 7-50　倒锥形接头和新型锁环式接头

如果软管或管路上是弹簧锁定式接头,则需要特殊的工具来分离该部分。将工具放在连接部分上,闭合工具,然后将管路推入工具以使母接头从环形锁定螺旋弹簧中脱出,随后取下工具。当用弹簧锁定式连接件连接两个接头时,润滑新的 O 形圈,并将它们放在公接头上的适当位置,将公接头插入母接头中,然后将它们牢牢地推在一起直到被弹簧锁定式连接件锁定。

（2）维修刚性管路　与压力软管一样,硬的或刚性的制冷管路如果泄漏,应更换而不是修复。但为了解决扭结或泄漏问题,也可用插入管路式专用夹箍来修复（图7-51）。先干净地切掉管路中的损坏部分，在涂抹密封剂后将夹箍或接头插入管路。使用专用工具，将夹箍压入现有的两侧管路端部（图7-52），然后围绕插入部分夹紧管路。这提供了一个永久性密封。

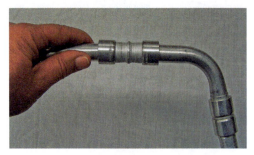

图7-51 可用专用的夹箍修复刚性管路

图7-52 用专门设计的工具将夹箍压入管路

7.8 空调系统与控制

汽车空调系统有两种基本类型，它们按照控制温度所用的方法进行分类，并被称为循环离合器式系统和蒸发器压力（或温度）控制式系统。

1. 蒸发器压力控制式系统

蒸发器控制装置保持蒸发器内的背压。由于制冷剂的温度/压力关系，其效果是调节蒸发器的温度，使温度被控制在既可提供有效的空气冷却，又可防止凝结在蒸发器上的水分产生冻结的温度点上。

在这类系统中，当仪表板上的控制装置处在空调位置时，压缩机将持续运转。蒸发器出口的空气温度由蒸发器压力控制阀自动控制。这种类型的控制阀在需要时调节制冷剂离开蒸发器的流量以建立最小的蒸发器压力，从而防止蒸发器芯上的冷凝水冻结。

2. 循环离合器式系统

在每个**循环离合器式**系统中，压缩机用恒温开关或压力开关控制其离合器接合和分离来间歇性地运转。恒温开关通过作为开关总成一部分的毛细管来感知蒸发器出口的空气温度。当感知的温度高时，恒温开关闭合，使压缩机离合器接合。当蒸发器出口的温度降至预设的水平时，恒温开关断开到压缩机离合器的电路，压缩机随之停止工作，直到蒸发器温度上升到开关的设置点以上。从这个接通-断开的操作派生出了**循环离合器**这个术语。实际上，恒温开关被校准到所能允许的尽可能低的蒸发器出口温度，这将防止可能在蒸发器上形成的冷凝水的冻结。

循环离合器式系统的变型包括带恒温膨胀阀的系统和带有节流管的系统。

（1）带有恒温膨胀阀的循环离合器式系统 一些工厂安装的设备使用组合了TEV和贮液器/干燥器以及一些附加装置的循环离合器式空调系统。蒸发器和控制部件要么在发动机舱内，要么是前围板的一个组成部分。在这种情况下，有一个用于供暖和空调功能的共用鼓风机和管道在工作。而且在这些安装的设备中，恒温开关没有温度控制旋钮，该开关通常安装在蒸发器或蒸发器箱上。对温度的控制是通过使用新鲜空气或内循环空气以及在加热器芯重新加热已被冷却的空气来实现的。其离合器的循环仅仅是为了防止蒸发器结冰。

（2）采用节流管的循环离合器（CCOT）式系统 典型的CCOT系统如图7-53所示。该系统是在出厂时安装的，并会使用一个安装在蒸发器箱的恒温离合器循环开关或是一个安装在集液器上的压力循环开关。一个膨胀（节流）管用来替代TEV。该系统在蒸发器出口处还有集液器，它主要用来在制冷剂进入压缩机之前从液态制冷剂中分离出蒸气。该集液器中也含有去除水分的干燥剂或去湿剂。CCOT系统没有贮液器/干燥器或观察窗。该系统确实有一个特殊的孔口，是机油排出口，它可使冷冻油返回到压缩机而不是积聚在集液器中。

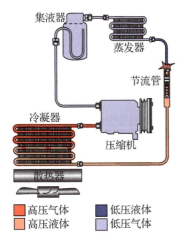

图 7-53 典型的采用节流管的循环离合器式系统

3. 压缩机控制装置和控制

有许多控制装置用来在压缩机工作循环中监控和起动压缩机。这些装置中每一种都是最常见的保护控制装置，它们的设计目的是确保压缩机的运转安全可靠。

（1）环境温度开关　环境温度开关感知外部的空气温度，其设计目的是当不需要空调或当压缩机的运转可能导致内部密封件和其他部件损坏时阻止压缩机离合器接合。

该开关与压缩机离合器的电气电路串联，并在 37℉（约 2.8℃）左右时闭合。在空气温度比此温度更低时，开关断开以阻止离合器接合。

在一些用蒸发器压力控制装置调节空调系统的车辆上，该环境温度开关位于空气进入管道中；其他的车辆则安装在散热器附近。在采用恒温或压力开关的系统中是不需要它的。

（2）蒸发器温度传感器　许多系统使用温度传感器或热敏电阻来确定蒸发器的温度（图 7-54）。此信息用于帮助控制制冷剂的流量以防止蒸发器结冰。

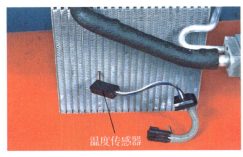

图 7-54 安装在蒸发器上的温度传感器

（3）恒温开关　在循环离合器式系统中，恒温开关与压缩机离合器电路串联布置，因此，它可以接通或断开离合器。它有两个作用：当蒸发器的温度接近冰点（或低于开关的设置温度）时，该恒温开关断开至压缩机离合器的电路以使离合器分离，压缩机保持非工作状态，直到蒸发器温度上升到预设的温度点，此时开关闭合，压缩机恢复运转。

（4）压力循环开关　压力循环开关以串联方式与压缩机电磁离合器连接。同恒温开关一样，压力循环开关的接通和断开用来控制压缩机的运转。

（5）低压切断或出口压力开关　低压切断和出口压力开关位于系统的高压侧，并感知任何压力低的状况。它与压缩机离合器的电路相连，当压力下降到过低时，它可以立即分离离合器。

（6）高压切断开关　高压切断开关通常位于压缩机或压缩机排出口（高压侧）消声器的附近，它与压缩机离合器线路串联连接。其被设计为在 350~375psi（约 2413~2586kPa）时断开（切断）并分离离合器，当压力恢复到 250psi（约 1700kPa）左右时（如果系统使用 R-134a，该值会更高），它重新闭合并正常接合离合器。

（7）高压安全阀　许多空调系统中都含有一个高压安全阀。该安全阀可以安装在贮液器/干燥器、压缩机上，或是系统高压侧的其他地方上。它是一种高压保护装置，通常在 440psi（约 3034kPa）时打开，以放掉系统中可能出现的过高压力。

（8）压缩机控制阀　压缩机控制阀在某些压缩机（通常是通用汽车的 V5 压缩机）中调节压缩机曲轴箱的压力。它有一个暴露在吸入侧的压敏波纹管，该波纹管作用于暴露在高压侧的球阀和阀针上。波纹管还控制一个也暴露在低压侧的排气口。该控制阀被不断调制以根据压力或温度改变压缩机的排量。

（9）电子循环离合器开关　电子循环离合器开关（Electronic Cycling Clutch Switch，ECCS）通过向发动机控制计算机发送信号以防止蒸发器冰堵。计算机随之通过监测吸入管路的温度来接通和关闭压缩机。如果温度过低，ECCS 将断开到计算机的输入电路，这导致空调离合器继电器断开，分离压缩机离合器。这个开关通常是蒸发器上的恒温开关。

下面是检查各种控制装置的一般步骤。

步骤

遵循以下步骤检查各种控制装置。

步骤1 利用维修信息，确定系统中控制压缩机运转的各种压力和温度传感器。

步骤2 查看维修信息以确定这些控制装置是常闭式的还是常开式的。

步骤3 按下述步骤检查每一个传感器。

1）断开传感器或开关上的导线。

2）将DMM跨接在开关的端子上（图7-55）。

3）将DMM设置在电阻或导通性检查档上。如果开关是常闭式的，读数应为0Ω；若是常开式的，读数应为无穷大。除此之外的任何读数后表明开关有问题。

步骤4 如果需要更换开关，则需要对制冷系统排空。在继续作业前查看维修信息。

有些系统在开关下有一个施拉德（Schrader）式断供装置。更换这类系统中的开关是不需要排空的。

步骤5 为取下有故障的开关，应松开并拆下它。

步骤6 在安装新的开关时，先小心将其旋入螺纹并旋到位，然后扭紧。重新连接至该开关的导线。

图7-55 可用DMM检查各类传感器和开关

4. 日照传感器

汽车乘客舱中一半以上的热量来自太阳光的辐射。许多空调系统都有一个日照传感器，也被称为阳光负荷传感器，它用于预测由阳光造成的热量。日照传感器通常位于仪表板的顶部（图7-56）。日照传感器是许多自动气候控制系统中的主要控制装置之一。

图7-56 日照传感器

日照传感器是一个光电二极管，它从控制模块接收5V参考信号。除非有光的存在，否则该二极管通常会阻断电流在两个方向上的流动。来自日照传感器的信号电压随传感器上的日照量变化而变化。当日照量增加时，输出电压增加，而当日照量减少时，输出电压降低。强烈的阳光会导致车内温度升高，空调系统此时会为乘客舱提供更多的冷空气来抵消所增加的热量。

有些车辆有一个从两个不同角度测量阳光的日照传感器，这可使空调系统能够在驾驶员侧和前排乘客侧分别做出不同的反应。具有分区控制功能的其他一些空调系统则有左右两个日照传感器。

一些新型的车辆在乘客舱内使用红外传感器来测量乘客的温度。来自该传感器的输入用于引导气流和控制压缩机的运转。其他的一些车辆则监测哪一个座椅安全带在使用，以便使气流可以流向有乘客乘坐的位置，从而为他们保持一个更舒适的环境。

该传感器由空调控制模块监测，监测到的问题用DTC来表明。该系统通常监测日照传感器电路中的开路或短路。

7.9 温度控制系统

空调的温度控制系统通常与加热器控制装置相连。大多数加热器和空调系统使用同一个分配空气的集气箱。有两种类型的空调温度控制系统被采用：手动/半自动式和自动式。

1. 手动/半自动式温度控制系统

空调的手动/半自动式温度控制系统（Manual/Semiautomatic Temperature Controls，MTC/SATC）

的操作方式类似于供暖控制装置。根据控制的设置，打开或关闭风门以引导气流。通过使用控制设置和鼓风机转速来手动控制制冷量。

2. 自动式温度控制系统

自动或电子式温度控制系统（图7-57）自动地维持乘客舱内的特定温度。为了保持一个选定的温度，热量类的传感器向控制压缩机、加热器控制阀、鼓风机和集气室风门操作的计算机单元发送信号。一个典型的电子式控制系统可能包含冷却液温度传感器、车内温度传感器、外部温度传感器、高压侧温度开关、低压侧温度开关、低

图7-57 典型的自动式温度控制面板和选择装置

压开关、车速传感器、节气门位置传感器、日照传感器和动力转向切断开关（图7-58）。新型的车

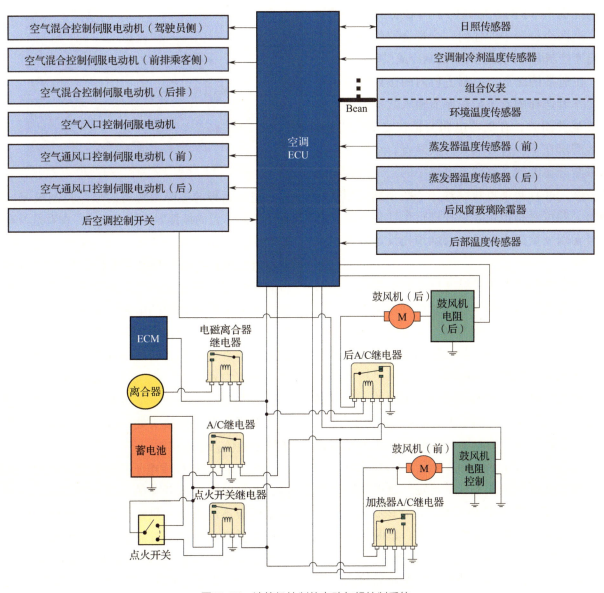

图7-58 计算机控制的自动气候控制系统

辆还集成了GPS数据，并通过安全带的使用和红外传感器检测乘坐人员的位置以确定要引导气流流向的位置。

空调系统的控制面板位于仪表板上驾驶员和前座乘客都可触及的地方。有三种类型的控制面板：手动式、按钮式或触摸板式。所有这些都用于同一目的，即为空调和供暖系统提供操作者的输入控制。一些控制面板具有其他面板所没有的功能，比如以度数显示车内和车外的空气温度。

控制面板上规定了操作者可对车内温度进行选择的范围为65~85°F（约18~29℃），且以1°F为一个增量单位。有些系统带有一个超越功能，该功能提供60°F或90°F（约16℃或32℃）的设置。这两个设置中的任何一个都会取代所有的车内温度控制电路以提供最大的制冷或供暖。

在通常情况下，控制主机内的微处理器会根据操作者选择的状态向程序器输入数据。当点火开关被关闭时，存储器电路会记住之前的设置。这些需求在下次打开点火开关时将自动恢复。但如果断开蓄电池，存储器电路中的记忆内容将会被清除，并且必须重新设置。一些车辆使用智能钥匙，并可对每把钥匙单独进行个性化设置，甚至可在驾驶员进入车辆之前就预先设定好气候控制系统。

许多汽车的电子式温度控制系统都有自诊断测试，并规定由一个车载微处理器控制的子系统来显示DTC。所显示的DTC（数字、字母或字母数字组合）用来告诉技师故障的原因。有些系统还会显示一个代码来表明哪一个计算机检测到故障。因为车辆与车辆的故障码是不同的，所以必须遵循制造商的说明来识别所显示的故障码。

大多数较新型的车辆将气候控制作为车身控制系统的一个部分。这意味着除了DTC之外，还可以观察诊断仪数据来帮助确定问题的原因（图7-59）。诊断仪器可以用来确定是否接收到系统的输入和是否已按输入操作。此外，诊断仪可能具有主动控制系统部件的能力（图7-60）。这在测试步进电动机、鼓风机电动机和空调压缩机离合器时是非常有用的。

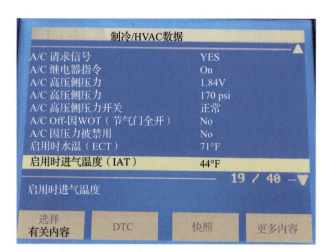

图7-59 使用诊断仪检查气候控制系统的数据

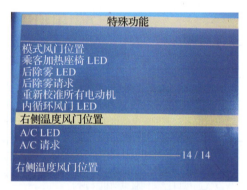

图7-60 用于气候控制系统的启用指令示例

控制面板的故障根源有时候是控制单元。检查至控制单元的插接器（图7-61），查看是否有损坏和腐蚀。对于带有机械开关的系统，使用欧姆表检查鼓风机电动机开关在所有位置时的导通性。将测量结果与该开关的电路图进行对比。检查温度控制开关两端之间的电阻。如果模式选择器的开关是电气的，应在移动该开关通过各个选择模式时，检查各端子之间的导通性。如果模式选择开关是真空式开关，则在该开关的入口处施加真空，并在移动选择开关通过其不同位置时，感受该开关各个真空管接头处的真空。将结果与维修手册中的信息进行比对。

对于带有ATC或电子控制装置的系统，应连接诊断仪监测输入开关的动作（图7-62）。ATC控制面板不能维修，只能作为一个整体更换，在操作和更换这些设备时需要小心。就像车辆上的其他电子电路一样，该控制面板可能是BCM电路的一部分。应遵循所有注意事项，以消除BCM上的静电和电压尖峰。

第7章 供暖、通风和空调系统

图 7-61 为了测试控制单元及其控制对象，必须将其拆下

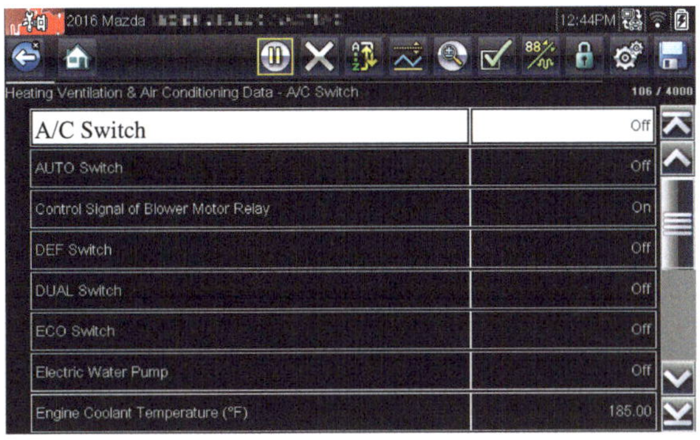

图 7-63 配有双分区和后供暖及空调系统的控制面板

自动气候控制还可以连接于加热和通风式座椅。当驾驶员或乘客选择他们所需的温度时，该气候控制系统可以根据温度和湿度水平进行供暖、制冷，或使用供暖和制冷的组合。

4. 后空调系统

通常在一些大型的面包车和 SUV 上会有一个单独的后空调系统来为车辆后部的乘客提供舒适的温度控制。这些车辆在车辆后部装有单独的蒸发器（图 7-64）。一个常规的压缩机用来移动制冷剂通过前后空调系统，制冷剂管路将后空调系统与该压缩机相连。此外还有用于车辆前后部空调系统的单独控制装置。

图 7-62 自动 HAVC 系统的扫描数据示例

3. 双分区和多分区空调系统

一些气候控制系统可为驾驶员座位、前排乘客座位（图 7-63）以及后排座位的乘客提供单独的温度设置。在一些宝马车型上，甚至可以对驾驶员侧的上、下通风口温度进行单独调整，以集中冷却上半身，而不冷却腿部和脚部。车辆每一侧的温度由供暖和空调系统风道系统中的风门控制。车辆的每一侧都有自己的空气温度执行器电动机来控制从鼓风机箱排出的空气温度。每一侧还有一个内置的空气温度传感器和一个日照传感器。在控制面板上可设置车辆每一侧的温度。如果前排乘客侧的控制被关闭，则气候控制系统将根据驾驶员一侧的设置来保持车辆两侧的温度。当打开前排乘客侧的控制时，车辆该侧的温度可以独立于驾驶员的设置来单独调整。

在某些系统上，气候控制系统嵌入在导航系统中。在这类情况下，空调控制模块计算车辆的方向、时间、经度、经纬度、阳光强度、环境温度和其他信息以便确定车辆每一侧所需的理想供暖量或制冷量。该系统自动控制温度以响应所有这些输入。

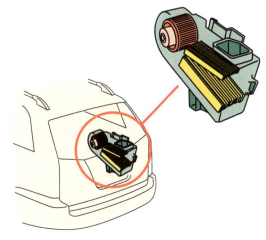

图 7-64 后空调单元

7.10 空调系统的诊断与维修

空调（A/C）的维修在很多方面与车辆其他部件的维修是不同的。虽然系统中部件不多（图 7-65），但每个部件都有其特定的作用和维修步骤。这本身并不是什么大问题，空调维修的难题是它工作得如何。空调系统运行在制冷剂压力不

断变化的基础上,有很多原因都会造成压力的改变,其中有些是系统的原因,有些是环境的原因,而有些则是系统中的故障或不良部件的原因。

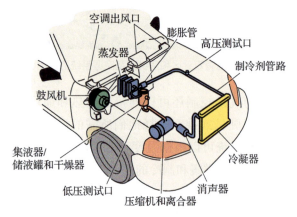

图 7-65 新型空调系统的部件

维修注意事项:空调系统对水分和污垢非常敏感,因此,清洁的作业环境非常重要。空调系统中最小的异物颗粒也会污染制冷剂,导致生锈、结冰或压缩机损坏。因此,所有更换的部件在销售时都是用真空密封包装的,在准备安装到系统上之前不应将其打开。如果由于各种原因打开了,无论该部件已从其包装中取出多长时间,都必须仅使用推荐的溶剂彻底冲洗,以清除在存放期间可能积累的任何污垢或水分。如果系统已经开放超过 2min,则必须彻底排空整个系统,并且必须安装新的集液器或干燥剂包。

每当需要断开制冷剂管路时,都应先清除连接处及其附近的任何污垢或油迹,以消除污垢进入系统的可能性。在断开后,应立即盖上或堵住连接部分的两端,以防止污垢、异物和湿气进入。必须记住,所有的空气中都含水分,进入系统任何部分的空气都会携带有水分。

所有工具应保持清洁和干燥,包括压力表组和用来更换的部件。注意不要过度拧紧任何连接部分,过度拧紧可能会导致变形,从而使系统泄漏。

当添加冷冻油时,装油的容器和冷冻油将要流过的输油管应极其清洁和干燥。冷冻油能迅速吸收它所接触到的任何水分。为此,装油的容器直到被使用前不应打开,并在使用后要立即盖严。

当需要断开一个空调系统时,应保证所需的任何物品可立即获得,以便用尽可能少的时间来完成作业。不要让系统开放的时间超过所需要的时长。

只要空调系统因维修而断开,都必须在维修后正确排空。此外,在断开或拆下任何部件之前,需要先回收制冷剂,而且不允许其逸到大气中。

> **车间提示**
>
> 重要的是要记住,只要有一滴水进入制冷剂就会引发化学变化,从而造成腐蚀,并最终导致系统中的化学物质分解。制冷剂系统中极小量的湿空气也会引起能导致故障的化学反应。

1. 初始检查

与所有的汽车诊断工作一样,空调诊断的第一步是了解客户的叙述。了解问题是没有冷空气,或是出自风道的空气从未降低到足够的温度,还是空调只在一天中的特定时间有作用?抱怨也可能是该系统根本就不工作,或者空气从错误的风道中吹出。客户问题的准确描述有助于确定问题与制冷剂、机械、真空或电气中的哪一个方面相关。这样做还可减少诊断时间,而且最重要的是满足了客户的需求。

由于存在结构和工作原理上的许多变化,所以除了性能测试外,没有适用于所有汽车空调系统的统一或标准的诊断程序。为了获得特定空调系统的完整和具体的诊断信息,应查看制造商的维修信息。

对客户问题的快速验证可以通过起动发动机并使其暖机来完成。移动温度控制装置到其最大制热位置。检查在鼓风机每个转速位置时的空气流量和热度,流出系统的空气量应随着鼓风机转速的变化而变化。还要注意所有的气味和噪声。再将温度控制器转到除霜模式,确认从除霜出风口中是否有足够的气流流出。然后将温度控制装置转到制冷或 A/C 位置,注意空调压缩机离合器接合时发动机有何反应。还要注意任何异常的噪声或气味。离开出风口的空气应是凉的。在进行这些检查时,应力图复现客户的问题和问题发生时系统的状态。如果系统没有按照预期做出反应,则应对系统进行检查和性能测试。

2. 目视检查

对空调和冷却系统的目视检查可以得到一个直观的判断。首先检查压缩机传动带的状况。用传动带张力计检查传动带的张紧度（如果压缩机是用蛇形传动带驱动的，应检查传动带张紧器上的标记）。仔细查看压缩机离合器上是否有机油泄漏和传动带打滑的迹象。离合器盘周围的大量黑色粉末可以证明传动带打滑。离合器上或其周围存在机油通常表明压缩机油封不良。

当系统内的制冷剂量不足时，系统的性能会变差。制冷剂量不足通常是系统泄漏的结果，泄漏的部位通常可以通过全面检查加以识别。由于冷冻油会随制冷剂一起泄漏，所以在泄漏点会有一些油膜（图 7-66）。这种油膜会聚积成污垢，聚积在接头周围的污垢是明显的泄漏迹象。应检查下述位置的制冷剂软管和接头是否有泄漏、损伤、弯曲或变形的迹象：从压缩机到冷凝器、从冷凝器到蒸发器、从蒸发器到压缩机。

图 7-66　接头上的油膜就是制冷剂泄漏的证明

虽然金属管路的泄漏并不常见，但来自橡胶软管、连接部位和接头的泄漏却是常见的。还应确保检查了电气开关和软管或管路被固定的位置，以及可以接触其他部件的任何位置。

目视检查冷凝器以及冷凝器和散热器之间的区域是否有堆积的污物、树叶和其他杂物（图 7-67）。此外，还应检查冷凝器的散热片是否有损坏。如果流过冷凝器的气流被堵住，应清洁冷凝器及其周围的区域。如果散热片有损伤，可以将它们校直。在大多数情况下，应更换已损坏的冷凝器。

图 7-67　应检查冷凝器是否有损伤和堆积了会导致气流受阻的杂物

空调系统的运行依赖于许多开关，它们可能是导致各种运行问题的原因。仔细检查至所有传感器和开关的接线和插接器。确保所有连接都可靠和清洁。连接不良或腐蚀有时候会导致间歇性的问题。

在通风良好的区域，起动发动机，将变速器置于 P 位（如果车辆配备的是手动变速器，将其置于空档），启用驻车制动器，并打开空调系统至最大制冷位置（MAX）。在大多数车辆上，当打开空调系统时，发动机的电动冷却风扇就会接通，应检查一下该风扇是否运转。

仔细听空调系统运行时的声音并记录下任何异常的声音。一定要听到系统在压缩机离合器循环接合和断开时发出的声响。当离合器接合时，应该听到咔哒声或感到发动机转速的轻微变化。当然，如果压缩机是始终运转的，则离合器将不会随着空调控制装置的操作而接合或分离。

3. 基本检查

感觉从各出风口吹出的空气。凉的或稍凉的空气意味着系统有一定的制冷能力，且压缩机正在工作。如果空气不凉，则意味着压缩机没有工作或系统没有能力提供经调节的空气。如果空气是暖或热的，则可能是风道系统或控制装置有问题。

将温度控制从热（Hi）的位置调整到冷（Cool）的位置，感受从出风口吹出的空气。如果空气温度没有变化或变化很小，则空气分配箱中的混合风门有问题。

操作鼓风机的控制开关经过所有转速档位，

其空气量应有变化。如果没有变化，则表明鼓风机的开关或电阻组有问题。

小心触摸从压缩机到冷凝器的排出管路。该管路应是热的，且沿其整个长度上不同位置的温度应相同。温度的任何改变都表明有阻塞，应该冲洗或更换该管路。可通过上下触摸冷凝器表面或盘管回弯处的温度来检查冷凝器。随着从冷凝器的顶部移向底部，温度从热到暖的变化应是渐变的。温度的任何突变都表明有阻塞，必须冲洗或更换该冷凝器。

如果系统有贮液器/干燥器，检查其入口和出口管路。它们应该有相同的温度。管路或贮液器上的任何温度差或霜冻都表明有阻塞，必须更换该贮液器/干燥器。还可以触摸从贮液器/干燥器到膨胀阀的液态制冷剂管路，该管路在整个长度上都应是温的。通常在管路和部件外部形成结霜都意味着制冷剂的流动受到阻塞。阻塞会导致制冷剂在冷凝器中停留的时间更长。这种情况被称为冷凝器溢流，会造成蒸发器中的制冷剂不足。

膨胀阀外部应没有霜冻，且进出口之间的温度应有极明显的差异。在装有节流管的车辆上，触摸从冷凝器出口到蒸发器入口的液体管路。节流管前液体管路上的任何温度变化都表明有阻塞。如果有阻塞，应冲洗该管路或更换该节流管。

小心地将手放在蒸发器的入口管路上（图7-68），然后在出口管路上做同样的操作。这两根管路的温度都应该比环境温度低，并且温度应该大致相同。如果入口处的温度明显比出口处的低，则系统的制冷剂量可能过低。如果两根管路的温度都不比环境温度低，则该系统需要进一步诊断。

图7-68 感觉压力管路上的温度以对系统进行基本感官检查

从蒸发器到压缩机的吸入管路摸上去应该是凉的。如果它覆盖有厚厚的霜，则表明可能有液态制冷剂正从膨胀阀流入蒸发器。此时触摸集液器也应该感觉是凉的。

许多新型的空调系统都有自诊断功能，因而可输出并存储故障码。控制面板上的指示灯可用闪烁表示出这些故障码。在当今的大多数车辆上，可以用连接到车辆BCM上的诊断仪检查空调系统部分，这一操作对于那些具有自动气候控制的车辆来说更是可实现的。一般来讲，必须按一定顺序按下控制面板上的按钮以启动自测试。下面是获取故障码的一般步骤。

步 骤

为了从一个系统获取DTC，应遵循以下步骤。

使用诊断仪操作。

步骤1 使用维修信息，确定是否需要以及如何从车身控制模块（BCM）检索诊断信息。

步骤2 连接诊断仪。

步骤3 打开点火开关。

步骤4 在诊断仪上选择针对该车辆的诊断程序。

步骤5 从诊断仪上的菜单中，选择BCM。

步骤6 检索并记录所有DTC。

步骤7 为了观察输入和输出的活动，选择DATA。注意任何超出正常工作范围的数据，如环境温度、蒸发器温度及高低压侧的压力。

步骤8 诊断任何异常的运行界限。

步骤9 关闭点火开关。

步骤10 断开诊断仪。

4. 噪声诊断

对空调系统的诊断通常可以通过观察系统的运行来完成，包括对噪声的检查。异常的噪声一般表示该部位可能有问题。

噪声是指客户常常抱怨的空调系统发出的异常声音，下列内容涵盖了常见噪声及其原因。

（1）离合器噪声 离合器在接合和分离时通常会产生咔嗒声。而离合器的噪声会随着离合器的磨损而变得更明显。一旦离合器被严重磨损，在其接合时就会产生尖锐的噪声。这种噪声也可能是离合器上的油渍所导致的。非常响的或长时间的尖锐噪声可能表明压缩机已经咬死。变形的带轮也会引起隆隆声或摩擦的噪声。

（2）软管噪声　吸入/排出软管中的压力变化会产生振动，这种振动引起的声音会出现在车内。该噪声通常是一根软管接触另一个软管或发动机部件所引起的。应检查软管的走向以确保它们没有接触，还要查看软管上的磨损痕迹，这些都可能是因接触所引起的。

（3）压缩机噪声　如果压缩机的支座松动或损坏，就会发出咯咯声或嘎吱声，该噪声一般是随机的。松动的支座有时也会造成传动带的过早磨损。当压缩机接合时，磨损的轴承和/或压缩机内部的损坏都会引起呜呜的和隆隆的噪声。

（4）嘶嘶声或哨声　嘶嘶声或哨声是一种常见且正常的噪声。当关闭空调时，可能会听到一声高音调的哨声，这种声音是由压力在系统中进行平衡所引起的。此时，高的压力正通过计量装置移向压力低的一侧，这种运动可能会导致哨声或嘶嘶声。

5. 检修阀和快速接头

系统检修阀为歧管压力表组提供了连接点。它们在大多数空调系统中分别位于系统的高压和低压侧。R-134a 系统（图 7-69a）和 R-1234yf 系统（图 7-69b）都具有各自的快速连接接头，两者是不可互换的。此外，R-1234yf 系统检修阀的防护盖被拴在管路上，以防止盖子在打开后丢失。这两种系统使用两种不同尺寸的快速连接接头，低压接头是两个中较小的一个，这可防止维修软管连接错误。维修软管接头有一个手动阀门，该阀门通过接头的螺纹向下以接通与维修端口的连接。完成作业后，将手动阀门退出螺纹以使顶销缩回，并使系统在断开与接头的连接之前被密封。这是为了减少从空调系统上断开维修软管时所释放的制冷剂的量。

杆式检修阀： 在老式的双缸活塞往复式压缩机上有时会配有杆式检修阀。该检修阀安装在压缩机顶部。当检修该类压缩机时，这些杆式检修阀可用来将空调系统的其余部分与压缩机隔离。这类检修阀在其盖下有一个与软管连接点直接相对的阀杆。

a）用于 R-134a 系统的气门芯式检修阀

b）用于 R-1234yf 系统的检修阀

图 7-69　系统检修阀

6. 纯度测试

⚠ **小心**　在空调系统上或其周围作业时应始终佩戴护目镜。

当不确定系统中所用的制冷剂类型，或怀疑已经发生了制冷剂的混合时，应进行制冷剂纯度测试和/或使用制冷剂鉴别仪（图 7-70）。除了要确定系统中是什么类型的制冷剂外，状况鉴别也很重要，因为市场上的一些制冷剂是易燃的。了解系统中是什么样的制冷剂以及它的状况将有助于保护设备免受损坏，并可确定将需要哪些步骤来正确地维修该系统。

建议在进行纯度测试之前，先对被测系统进行密封剂和/或污染程度的鉴别。在市面上销售的许多空调加注产品都含有某种类型的密封剂。回收的制冷剂和密封剂有可能对设备造成损坏。建议维修车间采购一些安装在加注机上的用于识别制冷剂中密封剂的组件（图 7-71a）和专用的过滤器以帮助防止污染。将少量制冷剂样本抽取到检测盒中（图7-71b），如同只是系统泄漏了一点点制冷剂。如果制冷剂中存在密封剂，它会与空气中的水分发生反应，并在小型一次性检测盒中变硬。含有密封剂的系统仍然可以回收，但要用特殊的过滤器来截获密封剂、染料和其他任何污染物。

图7-72 用温度计确定乘客舱内的空气出口温度

（1）歧管压力表组　歧管压力表组是空调系统最重要的维修工具之一，它用于对系统中制冷剂的排出、加注、排空，也用于对空调系统的诊断。处置制冷剂的新法规要求所有压力表组都要有一个用来关闭软管末端的阀门，以便在接头未使用时可自动关闭（图7-73）。

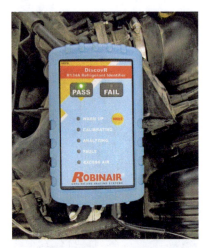

图7-70 制冷剂鉴别仪

图7-73 用于R-134a系统的带有截止阀的测试连接管

低压表的压力量程为1~120psi（约6.89~827.37kPa），带缓冲的可达到250psi（约1723.69kPa），并以1psi为一个刻度单位；而在相反方向，对真空（负压）的测量量程为0~30inHg（约0~101.59kPa），并以1个inHg为计量单位。这块压力表应始终用于检查系统低压侧的压力。右边的高压表的测量量程为0~500psi（约0~3.45mPa），并以10psi为一个刻度单位。它是用于检查系统高压侧压力的高压表。

测试歧管中间的一个连接头通常对低压侧和高压侧是共用的，该接头用于空调系统制冷剂的排出或添加。当不使用该接头时，应用盖子将其盖上。在低压表正下面连接的测试软管用于连接测试歧管的低压侧和空调系统的低压侧。高压表下的连接软管用于连接测试歧管的高压侧和空调系统的高压侧。

压力表组上有用来分别将低压侧和高压侧与

a）典型的制冷剂识别组件

b）抽取制冷剂样本

图7-71 检测制冷剂

7. 性能（压力和温度）测试

压力和温度测试提供了衡量空调系统工作效率的一种方法。歧管压力表组用于确定制冷系统中的高压和低压。期望的压力读数随温度的变化而变化。应使用温度/压力图表作为指南以确定适当的压力。同时，温度表被用来确定乘客舱内的空气出口温度（图7-72）。

测试歧管中间部分隔开的手动阀门。在进行的所有测试中，低压侧和高压侧手动阀门都应处于关闭位置（一直向内旋转直到阀落座）。

由于 R-134a 不能与 R-1234yf 互换，因此需要单独的软管组、压力表和其他设备来维修较新型的车辆。用于 R-134a 的歧管压力表组可通过以下方式来识别：标有"用于 R-134a"、标有"HFC-134"或"R-134a"的标签，以及带有浅蓝色的压力表表面。此外，R-134a 的检修软管沿其长度方向上有一条黑色的条纹，并清楚地标有"SAE J2196/R-134a"。低压软管是带有黑色条纹的蓝色软管，高压软管是带有黑色条纹的红色软管，中间的检修软管为带黑色条纹的黄色软管。不同类型制冷剂的检修软管不会被连接到错误的空调系统中，因为 R-134a 系统的接头与 R-1234yf 系统使用的接头不同。R-1234yf 系统的工作压力和温度与 R-134a 系统相似。

（2）连接压力表组　确定系统中所用的制冷剂类型，并获取正确的压力表组后，找到高压侧和低压侧的检修阀。确保已完全关闭压力表组上的手动阀。取下低压侧检修阀防护盖，并将低压侧检修软管连接到该检修阀上。然后取下高压侧检修阀防护盖，将高压侧检修软管连接到该检修阀上。

（3）测试步骤

步　骤

按下述步骤进行性能测试。

步骤 1　连接歧管压力表组，启用驻车制动器，在档位为 N 位或 P 位时起动发动机并运转约 5min。

步骤 2　将发动机转速从 1500r/min 提高到 2000 r/min。

步骤 3　双手远离冷却风扇，测量并记录冷凝器前的空气温度和湿度（图 7-74）。

步骤 4　在散热器格栅前放置一个大流量风扇，以确保有足够的气流供给通过冷凝器。

步骤 5　将空调控制装置调整到最大制冷和鼓风机高速位置。

步骤 6　将温度计放在仪表板中央空气管道中，测量并记录温度。

步骤 7　读取高、低压力值。如果车辆空调系统采用循环离合器系统，记录离合器接合和分离时的压力。

步骤 8　将读数与性能规范对比。

步骤 9　将发动机恢复到正常怠速状态。

步骤 10　如果有检修软管阀门，将其关闭。

步骤 11　断开检修软管。

步骤 12　断开压力表软管后，检查检修阀的周围并确保该检修阀已被正确落座，气门芯阀无泄漏。

步骤 13　重新装上检修阀上的防护盖。

步骤 14　关闭空调和发动机。

图 7-74　测量进入冷凝器的空气温度

当使用观察到的压力进行诊断时，应始终参考制造商的压力数值表（表 7-4）。随着离合器循环和热负荷的变化，压力表读数的波动是正常的，但它们不应有过大的波动。工作压力会随湿度和外部空气温度的变化而变化。因此，在更潮湿的环境中，工作压力会在可接受的压力范围中偏高的一侧。在湿度不大的环境中，工作压力读数会偏向范围中较低的一侧。如果工作压力在正常范围内，则空调系统制冷部分的工作是正常的。这可用蒸发器出口空气温度的检查来进一步证实。

表 7-4　典型的压力数值表

环境空气温度	相对湿度	低压侧压力	高压侧压力
55~65°F（13~18℃）	0~100%	22~49psi（152~338kPa）	112~167psi（772~1151kPa）
66~75°F（19~24℃）	低于 40%	22~34psi（152~234kPa）	107~160psi（738~1103kPa）
	高于 40%	24~37psi（165~255kPa）	128~173psi（883~1193kPa）

（续）

环境空气温度	相对湿度	低压侧压力	高压侧压力
76~85℉ (25~29℃)	低于35%	24~37psi (165~255kPa)	120~176psi (827~1213kPa)
	35%~50%	28~38psi (193~262kPa)	127~177psi (876~1220kPa)
	高于50%	26~40psi (179~275kPa)	132~179psi (910~1234kPa)
86~95℉ (30~35℃)	低于30%	26~41psi (179~283kPa)	152~199psi (1048~1372kPa)
	30%~50%	31~42psi (214~290kPa)	164~193psi (1131~1330kPa)
	高于50%	32~44psi (221~303kPa)	165~186psi (1138~1282kPa)
96~105℉ (36~41℃)	低于20%	35~46psi (241~317kPa)	193~228psi (1330~1572kPa)
	20%~40%	35~46psi (241~317kPa)	190~216psi (1310~1489kPa)
	高于40%	36~47psi (248~324kPa)	184~205psi (1268~1413kPa)
106~115℉ (42~46℃)	低于20%	40~50psi (276~345kPa)	224~251psi (1544~1731kPa)
	高于20%	40~50psi (276~345kPa)	216~255psi (1489~1758kPa)
116~120℉ (47~49℃)	低于30%	44~54psi (303~372kPa)	239~285psi (1648~1965kPa)

下面是一些用于帮助理解异常读数的指南：

1）如果观察到的低压和高压压力均低于正常范围，则表明空调系统加注的制冷剂不足。

2）如果低压和高压均高于正常压力，则是空调系统制冷剂加注过量或流过冷凝器的空气不足。

3）如果低压侧压力正常，但高压侧压力高于正常值，则表明空调系统中有空气。

4）如果高压和低压压力表显示相同的较低的压力，而且是一个中等的压力值，这表明系统已完全加注，且压缩机当前未工作。

5）如果高压侧的压力过高，则怀疑系统中有空气、系统中制冷剂过多、系统高压侧有阻塞，以及通过冷凝器的空气流量不足。

6）如果高压侧的压力过低，则怀疑制冷剂加注量过低或压缩机有故障。

7）如果低压侧的压力高于正常值，则怀疑制冷剂过充、压缩机或计量装置有故障。

8）如果低压侧的压力低于正常值，则怀疑计量装置有故障、穿过蒸发器的空气流量不足、系统低压侧有阻塞，或制冷剂加注量不足。

（4）蒸发器出口温度 蒸发器出口的空气温度也会随外部（环境）空气和湿度情况的变化而变化。更多的变化则取决于系统是由循环离合器式压缩机控制的，还是由蒸发器压力控制阀来控制的。因为有这些变化，所以很难精准地确定适用于所有蒸发器的出口空气温度应该是多少。一般来说，在空气温度和湿度较低时，蒸发器出口的空气温度应为35~40℉（约1.7~4.4℃）。在其他高温和高湿的极端情况下，蒸发器出口的空气温度可能在55~60℉（约12.8~15.6℃）的范围内。

8. 泄漏测试

测试制冷剂系统是否泄漏是故障排除的最重要步骤之一。在一段时间后，空调系统可能会损失或泄漏一些制冷剂。状况良好的新型系统每年的制冷剂损失量应该几乎为零。目前的红外泄漏探测仪可以发现小到每年0.15oz（约4.4mL）或每年约4g的泄漏。更高的损失率则预示着需要确定并修复泄漏点。

低压表的读数通常可清楚地显示目前泄漏的程度。一般来讲，如果系统中仍有一些压力，则表明泄漏量较小。大量的泄漏通常会使整个系统漏空。

泄漏最常出现在压缩机软管的连接处和系统中各个接头及其连接处。制冷剂也可能通过软管的渗透而损失。泄漏还可追溯到蒸发器上由酸类造成的针孔上。酸是在水与制冷剂混合时形成的。由于冷冻油会与制冷剂一起泄漏，因此，软管、接头和部件上的油渍斑点意味着已存在泄漏。

当泄漏源并不明显时，可使用泄漏检测仪进行确定。但要使用泄漏检测仪，系统中必须仍存在一些制冷剂。大多数制造商表示，泄漏检测仪只有在高压侧的压力超过$60lbf/in^2$时才有用。如果压力低于此值，应向系统中加入不超过1lb（约453.6g）的制冷剂，然后再检查泄漏。

一定要检查整个系统，包括乘客舱内部的蒸发器周围。如果发现接头处有泄漏，仔细拧紧连接件并重新检查。如果泄漏仍然很明显，应更换受到此影响的部件。泄漏测试后，在为维修断开空调系统前，使用回收设备从系统中回收所有制冷剂。

堵漏产品：尽管市面上有可添加的用于密封系统泄漏点的产品，但许多原始设备制造商不推荐使用它们。密封剂会在系统中集结，从而导致有害的阻塞。如果在压缩机轴的周围有泄漏，它们还可能引起压缩机离合器的问题。如果在系统中使用了密封剂，有些制造商会取消对空调系统的质保。因此，在向系统中添加密封剂之前，一定要与制造商确认。

9. 电子泄漏检测仪

这是泄漏检测的首选方法，因为它安全、高效，并可用于所有类型的制冷剂。手持式电池驱动的电子泄漏检测仪（图 7-75）带有一个可在疑似泄漏部位下面移动的测试探头。（记住，制冷剂气体比空气重，因此探头应放置在测试部位的下面。）检测仪发出的报警或蜂鸣声表示存在泄漏。某些型号的检测仪是用灯的闪烁来表明泄漏的（图 7-76）。

图 7-75 电子泄漏检测仪

图 7-76 当检测到泄漏时，检测仪上的指示灯将闪烁

电子（卤素）泄漏检测仪之所以应用普遍，是由于它们具有较高的准确性并可检测多种类型的制冷剂。这类检测仪必须能够测量泄漏量小到每年 0.15oz（4.4mL）或每年约 4g 的泄漏。在选择泄漏检测仪时，应确认该设备是符合 SAE J2791_201903《HFC-134a 制冷剂电子泄漏检测仪，最低性能标准》。该标准制定了电子泄漏检测仪对泄漏的检测能力，以及发现泄漏的时间和距离的标准。

当使用电子泄漏检测仪时，记住以下事项。

1）许多泄漏检测仪的检测单元在其内部，而不是在头部。

2）在检查空调系统时，应缓慢移动，大约每秒移动 1in（25.4mm），以使检测仪收集气体样本。

3）一般来讲，只有在空调和发动机关闭，且没有冷却风扇运转时，才能发现小的泄漏。

4）在空调系统关闭时，可能更容易发现低压侧的泄漏。

5）在空调系统运行时，可能更容易发现高压侧的泄漏。

10. 荧光染料泄漏检测

泄漏检测的一种常用方法是使用荧光染料。为了测试，将这种染料注入系统中。许多新车在生产时已在制冷剂系统中加入了 R-134a 荧光染料，该荧光染料与 PAG 冷冻油混合并随冷冻油流过整个空调系统。在这类系统中，除非由于接头不良、软管破裂或其他严重泄漏，使冷冻油的损失已超过 50%，否则不得添加额外的染料。在系统被冲洗后，也无需向系统中添加染料。冲洗过程中的一部分作业是更换集液器或贮液器/干燥器。用于这类系统的新集液器或贮液器/干燥器在其干燥剂袋中含有荧光染料成分。当空调系统运行时，该成分将溶解，并向系统添加正确数量的染料。

为了检查泄漏，可能需要向生产时就带有染料的系统或其他空调系统添加荧光染料，可通过将染料注入系统或将染料直接泵入已拆下的部件中来实现。通常要进行泄漏检查，需要使用紫外线（UV）泄漏检测套件（图 7-77）来查找任何泄漏源。该套件包括荧光染料、染料注射器、高强度紫外线灯和着色的安全防护眼镜或护目镜。为了开始该检测流程，必须先将染料注入系统中。值得注意的是，所有荧光染料都与PAG冷冻油不兼容。在向系统中添加染料之前，要确认它是正确的类型。确保添加正确数量的染料，千万不要给系统注入过量的染料。应始终遵循检漏仪的说明，并避免加入过多的染料。

图7-77 紫外线（UV）泄漏检测套件

有两种将染料注入空调系统的基本方式。一种方法是使用制冷剂充注机或歧管压力表组。该方法只能在系统没有加注满时才可使用。将一个小的染料罐和一个注射器连接到压力表组中间的软管上，染料将随制冷剂一起添加到系统的低压侧。

当系统已经充注满时，则必须使用另一种方法，即使用一个特殊的套件，该套件含有一个染料储存罐，并被连接在高压和低压检修阀之间。在空调运转的状态下，打开高压侧的手动阀，并保持其打开状态，直到染料已离开储存罐。该方法无需向系统中添加制冷剂。

运行空调系统几分钟以使染料均匀分布。戴上着色的护目镜，并用紫外线灯检查系统。系统中的泄漏部位将显现出明亮的黄绿色痕迹（图7-78）。在检查泄漏时，应检查制冷系统的所有部件、管路和接头，还包括蒸发器及其排水管。如果发现泄漏，继续检查系统的其他部分，因为可能有不止一处泄漏。重要的是要记住PAG冷冻油是水溶物，因此，蒸发器或制冷管路上的冷凝水可能将冷冻油和荧光染料从泄漏处冲洗掉。

如果发现泄漏，应回收制冷剂，然后修复泄漏问题。接下来，抽空和加注空调系统。从任何已发现泄漏的区域上彻底清除荧光染料的痕迹，再短时间运行空调系统，并重新对系统进行泄漏检测，以验证泄漏问题是否已被修复。

图7-78 用紫外线泄漏检测套件检查系统时，泄漏点显现为明亮的黄绿色

车间提示

一些原始设备制造商，例如丰田，不建议使用泄漏检测染料。因此，在向空调系统添加染料之前，务必先查看制造商的建议。

泄漏点还可以通过在被测试区域周围应用泄漏检测液来确定。有适用于R-12和R-134a空调系统的泄漏检测液可供选择，因此，应确保所用的泄漏检测液对正被查找的制冷剂是合适的。如果存在泄漏，它将在泄漏源的周围形成成串的气泡（图7-79）。一个非常小的泄漏会使检测液在几秒到1min的时间内在泄漏源的周围形成成串的白色泡沫。为了准确诊断，在整个被测试的表面上需要有足够的照明。

图7-79 气泡显示的泄漏位置

11. 回收制冷剂

在维修或更换任何部件之前，必须从系统中排空所有制冷剂（带有杆式维修阀的压缩机除外）。必须回收和再循环利用制冷剂。这意味着制冷剂不能被释放到大气中。根据美国《清洁空气法案》第609节，如果没有适当的制冷剂回收循环再利用设备，任何人都不可维修或检修汽车空调系统。它还进一步写明，除非经过适当的培训和认证，否则任何人不得进行这类维修。

在更换空调系统中的任何部件前，首先要回收制冷剂。当更换空调系统中的零件时，应确保更换的零件是正确的，还要确保安装正确和管路连接可靠。更换部件后，可能需要向系统添加冷冻油，以顶替积留在被更换部件中的冷冻油。通常可以根据被更换的部件来估计要补充的冷冻油量。有些部件，如节流管，需要特殊的工具来拆卸和安装。

在为维修而断开制冷系统前，需要回收系统中的所有制冷剂。但在回收之前，需要明确识别制冷剂。这对于防止不同制冷剂被混合是非常有必要的。尽管系统上可能已清楚地标记了所用的特定制冷剂，但系统中可能已经添加了可供选择的多种不同的制冷剂，其中一些是混合物，而不是纯净的。任何不纯净的制冷剂都被认为是受污染的。此外，不是为回收设备设计的制冷剂管路也会污染回收设备和贮存容器。仅就安全而言，在使用回收制冷剂的容器之前，也应先识别制冷剂。

可用制冷剂鉴别仪分析制冷剂的成分。该仪器从系统低压侧提取制冷剂样本并分析。R-12或R-134a的数量会显示在该仪器上。所有纯度低于98%的制冷剂将不能通过该测试，因而不应被回收。不纯净的制冷剂应被回收到一个带有已污染标签的贮存容器中。此容器只应用来贮存已被污染的制冷剂。

由于有许多不同的鉴别仪可供选择，因此应始终遵循所用鉴别仪的具体说明。

（1）回收 目前有两种制冷剂回收/再循环利用机器：单程式和多程式。两者都有能力从车辆中抽取和过滤制冷剂并从制冷剂中分离冷冻油，去除水分和空气，并贮存制冷剂直到再次使用。

在单程式系统中，制冷剂在储存前会一次性经过每个阶段。而在多程式系统中，制冷剂在经过冷冻油分离和干燥的所有阶段后被贮存。但当设置为再循环利用时，制冷剂将会再反复通过干燥器，直到清除掉所有水分。只要有美国安全检定实验室公司（UL）的批准标签，这两种系统都是允许使用的。

（2）R-1234yf的回收 随着新型制冷剂的使用，也出现了新的法规和维修步骤。针对易燃型制冷剂的SAE标准J2843_201907《移动空调系统易燃制冷剂R-1234yf（HFO-1234yf）的回收/再利用/充注设备》要求用专用的回收/再利用/充注（RRR）机来维修R-1234yf系统。以下为新型设备的标准。

1）能回收系统中95%的制冷剂。

2）能在规定加注量的0.5oz（约14.8mL）公差内充注制冷系统。

3）能在回收150lb（约68kg）制冷剂后，提示要求更换过滤器。

4）有内置的制冷剂鉴别仪或有用来连接鉴别仪的USB端口。

5）能防止已污染的制冷剂被回收利用（制冷剂纯度必须超过98%）。

6）能在检测到有泄漏时，不给系统加注。

7）配有通风风扇和不产生火花的电动机、开关、继电器和其他可能点燃制冷剂的部件。

有些设备，特别是那些在新车特许经销商处的设备，在其工作前可能需要输入特定信息，例如车辆VIN、维修工单信息和技师识别号。

为了尽量减少在空调系统维修时释放到大气中的制冷剂数量，应始终遵循以下步骤。

1）回收/再循环利用设备（图7-80）必须在软管维修端的12in（304.8mm）范围内有一个关闭阀。在该阀门关闭的状态下，将软管连接到车辆的空调检修接头上。

2）应始终遵循设备制造商的使用步骤。从车辆上回收制冷剂并持续进行设备，直到车辆的制冷系统显示出是真空而不是有压力。至少持续5min后再关闭回收/再循环利用设备。该设备为泄漏检测而默认设置的时间可能更长，如10min。

如果系统中仍存有压力，则重复回收步骤以排空任何剩余的制冷剂。继续这一步骤直到空调系统保持住稳定的真空 2min。

图 7-80　R-1234yf 制冷剂处理机能够完成所有必要的制冷剂维护作业

3）关闭回收 / 再循环利用设备维修管路中的阀门，然后将其与系统检修接头断开。对具有自动关闭阀的回收 / 再循环利用设备，应确保该自动关闭阀的工作是正常的。

4）进行完以上操作则可以维修和 / 或更换系统中的零部件。

（3）再循环利用　再循环利用是从正被维修的系统中收集旧的制冷剂，并对其进行清洁，为将来的使用做好准备。如果回收的制冷剂被送到回收站点，EPA 要求提供制冷剂被发往的机构的名称和地址证明文件。所有回收的制冷剂必须被安全储存在 DOT CFR 标题为 49 或 UL 核准的容器中。专门为 R-134a 制造的容器应有类似的标记。在任何回收制冷剂容器被使用之前，必须先检查是否有非冷凝气体。

SAE 已经为回收的 R-134a 和 R-1234yf 制定了标准，以确保制冷剂可提供适当的系统性能和耐用期限。J1991_201108《移动空调系统纯度标准》和 J2099_201204《用于移动空调系统的回收 R-134a（HFC-134a）和 R-1234yf（HFO-1234yf）纯度标准》是对回收制冷剂的纯度标准，并规定了以质量的百万分之分数（ppm）为单位的限值。这些限值聚焦在三种潜在的污染物上。在回收的 R-134a 中，水分不得超过 15 ppm，而对新的 R-134a 则不得超过 10ppm。R-134a 中冷冻油数量的限值为 500ppm。SAE 检查的额外污染物是空气或非冷凝气体。在 R-134a 或 R-1234yf 中的体积含量不应超过 1.5%。

由于空调维修设备除了可以对制冷剂进行回收和加注外，还可以对制冷剂再循环利用，因此需要定期维护（例如更换过滤器）以保持设备的正常运转。在使用空调维修设备前，应阅读使用说明并了解它的操作，保证其处于良好的工作状态。参考设备附带的手册来确定需要哪些类型的维护和维护的时间间隔。

12.　冲洗

压缩机失效会导致异物流入制冷系统中，因此必须冲洗冷凝器，并更换贮液器 / 干燥器或集液器。滤网有时位于压缩机的吸入侧和贮液器 / 干燥器中。每当更换压缩机时，也应更换压缩机进口的滤网。这些滤网限制异物进入压缩机、冷凝器、贮液器 / 干燥器和连接软管。如果滤网堵塞，将会阻碍制冷剂的流动。只允许使用推荐的冲洗溶剂，切勿用 CFC（氯氟碳化物）或三氯乙烷进行冲洗。一些制造商建议更换已堵塞的部件，并在紧靠膨胀阀或节流管的正前面安装一个液体管路（内联式）过滤器来取代对系统的冲洗。如果制造商建议冲洗，应只使用推荐的冲洗剂，并按照规定的步骤操作。在系统被冲洗后，一定要给所有需润滑的部件加上冷冻油。

内联式过滤器。 收集系统中可能存在的碎屑的最有效方法是安装一个内联式过滤器（图 7-81）。只要压缩机发生咬死或已严重损伤而需要更换，就应该安装这类过滤器。如果膨胀阀或节流管被碎屑堵塞，也应安装该过滤器。这种过滤器带有一个节流孔，而且它们安装的位置应不同于不带节流孔的过滤器。如果过滤器没有节流孔，则应安装在冷凝器出口到蒸发器入口之间的液体管路中。如果过滤器有节流孔，则应安装在膨胀管以外的系统低压侧管路之中。如果过滤器带有内置的节流孔，则应拆除原来的膨胀管。在上述两种情况中，过滤器都应该插入制冷剂管路为直线段的部位中。

图 7-81 内联式过滤器

为了安装该过滤器，应在准备安装它的位置切断制冷剂管路。要确保切口平整且竖直。将用于该过滤器金属套管、圆锥体和密封件分别滑入已切断的两端管路中。润滑密封件，然后插入过滤器，最后拧紧金属套管。确保管路被彻底密封，随后排空制冷系统并加注。完成作业后，检查安装处是否有泄漏。

13. 排空和重新加注制冷系统

（1）排空　在排空之前，必须回收系统中的所有制冷剂。排空是给从系统中抽出所有空气和水分这一过程的术语，这是通过在系统中建立真空来实现的（图7-82）。将真空泵连接到系统上来进行这项工作。在达到26～29inHg（约88～98.2kPa）后，连接在系统上的真空泵应至少保持继续运转30min。

图 7-82　在真空泵通过压力表组连接到空调系统上时的低压表读数

残留在空调系统中的任何空气或水分都会降低系统的效率，并最终导致严重的问题，例如压缩机失效。

空气会导致制冷系统内的压力过大，限制了制冷剂在制冷循环中从气态转变为液态的能力，这大大降低了它对热量的吸收和转移能力。另一方面，水分会导致膨胀阀或节流管内冰堵，从而阻碍制冷剂的流动，甚至使膨胀阀或节流管完全堵塞。这两个问题都会造成间歇性制冷或完全不制冷。水分会与R-134a混合形成盐酸而引起内部腐蚀，这对压缩机尤其危险。

真空泵的主要作用是从制冷系统中清除污染的空气和水分。真空泵降低系统压力，以便蒸发水分，然后将蒸汽连同所有剩余的空气一起抽出。真空泵清洁系统的能力直接与它降低压力、建立起压力足够低的真空以使所有污染性水分汽化的能力相关。当系统中的真空达到29inHg（约98.2kPa）时。系统中水分的沸点接近室温。随着压力的进一步降低，水分会在更低的温度下沸腾。在29～29.8inHg（约98.2～100.9kPa）之间，水分的沸点可降到约32℉（0℃）。

电子式热敏电阻真空计被设计用来与真空泵一起使用，以测量在排空过程中最后和最重要的真空值。它可以连续监测并从视觉上指示出真空水平，所以能够知道系统变成完全真空和将没有水分的时刻。在排空系统后，即可重新加注。如果系统不能达到一个完美的真空状态，则系统的某个地方可能存在泄漏。图7-83中的步骤是用再循环利用/加注机进行排空和重新加注制冷系统的常用方式。

（2）加注　用制冷剂给制冷系统重新加注被称为充填该系统。制冷剂是通过制冷系统的检修端口来添加的（图7-84）。根据添加的方法和新制冷剂的来源，制冷剂可通过系统的低压侧或高压侧引入。当系统运行时，制冷剂是通过低压侧加注的。在一些车辆上是在制冷系统不工作时通过高压侧加注的。应始终参考维修信息的正确加注步骤。

目前，唯一被批准的进行R-1234yf系统加注的方式是由经过美国《清洁空气法案》第609节认证的技师使用R-1234yf RRR设备加注。由于R-1234yf具有易燃的危险，即使是轻微的危险，也必须使用合适的设备。此外，截至2017年年底，R-1234yf的成本相当高，约为每磅100美元。车间需要密切跟踪该种制冷剂的使用情况，因为即使逃逸量很小，其成本的增加也会很显著。

由于新型的汽车所需要的制冷剂比以前的车辆少，新型的加注设备必须更精确地控制加注量。新型的加注设备必须满足SAEJ2788_202001《移

1）在进行空调系统的任何维修前，先从外观上确认制冷系统的检修接头，并确认已有合适的适配接头

2）将压力表组连接到制冷系统上

3）采用制冷剂回收/再循环利用设备

4）将再循环利用设备连接到压力表组上

5）启动设备排空制冷系统后进行抽真空。用足够的时间以使系统被抽空到良好的真空状态（直到为29inHg）。观察压力表组以确定达到真空要求的时间

6）关闭压力表组上的阀门并断开设备。将加注设备与制冷系统连接并打开压力表组的阀门。设置向制冷系统提供的所需制冷剂量

7）在加注制冷系统后，检查系统运行时的压力表读数以确认系统工作正常

图7-83 排空和重新加注制冷系统的一种常用方式

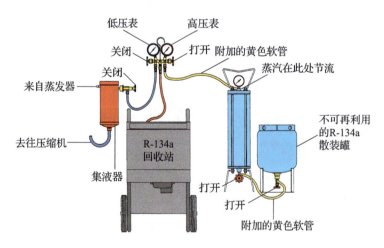

图7-84 用高压气瓶向系统加注制冷剂的连接

动空调系统HFC-134a（R-134a）的回收/再利用/充注设备》标准要求，它要求设备具有0.5oz（约14.8mL）的精度。这有助于防止过度加注，加注量过多会降低系统的性能并导致对系统的损害。

系统应始终使用相同类型的制冷剂和冷冻油。

正确加注的重要性再怎么强调都不为过。空调系统能否高效运行在很大程度上取决于系统中制冷剂数量是否正确。过低的加注量将导致在高温负荷下因缺乏预留的制冷剂而造成制冷不足，并可能导致离合器循环开关的循环比正常时快。过度

充填会使冷凝器中液态制冷剂过多而导致制冷不良，这可能导致制冷剂控制装置不能正常工作和压缩机损坏。一般来说，制冷剂的过度加注会导致压力表读数高于正常读数并使压缩机在运转时产生噪声。

空调系统只有在系统关闭时才可通过系统的高压侧加注制冷剂。将制冷剂容器倒置可分散液态制冷剂。一种普遍的做法是在系统运行时，通过低压侧加注制冷剂蒸气。如果系统是通过高压侧加注制冷剂的（系统关闭时），在加注后应人工转动压缩机几次以确保活塞顶部没有液态制冷剂。如果液态制冷剂进入压缩机，可能会损坏压缩机。如果发动机运转，则该车辆的加注应始终在低压侧进行。如果发动机是关闭的，则可以从高压侧加注。图 7-85 是加注设备上显示的向制冷系统加注的制冷剂数量。

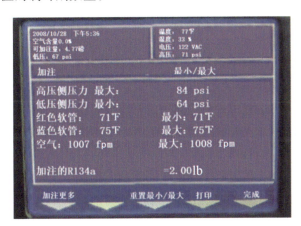

图 7-85 加注设备显示向制冷系统加注的制冷剂量

在系统运行和制冷剂可被连接至压力表组中间的软管时，切不可打开高压侧阀门，否则制冷剂会在高压下从系统中流出并进入气罐中。高压侧的压力在 150~300psi（约 1.03~2.07MPa）之间，因而会引起制冷剂罐爆炸。同时打开压力表组两个手动阀门的唯一场合应是在排空系统时或是在系统关闭状态下回收制冷剂时。

（3）加注用的高压气瓶 随着高压钢瓶中充填的制冷剂温度的升高，瓶内液态制冷剂的压力会相应增加，而且体积也会跟着变化。为了根据钢瓶的质量来测量精准的加注量，完全有必要补偿因温度变化而导致的液体体积变化。这种温度变化直接与压力变化相关，因此，将质量按照压力进行校准可得到精确的测量结果。

高压加注气瓶的设计目的是要通过质量来计量出想要加注的制冷剂具体数量。对温度变化的补偿是通过读取气瓶上压力表的压力和拨动塑料护罩来完成的。护罩上的校准表包含了与所用制冷剂对应的压力读数。

当用制冷剂加注一个空调系统时，系统中的压力常常会达到一个压力点，在此点，空调系统内的压力会等于给该系统加注的气瓶中的压力。此时，为了使更多的制冷剂进入系统以完成加注，必须给该气瓶加热，这通常是将气瓶放置在加热板上进行的。

（4）非冷凝气体的测试 只要使用回收的制冷剂，就应检查是否存在非冷凝气体。在容器上安装一个经校准的压力表，并测量容器内的压力。测量距离容器表面 4in（约 101.6mm）处的空气温度。将测量的压力和温度与制造商给出的压力/温度图表进行比对。确定回收的制冷剂中是否含有过量的非冷凝气体。如果制冷剂有过多的非冷凝气体，应重新进行再循环，并在随后的使用前再次测试。

（5）回收/再循环利用/加注设备的维护 尽管新型的加注设备非常可靠，但大多数仍需要一些日常的维护以使其保持良好的工作状态。大多数系统都有可更换的过滤器，需要在过滤一定数量的制冷剂后进行更换，通常是在过滤 220~331lb（约 100~150kg）制冷剂后更换。将加注设备置于过滤器维护或同类模式下以排空内部软管。拆下过滤器（图 7-86），并用该设备制造商

图 7-86 用于保护回收/再循环利用/加注（RRR）设备的过滤器

指定的过滤器进行更换。如果设备上有制冷剂的标识，则很可能还有一个单独的过滤器、氧传感器和需要更换的采样软管。按照设备的维护计划表或在更换制冷剂过滤器时更换这些部件。

为了检查制冷剂气瓶磅秤的校准，将设备设置为磅秤校准模式。接下来，将校准砝码放在秤上，设备将进行自校准。这有助于确保设备用正确的制冷剂数量进行加注。

为了保证真空泵正常工作，在使用一定时间后应更换真空泵的润滑油。找到真空泵的放油塞，将润滑油排出到合适的容器中。排出的润滑油应与其他的废冷冻油一起处置。在真空泵中加入规定数量的新的真空泵润滑油。已污染的润滑油会缩短真空泵的寿命，如果不维护会造成真空泵的永久性损坏。

14. 维修气候控制系统

在诊断气候控制系统时，在开始之前掌握有关该系统的准确信息是非常重要的。这些信息可以从许多来源获取：制造商的维修手册和维修信息、网站、基于互联网的信息系统、技术服务公告，以及售后市场的电子或纸质版手册。

（1）自诊断 大多数气候控制系统都是由计算机控制的，并带有自诊断功能，必须按照制造商的说明来理解故障所显示的故障码，因为车与车之间这些故障码可能是不同的。为了检查系统，应参考维修信息，并确定自动气候控制系统是依赖 PCM、BCM 还是单独的计算机来控制的。当前的许多气候控制系统都是控制器局域网络（CAN）的一部分，因此，故障码和其他数据可通过诊断仪获取。一般来讲，从诊断仪上还可获得系统的压力、输入和输出数据（图7-87）。此外，还有系统操作的启用指令，例如混合风门和鼓风机转速控制指令通常是有可能看到的。通过运用启用指令或双向控制，可以确定一个部件及其电路是否在起作用。

如果该气候控制单元是 PCM/BCM 系统的一部分，则连接故障诊断仪并检索任何可能存在的故障码。如果该单元由自己的计算机系统控制，则可使用维修信息和使用检索故障码的步骤。如果系统是半自动的，应查看维修信息中有关检查蒸发器和加热控制装置的相应诊断步骤，然后测试由故障码确认的部件或子系统。

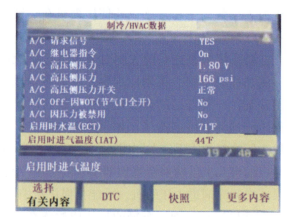

图7-87 用诊断仪数据监测空调系统的运行状况

系统中的故障码能够引导技师诊断出以下问题。

1）空气混合风门控制电动机电路中的开路或短路。

2）与空气混合风门控制联动机构、风门或电动机电路有关的问题。

3）模式控制电路中的开路或短路。

4）与模式控制联动机构、风门或电动机电路有关的问题。

5）鼓风机电动机电路中的问题。

6）与供暖、通风和空调控制单元有关的问题。

7）蒸发器温度传感器电路中的开路或短路。

8）与温度和日照传感器有关的问题。

一些自动温度控制系统可通过控制面板进行测试。通过同时按住面板上的某两个按钮，例如 AUTO（自动）和 Recirc（内循环）按钮，控制面板将进入自诊断模式。在此模式期间，系统将经过不同的输出模式，例如从最大供暖到最大制冷。一旦测试完成，系统将在控制面板上显示故障码。由于每个系统是不相同的，所以有关特定车辆的具体步骤，需要参考车辆制造商的维修信息。

（2）风门控制装置 大多数系统使用电动机来控制混合风门和模式风门；但有些系统使用真空装置。为了检查这类系统，应识别并检查用于真空电动机和风门的真空管路和部件。查看真空开关和控制装置上是否有断开或破损的真空管、破损的真空接头、接错的真空管路、松动或断开的电气插接器。检查风道系统中的各个风门和开关的真空源，并确保在发动机运转时有可用的真空。断开该真空源。将真空表连接到除霜器风门电动机的真空入口上，并记录在主控制开关处于下列位置时的可用真空度：最大（Max）、标准（Norm）、上下（Bilevel）、通风（Vent）、加热（Heat）、混合（Blend）、除霜（Defrost）和关闭（Off）。

如果相应的真空电动机不随发动机的真空而移动，则使用手动真空泵检查该部件的动作和保持真空的能力。使用真空泵检查所有单向阀。此外，还要检查所有机械或拉索的联动机构和控制装置，确保拉索被正确地连接在控制开关的控制杆上。如果拉索配有自动调节装置，应确保调节装置能够运转自如且没有损坏。

15. 气味控制

（1）气味　客户抱怨较为普遍的是从空调系统发出的异味。这种发霉和霉烂的气味是由于水分在蒸发器或乘客舱过滤器上的集结。水分的集结是在蒸发器完成自己工作时造成的。随着车内温度降低，水分被从空气中分离出来。水分本应能被排出，但排水口有时会被堵塞或移位。当客户抱怨有异味时，应检查蒸发器的排水。此外，乘客舱的空调滤清器也需要定期更换；如果没有更换，就会有乘客反感的气味。市面上有用于蒸发器和管道系统杀菌的产品可供选择，它们可以杀死任何能引起气味的细菌。这些产品使用时可能需要将其加入蒸发器，因此需要拆卸供暖、通风和空调（HVAC）系统。

（2）乘客舱空气过滤器　乘客舱空气过滤器的设计目的是捕获通过供暖、空调和除霜系统进入车内的烟灰、灰尘、花粉和其他污染物。当前在美国销售的所有新车中，有80%以上的车辆都带有乘客舱空气过滤器或可以安装该过滤器的插槽。乘客舱空气过滤器通常位于杂物箱后、仪表板下或发动机舱盖下（图7-88）。有些汽车的HVAC箱内在鼓风机电动机与蒸发器芯中间装有一个过滤器。乘客舱过滤器是HVAC系统的一个重要部件，如果过滤器变脏或堵塞，将减少能通过过滤器的空气，这会对HVAC系统的运行产生不利影响。

图7-88　典型的乘客舱空气过滤器及其外壳

丰田的许多汽车都有一个用来改善车内空气质量的离子发生器，也被称为等离子粒团发生器（图7-89），它使用一种发出轻微声音的高电压装置。使用这些系统，灰尘会积聚在驾驶员侧的出风口上，应该用抹布清洁这些灰尘，切勿将喷雾溶剂喷入该空气出风口。

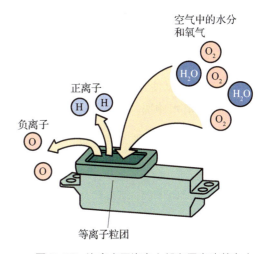

图7-89　许多丰田汽车上都有用来改善车内空气质量的离子发生器

更换该过滤器是车辆预防性维护（PM）项目的一部分，一般情况下，应该每12000~15000mile（约19312~24140km）更换一次，或至少一年更换一次。实际的时间间隔取决于车辆通常行驶的地点。更换过滤器的步骤因制造商和车型而异，所以应始终按照制造商的要求来检查。

乘客舱的空气过滤器有两种基本类型，一种

是微粒诱捕式过滤器，另一种是附有吸收气味的活性炭层的过滤器。一些微粒诱捕式过滤器有一段用于捕获较大颗粒，另一段带有静电荷以吸引和截留较小的颗粒。

活性炭型的过滤器会截留大量有气味的物质，但在某些情况下，它可能会释放被捕获的气味，这就是要定期更换这些过滤器的原因。有两种活性炭型过滤器的替代品：一种是用小苏打浸泡的过滤器滤芯，另一种是带有生物杀菌剂盒的过滤器。两者都能防止细菌、病毒、霉菌、藻类和酵母菌的生长。

一些车辆还在 HVAC 系统主入口管道中或冷凝器前面配备了空气质量传感器。该传感器检测进入空气中存在的有害气体，特别是一氧化碳和二氧化氮。在检测到有害气体的几秒钟内，通风系统将关闭外部空气入口，而采用内循环空气，直到污染物不再是不可接受的水平。

因为蒸发器会因冷凝的水分而变得潮湿，所以在蒸发器箱内或蒸发器本身上形成霉味是一个普遍的问题。为了减少该气味，制造商和售后市场提供杀菌套件来清洁蒸发器。在进行蒸发器的清洁时，应参考制造商有关合适的杀菌剂和清洗步骤的维修信息。一般来说，需要将杀菌剂直接施加在蒸发器上，以使化学物质作用在蒸发器的表面，然后再用清水冲洗。

> **小心** 当接触杀菌剂和清洁系统时应始终佩戴护目镜和防护手套。

7.11 总结

- 通风、供暖和空调为车辆乘客提供舒适的环境。
- 大多数车辆上的通风系统被设计成可通过上或下通风口或同时通过这两个出风口为乘客舱提供外部空气。一些系统用来将空气送入乘客舱，其中最常用的是流通式通风系统。在这种布置中，被称为冲压空气的外部空气供给是在车辆行驶时流入车辆内部的。
- 汽车供暖系统被设计成与冷却系统协同工作以保持车内的适当温度。供暖系统的主要任务是提供舒适的乘客舱温度和保持车窗没有雾或霜。
- 汽车加热系统的主要部件是加热器控制阀、加热器芯、鼓风机电动机和风扇以及加热器和除霜风道。
- 所有空调系统的原理都基于三个基本的自然规律：热量的流动、热量的吸收、压力和沸点的关系。
- 空调系统的主要部件有压缩机、冷凝器、贮液器/干燥器或集液器、膨胀阀或节流管、蒸发器。
- 压缩机是汽车空调系统的核心部件，它隔开系统的高压侧和低压侧。其主要作用是从蒸发器中吸入低压蒸汽，然后将其压缩成高温高压的蒸汽。这一行为导致制冷剂具有比周围空气更高

3C：问题（Concern）、原因（Cause）、纠正（Correction）

维修工单				
年份：2010	制造商：道奇	车型：Ram 1500	里程：102544mile	RO：19301
问题：	客户陈述空调不能正常工作，听起来好像空调频繁地接通和关闭。			
维修历史：	汽车空调系统 2 个月前曾维修和加注过制冷剂。			
在起动发动机并打开空调时，技师注意到压缩机频繁地接通和关闭。考虑到系统可能制冷剂不足，从而导致低压开关断开而关闭压缩机，技师在空调系统上连接了一个压力表组。在压缩机关闭时，在低压和高压侧的压力均为 90 psi（约 0.62MPa）左右，表明压力正常。由于压力表明该系统不缺制冷剂，技师随后接通压缩机并观察压力表。立刻就注意到，在压缩机关闭之前，低压侧的压力下降，而高压侧的压力增加大大超过正常范围的 400 psi（约 2.76MPa）。				
原因：	空调冷凝器风扇不工作，使空调压力增加到足以断开高压切断开关。			
纠正：	更换风扇，并确认系统工作正常。			

- 的温度，从而使冷凝器能够将蒸汽冷凝回液体。
- 压缩机的第二个作用是在空调系统正常运行所需的不同压力下循环或泵送制冷剂通过冷凝器。压缩机位于发动机舱内。
- 冷凝器由安装在一系列薄散热片上的制冷剂盘管组成，它以最小的空间提供最大的热传递。冷凝器通常安装在车辆散热器的正前面。
- 贮液器/干燥器是液态制冷剂的贮液罐。
- 为获得最大制冷效果，在确保蒸发器内液态制冷剂完全蒸发的同时，还必须控制进入蒸发器的制冷剂流量，这是通过恒温膨胀阀或固定式节流管完成的。
- 蒸发器像冷凝器一样，也是由安装在一系列薄散热片上的制冷剂盘管组成的。蒸发器通常位于仪表台或仪表板下面。
- 虽然 R-134a 空调系统与 R-12 系统的运行方式和基本部件是相同的，但这两种制冷剂是不可互换的。由于 R-134a 系统效率不如 R-12 系统，因此，其需要工作在更高压力下以弥补性能上的不足，R-134a 系统更高的工作压力意味着 R-134a 系统必须为满足这种更高的压力来设计，所以需要新的系统部件设计和维修方法。
- 汽车空调系统有两种基本类型，它们按照获得温度控制的所用方式分为循环离合器式系统和蒸发器压力控制式系统。
- 蒸发器控制装置保持蒸发器内的背压。由于制冷剂温度/压力的关系，控制背压的结果是调节了蒸发器的温度。
- 空调的温度控制系统通常与加热器控制装置相连。大多数加热器和空调系统都会使用同一个集气箱来分配空气。
- 在用的空调控制系统有两种类型：手动/半自动式和自动式。
- 空调（A/C）系统对水分和污物非常敏感，因此，维修时清洁的作业环境极其重要。空调系统中极小的异物颗粒也会污染制冷剂，导致系统生锈、结冰，或对压缩机造成损害。
- 空调的测试和维修设备包括歧管压力表组、维修阀、真空泵、加注机、加注钢瓶、回收/再循环利用系统和泄漏检测装置。

- 制冷剂一旦暴露在大气中就会迅速蒸发，它将冻结它所接触到的任何东西。如果液态制冷剂侵入眼睛或皮肤，将会导致冻伤。如果制冷剂已经接触到眼睛或皮肤，千万不要擦揉，应立即用冷水持续冲洗该暴露区域 15min，并寻求医疗帮助。
- 切勿将空调系统的部件暴露在高温下，热量会导致制冷剂的压力增加。切勿将制冷剂暴露在明火中。
- 不同制冷剂切不可混用，它们的冷冻油和干燥剂是不兼容的。如果制冷剂被混合，将发生污染，并可能导致空调系统失效。不同的制冷剂应使用专用的维修设备，包括回收/再循环利用设备和维修用的压力表。
- 歧管压力表组用于空调系统的排空、加注、抽空，还用于诊断故障。由于 R-134a 不能与 R-1234yf 互换，因此需要单独的软管组、压力表和用于所维修车辆的其他所需设备。
- 性能（压力和温度）测试提供了对空调系统工作效率的一种衡量方法。
- 歧管压力表组用于确定制冷系统中的高压侧和低压侧的压力。预期的压力读数将随温度的变化而变化。
- 使用电子泄漏检测仪是检测泄漏的首选方法。
- 常见的泄漏检测方法包括用来定位泄漏源的荧光染料和紫外线灯。
- 在维修或更换空调系统的任何部件之前，必须排空系统中所有的制冷剂，但带有杆式检修阀的压缩机除外。
- 回收再利用是从正在维修的系统中收集旧的制冷剂，并对其进行清洁，为以后再使用做好准备。
- 基于 R-12 的系统使用矿物冷冻油，而 R-134a 系统使用合成的聚亚烷基二醇（PAG）冷冻油。R-134a 系统使用矿物油会因润滑不良而导致空调压缩机失效，仅可使用系统所指定的冷冻油。
- 在抽空系统时，当真空负压达到 26~29inHg（约 88~98kPa）后，应继续保持真空泵运转并连接在系统上至少 30min。

7.12 复习题

1. 思考题

1）改变一种物质状态所需的热量叫什么？
2）说明空调压缩机的电磁离合器是如何工作的。
3）能够控制加热器控制阀的四种方式分别是什么？
4）压缩机离合器恒温开关的作用是什么？
5）"物质状态的改变"的意思是什么？为什么它对空调装置非常重要？
6）制冷剂在离开冷凝器时处于什么状态？
7）什么零件引导冷凝水从空调系统中排出？
8）为什么在压缩机离合器电路中可能会连接一个二极管？
9）如果怀疑空调系统已经使用了其他制冷剂，且不能正常工作，应该怎么做？
10）如何使用荧光染料来查找空调系统中的泄漏？
11）恒温开关在循环离合器式空调系统中的作用是什么？
12）电子泄漏检测仪的探头为什么要放置在被检区域的下方？
13）被困在空调系统中的空气将如何影响空调系统的性能？

2. 单选题

1）下述的哪一条是空调系统基于的自然规律？（   ）
  A. 热量流动   B. 热量吸收
  C. 压力和沸点的关系   D. 以上全是
2）以下哪一个陈述是正确的？（   ）
  A. 制冷剂以高压、高温液体的形态离开压缩机
  B. 制冷剂以低压、低温液体的形态离开冷凝器
  C. 制冷剂以低压、高温蒸气的形态返回压缩机
  D. 以上都不是
3）以下哪一个陈述是不正确的？（   ）
  A. 冷凝器通常安装在紧靠在散热器前面的地方
  B. 贮液器/干燥器是储存来自冷凝器的液态制冷剂的贮存罐
  C. 集液器不用在带有贮液器/干燥器的系统中
  D. 以上全是
4）以下哪一个关于PTC加热器的表述是不正确的？（   ）
  A. 一些车辆在其加热器芯中有一个PTC加热元件
  B. 有些车辆在从鼓风机壳体出来的空气风道中装有PTC元件以提高风道中空气的温度
  C. PTC加热器是电子控制的，并与冷却系统一起工作以提供热的冷却液
  D. PTC元件是一种能够对电流变化进行快速反应的小型陶瓷制品
5）以下哪一个部件在电气上是与压缩机电磁离合器串联连接的？（   ）
  A. 环境温度开关   B. 恒温开关
  C. 压力循环开关   D. 以上全是
6）以下哪种冷冻油被用在原厂配备的R-134a空调系统中？（   ）
  A. 矿物冷冻油   B. CCOT冷冻油
  C. 酯类冷冻油   D. PAG冷冻油
7）供暖系统的部件不包括（   ）。
  A. 加热器芯   B. 通风系统
  C. 贮液器/干燥器   D. 分配集气箱
8）以下哪一种说法最好地定义了"抽空"这个术语？（   ）
  A. 制冷系统中的制冷剂被释放的过程
  B. 压缩机运转直到系统中不再留有制冷剂的状态
  C. 从系统中抽出所有空气和水分的过程
  D. 利用空气强迫水分和污物排出系统的过程
9）以下哪一个关于节流管空调系统的说法是不正确的？（   ）
  A. 从蒸发器出口到压缩机的吸入管路摸起来必须是凉的
  B. 从冷凝器出口到蒸发器入口的液体管路应是凉的
  C. 蒸发器应感觉非常凉
  D. 集液器在触摸时的感觉必须是凉的
10）为了在空调系统运行时加注制冷剂，应将制冷剂添加到系统的（   ）。

A. 高压侧　　　　　B. 低压侧
C. 高压和低压两侧　D. 高压侧或低压侧

11）以下关于在压缩机失效后冲洗空调系统的说法中，哪个是不正确的？（　　）

　　A. 必须冲洗冷凝器，并更换贮液器/干燥器

　　B. 滤网有时位于压缩机的吸入侧和贮液器/干燥器中，这些滤网阻止异物进入压缩机、冷凝器、贮液器/干燥器和连接软管中

　　C. 仅可使用氯氟碳化物（CFC）溶液冲洗系统，在冲洗后切记给所有需要润滑的部件添加冷冻油

　　D. 一些制造商建议更换堵塞的部件，并在紧靠膨胀阀或节流管的前面安装一个液体管路（内联式）过滤器，而不是冲洗系统

12）空调系统性能测试中的一个非常重要的内容是压力测试。压力也是系统运行的关键。以下哪一个说法是不正确的？（　　）

　　A. 液体等物质上的压力会改变该物质的沸点

　　B. 液体上的压力越大，其沸点越高

　　C. 如果对一种液体施加压力，该液体冻结的温度会高于正常温度

　　D. 通过增加液体上的压力可提高其沸点，沸点也可以通过降低压力或将液体放在真空中来降低

13）进行空调系统的压力测试时的环境温度是80℉（约26.67℃），低压表读数较低（8psi，约55.16kPa），而高压侧的读数也较低（85psi约586.05kPa）。下述哪一个种情况会导致这样的读数？（　　）

　　A. 制冷剂数量不足　　B. 正常运行
　　C. 压缩机损坏　　　　D. 高压侧阻塞

14）在配有循环离合器和压力循环开关的空调系统中，其高压侧压力为145psi（约999.74kPa），低压侧压力为28psi（约193.05kPa），环境温度为78℉（约25.56℃）。这些压力表的读数表明什么？（　　）

　　A. 该系统制冷剂加注量不足

　　B. 系统制冷剂加注过量

　　C. 系统是正常的

　　D. 蒸发器的压力调节器是坏的

15）当检查空调系统时，蒸发器进、出口管路的温度感觉似乎相同。以下哪个选项可能导致此结果？（　　）

　　A. 蒸发器堵塞

　　B. 系统中的制冷剂加注量正确

　　C. 节流管阻塞

　　D. 冷凝器泄漏

16）下述更换集液器装置的理由中，不正确的是（　　）。

　　A. 集液器/干燥器已被刺破

　　B. 集液器/干燥器中的水已饱和

　　C. 空调系统已持续对大气开放了2h或2h以上

　　D. 集液器/干燥器外壳已经凹陷

17）在一个空调系统中，如果低压侧压力低于正常值，以下哪一个是最不可能的原因？（　　）

　　A. 计量装置有故障

　　B. 穿过蒸发器的气流不足

　　C. 系统低压侧有阻塞

　　D. 系统中的制冷剂加注过多

3. ASE 类型复习题

1）技师A说当液体沸腾或蒸汽冷凝时会转移大量的热量。技师B说压力的变化不会改变一种物质的沸点。谁是正确的？（　　）

　　A. 仅技师A正确

　　B. 仅技师B正确

　　C. 技师A和B都正确

　　D. 技师A和B都不正确

2）技师A说在空调系统运行期间，压缩机的吸入管路会变得非常热。技师B说压缩机的排出管路将压缩机与冷凝器连接起来。谁是正确的？（　　）

　　A. 仅技师A正确

　　B. 仅技师B正确

　　C. 技师A和B都正确

　　D. 技师A和B都不正确

3）在讨论一些国家停止使用R-134a的原因时，技师A说该种制冷剂的化学成分已被证明对地球上的臭氧层有害，技师B说R-134a泄漏会导致有害的温室效应。谁是正确的？（　　）

A. 仅技师 A 正确

B. 仅技师 B 正确

C. 技师 A 和 B 都正确

D. 技师 A 和 B 都不正确

4）在讨论制冷剂对热量的反应时，技师 A 说为了吸收热量，制冷剂的温度和压力需要保持在较低的水平；技师 B 说为了消散热量，温度和压力需要保持在较高的水平。谁是正确的？（　　）

A. 仅技师 A 正确

B. 仅技师 B 正确

C. 技师 A 和 B 都正确

D. 技师 A 和 B 都不正确

5）在讨论日照传感器时，技师 A 说日照传感器是一个光电二极管，它从控制模块接收 5V 参考信号；技师 B 说当日照强度增加时，该传感器输出的电压增加，当日照强度减弱时，输出电压降低。谁是正确的？（　　）

A. 仅技师 A 正确

B. 仅技师 B 正确

C. 技师 A 和 B 都正确

D. 技师 A 和 B 都不正确

6）在讨论未来将 CO_2 作为制冷剂时，技师 A 说 CO_2 是无毒的，因而对环境几乎没有危害；技师 B 说由于 CO_2 系统在低压和低温下运行，因此对传统系统仅需要做微小的改动。谁是正确的？（　　）

A. 仅技师 A 正确

B. 仅技师 B 正确

C. 技师 A 和 B 都正确

D. 技师 A 和 B 都不正确

7）技师 A 说在空调系统关闭时，制冷剂以液态形式占据该空调系统，且整个系统中的压力是相同的；技师 B 说制冷剂以高压、高温蒸气的形态从压缩机泵出并被送到冷凝器。谁是正确的？（　　）

A. 仅技师 A 正确

B. 仅技师 B 正确

C. 技师 A 和 B 都正确

D. 技师 A 和 B 都不正确

8）技师 A 说当制冷剂从压缩机中泵出并送到冷凝器后，制冷剂中的热量通过传导和对流被移到外部空气中。技师 B 说制冷剂以高压、高温的液态形式离开冷凝器的底部。谁是正确的？（　　）

A. 仅技师 A 正确

B. 仅技师 B 正确

C. 技师 A 和 B 都正确

D. 技师 A 和 B 都不正确

9）在加热器不能提供足够的热量，但冷却液的液面和流量是正确的时，技师 A 说加热器控制失调是其原因；技师 B 说节温器不良可能是其原因。谁是正确的？（　　）

A. 仅技师 A 正确

B. 仅技师 B 正确

C. 技师 A 和 B 都正确

D. 技师 A 和 B 都不正确

10）在讨论相对湿度时，技师 A 说空气所能保持的水分数量与空气的温度直接相关；技师 B 说空气越冷，它所能保持的水分就越多。谁是正确的？（　　）

A. 仅技师 A 正确

B. 仅技师 B 正确

C. 技师 A 和 B 都正确

D. 技师 A 和 B 都不正确

11）技师 A 说抽空（抽真空）一个空调系统可除去该系统中的空气和水分。技师 B 说抽空（抽真空）一个空调系统可清除该系统中的污染颗粒物。谁是正确的？（　　）

A. 仅技师 A 正确

B. 仅技师 B 正确

C. 技师 A 和 B 都正确

D. 技师 A 和 B 都不正确

12）技师 A 说一些制冷剂的泄漏可能会追溯到蒸发器上由酸类造成的针孔，酸类物质是在水和制冷剂混合时形成的。技师 B 说泄漏经常出现在压缩机软管连接处和系统中的各个接头和连接处。谁是正确的？（　　）

A. 仅技师 A 正确

B. 仅技师 B 正确

C. 技师 A 和 B 都正确

D. 技师 A 和 B 都不正确

13）技师 A 说空调管路接头周围存在冷冻油可以表示有冷冻油泄漏，但不表明有制冷剂泄漏。技师 B 说使用电子式泄漏检测仪是发现制冷剂泄漏源的最好的方法。谁是正确的？（　　）

A. 仅技师 A 正确
B. 仅技师 B 正确
C. 技师 A 和 B 都正确
D. 技师 A 和 B 都不正确

14）技师 A 说一个有故障的集液器会使污染物进入空调系统。技师 B 说一个损坏的压缩机会使污染物进入空调系统。谁是正确的？（　　）

A. 仅技师 A 正确
B. 仅技师 B 正确
C. 技师 A 和 B 都正确
D. 技师 A 和 B 都不正确

15）技师 A 说制冷系统中有空气会导致系统内的压力过大，从而限制了制冷剂在制冷循环中将自身形态从气态转变为液态的能力。技师 B 说水分会导致节流管或膨胀阀结冰，这限制了制冷剂的流动，或完全堵塞节流管或膨胀阀。谁是正确的？（　　）

A. 仅技师 A 正确
B. 仅技师 B 正确
C. 技师 A 和 B 都正确
D. 技师 A 和 B 都不正确

16）技师 A 沿着冷凝器的表面或盘管来感觉上下部的温度变化，并说从底部到顶部的温度应是从热逐渐变为温热。技师 B 说冷凝器的阻塞可通过温度的突变而被显现出来。谁是正确的？（　　）

A. 仅技师 A 正确
B. 仅技师 B 正确
C. 技师 A 和 B 都正确
D. 技师 A 和 B 都不正确

17）技师 A 说歧管压力表组可用在系统排空的过程中。技师 B 说歧管压力表组可用来诊断空调系统中的问题。谁是正确的？（　　）

A. 仅技师 A 正确
B. 仅技师 B 正确
C. 技师 A 和 B 都正确
D. 技师 A 和 B 都不正确

18）在讨论混合空气风门不工作问题时，技师 A 说为了检查风道系统的功能是否正常，可以使用诊断仪来指令风门改变位置；技师 B 说在某些情况下，可以进入仪表板下面来重新连接拉索或松动被卡住的风门。谁是正确的？（　　）

A. 仅技师 A 正确
B. 仅技师 B 正确
C. 技师 A 和 B 都正确
D. 技师 A 和 B 都不正确

19）两名技师正在讨论在空调系统没有观察窗的情况下，如何用高压管路和低压管路的温度比较来评价一个空调系统。技师 A 说如果系统运行正常，会感觉到高压管路比低压管路更热些；技师 B 说如果系统运行正常，在系统运行一段时间后，高压和低压管路都应感到是凉的。谁是正确的？（　　）

A. 仅技师 A 正确
B. 仅技师 B 正确
C. 技师 A 和 B 都正确
D. 技师 A 和 B 都不正确

20）在进行空调系统性能测试时，技师 A 将温度计插入仪表板中间的空气风道来监测排出空气的温度；技师 B 在性能测试后进行了一次全面的目视检查。谁是对的？（　　）

A. 仅技师 A 正确
B. 仅技师 B 正确
C. 技师 A 和 B 都正确
D. 技师 A 和 B 都不正确

附　录

附录 A　缩略语表

英文缩略语	中文名称	英文缩略语	中文名称	英文缩略语	中文名称
ABS	防抱死制动系统	ECU	电子控制单元	OLED	有机发光二极管
AC	交流（电流）	EDR	事件数据记录仪	PAEB	行人保护自动紧急制动
ADAS	先进驾驶辅助系统	EEPROM	可擦除编程只读存储器	PAG	聚亚烷基二醇
AGM	吸收式玻璃纤维	EFB	浸没式蓄电池	PCM	动力系统控制模块
AHS	自适应前照灯系统	EPA	美国国家环境保护局	PDC	驻车距离控制
ASDM	气囊感知诊断监测器	ETA	预计到达时间	PHEV	插电式混合动力电动汽车
ASE	美国汽车维修优秀技师学会	EV	电动汽车	PID	参数识别
ATC	自动温度控制	GPS	全球定位系统	PM	永磁式
BCI	国际电池协会	GWP	全球变暖可能性	PTC	正温度系数
BEM	蓄电池能量管理	HD	数字高清	PWM	脉宽调制
BCM	车身控制模块	HEV	混合动力汽车	RBRC	可充电电池回收公司
BLIS	盲区信息系统	HFC	氢氟碳化合物	RC	存储容量
BPP	制动踏板位置	HID	高强度放电	RRR	回收/再利用/充注
CA	起动电流	HUD	抬头显示	SAE	美国汽车工程师学会
CCA	冷起动电流	HV	高电压	SDAR	卫星数字音频接收器
CCFL	冷阴极荧光灯	HVAC	供暖、通风和空调	SIR	辅助充气约束
CCOT	采用节流管的循环离合器式系统	IHX	内部热交换器	SNAP	重要新替代品政策
CEMF	反电动势	IT	电信和信息技术	SOC	荷电状态
CFC	氟氯化碳	IVR	仪表电压调节器	SRS	辅助约束系统
CFL	紧凑型荧光灯	LCD	液晶二极管	TCM	变速器控制模块
CHMSL	中央高位制动灯	LED	发光二极管	TEV、TXV	恒温膨胀阀
CUE	凯迪拉克用户体验信息娱乐套装	MAC	移动空调	TFT	薄膜晶体管
DC	直流（电流）	MGR	电动机/发电机-后桥	TPM	轮胎压力监测器
DIC	驾驶员信息中心	MID	多信息显示器	UL	美国安全检定实验室公司
DLC	数据链路插接器	MTC/SATC	手动/半自动式温度控制装置	VAT	电压/电流测试仪
DMM	数字万用表	NASA	美国宇航局	VIN	车辆识别码
DRL	日间行车灯	NHTSA	美国国家公路交通安全管理局	VRLA 蓄电池	阀控式铅酸蓄电池
DTC	故障码	NTC	负温度系数	VSS	车速传感器
ECCS	电子循环离合器开关	OAD	单向分离式	ZPP	锆粉高氯酸钾
ECM	发动机控制模块	OAP	单向的发电机带轮		
ECT	冷却液温度	OEM	原始设备制造商		

附录 B　常用英制单位换算

1in（英寸）= 25.4 mm（毫米）

1ft（英尺）= 0.3048 m（米）

1mile（英里）= 1.609 km（千米）

1yd（码）= 0.9144m

1mile/h（英里/时）= 1.609 km/h（千米/时）

1lb（磅）= 0.453592kg（千克）

1oz（盎司）= 28.3495g（克）

1lbf（磅力）= 4.44822N（牛/牛顿）

1kgf（千克力）=9.80665N

1lbf·ft（磅力英尺）= 1.35582 N·m（牛米）

1lbf/in^2（磅力每平方英寸，即 psi）= 6.895 kPa（千帕）

1inHg（英寸汞柱）= 3386.39Pa（帕/帕斯卡）

1mmHg（毫米汞柱）= 133.322Pa

1USgal（美加仑）= 3.785 × 10^{-3} m^3（立方米）

1hp（英马力）= 745.700W（瓦）

1Btu（英热单位）= 1.055 kJ（千焦）

华氏温度和摄氏温度的换算关系：℃=（℉ −32）× 5/9

Supplements Request Form（教辅材料申请表）

鉴于部分资源仅适用于老师教辅使用，烦请索取的老师填写如下情况说明表。

Lecturer Details（教师信息）			
Name： （姓名）		Title： （职务）	
Department： （系科）		Sc School/University： （学院/大学）	
Official E-mail： （学校邮箱）		Lecturer's Address / Post Code： （教师通讯地址/邮编）	
Tel： （座机）			
Mobile： （手机）			

Textbook Details（教材信息）	
Adoption Types（教材类型） 原版□ 翻译版□ 影印版□	
Title：（英文书名） ISBN：（13位书号） Edition：（版次） Author：（作者）	
Local Publisher： （国内出版社名称）	

Other Details（其他信息）			
是否已购买教材？(Have you bought This Textbook？)		是□ 否□	
Enrolment： （学生人数）		Semester： （学期起止日期时间）	

Methods for Obtaining Supplements（获取教辅资源方式）

First method:

Please photo the complete form to（请将此表格拍照发送至）：asia.infochina@cengage.com.

Second method:

You can also scan the QR code and apply teaching materials online through our WeChat account.
（您也可以扫描二维码，通过我们的公众号线上申请教辅资料）

CENGAGE GROUP
ATTN：Higher Education Division
TEL：（86）10-83435112
EMAIL：asia.infochina@cengage.com
ADD：北京市海淀区魏公村路6号院丽金智地中心西塔8层807室
POST CODE：100081